KB270868

조직 세우기 워크숍 50% 할인권

이 할인권을 가져오시면 달마와 풀라가 진행하는 조직 세우기 워크숍 참가비를 50% 할인해 드립니다.
(하루 코스 워크숍 참가비 10만원 → 50% 할인권 지참시 5만원)
가족 세우기 세션을 경험해 보고 싶은 분들도 참여 가능합니다.

신청 기간 : 2009년 10월 15일~11월 25일
신청 방법 : 도서출판 샨티로 전화 (02-3143-6360~1)하거나 이메일 (shantibooks@naver.com)로 신청하시면 됩니다.
워크숍 일정 : 2009년 12월 5일 (토) 오전 10시~오후 6시(단, 인원 초과 시 1일 연장합니다.)
※ 장소 등 자세한 사항은 신청자에게 개별적으로 알려드립니다.

달마 | 독일에서 태어나 물리학과 문학, 철학, 심리학 등을 공부했으며 20년간 독일에 있는 오쇼 공동체 및 미국과 인도의 공동체에서 생활했다.
현재 조직 세우기를 비롯한 각종 세라피와 명상 활동을 지도하고 있다.
풀라 | 한국에서 태어나 오쇼 명상과 워크숍, 세라피 등을 경험했고, 현재 달마와 함께 조직 세우기 등 다양한 워크숍을 진행하고 있다.

조직 세우기

조직 세우기

2009년 10월 12일 초판 1쇄 발행. 클라우스 혼과 레기나 브릭이 쓰고 풀라가 옮겼으며, 도서출판 샨티에서 이홍용과 박정은이 펴냅니다. 양인숙과 천소희가 편집을 했고, 권기남이 마케팅을 합니다. 새와 나무에서 본문 및 표지 디자인을 하였고, 필름 출력은 푸른서울, 인쇄 및 제본은 상지사에서 하였습니다. 출판사 등록일 및 등록번호는 2003. 2. 6. 제10-2567호이고, 주소는 121-250 서울시 마포구 성산동 628-5, 전화는 (02) 3143-6360, 팩스는 (02) 338-6360, E-Mail은 shanti@shantibooks.com입니다. 이 책의 ISBN은 978-89-91075-57-3 03320이고, 정가는 14,000원입니다.

회사의 무의식을 코칭한다!

조직 세우기

클라우스 혼·레기나 브릭 지음
풀라 옮김

【산티】

경이적인 기업 코칭, 조직 세우기

최근 몇 년 사이, 회사 등의 조직체들이 처한 문제를 해결하는 획기적인 비즈니스 코칭 방법이 많이 계발되었다. 그 중에서도 '조직 세우기'는 독일에서 시작해 유럽과 미국 등 여러 나라로 가장 빠르게 퍼져나가고 있는 새롭고 혁신적인 코칭 방법이다. 세계적인 자동차 회사인 다임러 크라이슬러 사를 비롯해 IBM 사, BMW 사는 회사 운영과 관련된 실제적인 문제에 조직 세우기를 적용, 성공적인 결과를 얻은 대표적인 기업들이다. 세계적인 규모를 자랑하는 이들 대기업에서 훌륭한 성과를 보이면서 전 세계적으로 크고 작은 조직체들이 이 방법을 통해 답보 상태에 있던 기술 혁신 문제를 해결하는가 하면 효율적인 구조 조정으로 업무 성과를 높이고 많은 이윤을 창출해 내고 있다.

이 새로운 코칭 기법은 버트 헬링거가 계발한 가족 세우기 세라피를 그 모태로 한다. 가족 세우기 역시 맨 처음 독일에서 시작되어 현재 유럽과 미국, 일본, 한국 등 지구촌 곳곳에서 가장 효율적인 세라피로 사용되고 있다.

나는 지난 10년간 가족 세우기 세라피에 깊은 관심을 가지고 공부를 해왔다. 그리고 최근 4년 동안은 영어를 사용하는 가족 세우기 세라피스트의 한국 내 워크숍 통역자로 일해 오고 있다. 작년 2월에는 도서출판 샨티에서 《가족 세우기: 버트 헬링거의 놀라운 심리 치료법》이라는 제목의 책을 번역, 출간하기도 했다. 가족 치료 분야의 전문가는 물론 일반인도 쉽게 접하고 이해할 수 있도록 씌어진 이 책은 가족 세우기 세라피 입문서로는 한국에서 처음 출간된 책이기도 하다.

가족 세우기 워크숍에 참여한 사람 중에는 간혹 직장 안의 문제를 내놓는 경우가 있다. 그러면 가족 세우기 세션을 이끄는 코치(치료사)는 조직체와 관련된 상황을 그 자리에서 세워보기도 한다. 나는 조직 세우기 세션이 진행될 때마다 놀라움을 감추지 못한다. 수십 개의 실타래가 뒤엉켜 있는 것처럼 보이는 의뢰인의 문제가 일목요연하게 정돈될 뿐만 아니라, 해결의 이미지에 이르면 그 문제는 실로 단순해 보이기까지 한다. 그 일련의 과정은 경이롭기 그지없다.

약 두 해 전 회사의 CEO급으로 이루어진 조직 세우기 워크숍을 연적이 있는데, 이때의 놀라운 경험은 이 새롭고 경이로운 방법의 효용성을 더욱 깊이 확신하게 해주었다.

서구 사회에서는 조직 세우기가 영리·비영리 집단을 막론하고 조직체가 당면한 모든 유형의 문제 해결사 역할을 하고 있지만, 한국에서는 소수의 사람들만이 외국계 대기업의 성공 사례들을 통해 그 효용성을 알고 있는 정도에 불과하다. 그래서 책을 시작하기에 앞서, 조직 세우기와 관련한 기초 지식을 질문과 답변 형식으로 간략하게 정리해 보았다. 아래의 질문과 답변은 한국에서 가족 세우기와 조직 세우기 워크숍을 이끌고 있는 달마(독일명 힌리히 팀머만)와의 짧은 인터뷰를 정리한 것이다.

실제로 이 책을 번역하는 동안에도 나는 의문이 들 때마다 그에게 질문을 던졌고, 그때마다 깊고 명료한 답을 얻을 수 있었다. 현장에서의 경험과 오랜 탐구를 통한 이해를 바탕으로 그는 나에게 구체적이고 실질적인 답변을 해주었다. 지면을 통해 다시 한 번 그에게 감사한 마음을 전한다.

조직 세우기가 다른 비즈니스 코칭과 다른 점은 무엇인가?

조직체 내에는 눈에 보이지는 않지만 모든 정보를 공유하는 내적 네트워크가 존재한다. 조직 세우기는 조직체의 내적 네트워크에 접속하여 외적으로 이런저런 문제를 유발시킨 내적 긴장 관계가 무엇인지 찾아내고, 이로써 문제의 근본적인 해결책에 도달하고자 하는 '조직체적 접근법'을 취하고 있다.

'조직체적 접근법'이란 무엇인가? 예컨대 어린아이가 기침을 한다고 해보자. 어머니는 아이의 기침이라는 문제를 해결하기 위해서 기침약을 처방받아 먹인다. 그 결과 아이는 더 이상 기침을 하지 않는다. 하지만 이제 고열이라거나 다른 문제에 시달린다. 이유가 무엇일까? 기침은 증상(결과)일 뿐 근본적인 원인이 아니기 때문이다. 근본 원인은 바로 면역성 저하이다.

일반적인 코칭 방법이 외부적으로 드러난 증상인 기침을 해결하는 데 중점을 둔다면, 조직 세우기는 몸이라고 하는 '살아있는 유기체' 전체를 다룬다고 보면 된다. 다시 말해서 겉으로 드러난 증상의 해결이 아니라 면역성 저하라는 근본 원인을 찾아낸 뒤, '면역성 강화'라고 하는 해결책에 도달하고자 한다. 조직의 문제를 다루는 데 있어, 갈등을 벌이는 개인이나 부서에 변화를 꾀하려 하기보다 그 외적 증상을 만들어낸 내적인 긴장 관계를 찾아냄으로써 해결책에 도달하고자 하는 것이 바로 '조직체적 접근법'의 특징이다.

이렇게 조직 세우기는 조직체가 가지고 있는 문제를 개별적으로 접근하기보다 그러한 증상 혹은 결과를 낳은 감추어진 원인, 눈에 보이지 않는 긴장 관계를 찾는 데 주력한다. 외적으로 드러나 있는 정보를 분석하는 것만으로 전체 상황을 인식하고 조정할 수 있다고 믿는 제한적인 접근법에서 벗어나, 눈에 보이지 않지만 실재하는 긴장 관계, 감추어진 정보를 구체적으로 드러나게 함으로써 근본적인 문제 해결에 도달하는 것이다.

조직 세우기 세션은 어떤 식으로 진행되는가?

자기 문제를 다루려는 사람을 우리는 의뢰인이라고 부르는데, 의뢰인은 '불특정 다수'로 이루어진 워크숍 참여자들 중에서 조직 세우기 세션을 위한 대리인들—예를 들어 의뢰인 자신과, 의견 충돌이 잦은 동료나 직장 상사, 거래처 직원, 사장, 때론 사람이 아닌 신제품이나 시장, 경쟁사 등이 될 수도 있는데 세션이 진행되는 동안 이러한 역할을 대신해 줄 사람들을 말한다—을 선택한다. 여기서 불특정 다수라는 점을 강조하는 이유는 그들이 의뢰인의 조직체와 아무런 이해 관계가 없는 중립적인 사람들이기 때문이다.

이제 의뢰인은 세션이 진행되는 방 안에 대리인들을 한 명씩 세우기 시작한다. 이때 의뢰인은 그 순간의 직관이나 느낌에 따라서 대리인들을 세운다. 의뢰인이 세운 대리인들의 모습을 통해서 우리는 세션에서 다루고자 하는 문제와 관련된 정보, 즉 대리인들 간의 관계성을 기초로 한 주요 정보를 얻게 된다. 이 말은 곧 결과를 유발한 감추어진 원인, 눈에 보이지 않던 내적 긴장 관계가 드러난다는 말이다. 코치는 감추어진 긴장 관계가 어떤 것인지 읽어내고 다음 단계로 대리인들과의 질의응답을 통해 좀더 세밀한 정보를 수집한다. 나아가 대리인들이 보이는 의도되지 않은 여러 가지 비언어적 표현들—예를 들면, 몸을 흔든다든지 하품을 멈추지 않는다든지—을 보면서도 정보를 수집한다. 그리고 거기서부터 해결책으로 나아가는 일련의 중재 과정을 거치게 된다. 이 과정을 통해서 의뢰인은 실제적인 문제가 무엇인지 분명하게 인식하고 자신이 처해 있는 상황에서 최상의 해결책을 찾을 수 있게 된다.

비즈니스 세계에서 '감추어진 긴장 관계'란 무엇인가?

회사는 이윤 추구라는 구체적이고 확실한 목적을 가진 집단이다. 그런데 만약 회사가 그러한 분명한 목적과 성공하려는 의지와 전문적인 기술이 있음에도 성공하지 못한다면 그 이유가 무엇일까? 조직의 에너지를 비즈니스의 목적으로부터 다른 곳으로 돌리는 요인이 있기 때문이다. 그리고 이러한 요인은 경영 리더십의 부족과 직원들의 업무력 향상을 위한 동기 유발의 부족, 부서와 개인 간의 갈등 등 대개 인간 관계 시스템에서 기인하는 경우가 많다. 거기에서 보이지 않게 긴장 관계가 형성된다. 이러한 긴장 관계는 비즈니스의 다른 어떤 측면보다 이해하기도 예측하기도 어렵다. 감추어진 긴장 관계에 대한 이해가 없는 상태에서 비즈니스는 난항을 겪을 수밖에 없다.

이 방법은 영리 조직이든 비영리 조직이든 상관없이 사용할 수 있는가?

그렇다. 우리는 여기서 영리 조직체와 비영리 조직체의 차이점을 구분할 필요가 있다. 예컨대 이 책에서 자주 사용되는 표현이기도 한 '비즈니스'는 영리를 추구하는 조직체를 의미한다. 비즈니스의 이면에 존재하는 의도나 추진력은 비영리 조직체의 그것과는 사뭇 다르다. 하지만 조직체적 법칙들은 인간의 상호 작용으로 형성된 집단이라면 어디에나 똑같이 작용한다.

앞서도 언급한 것처럼 조직 세우기 방법을 통하면 전통적인 코칭이나 컨설팅 방법으로는 해결하지 못했던 조직체 내의 문제들을 해결할 수 있다. 조직 세우기 방법을 통해서 도움을 얻을 수 있는 조직체는 영리·비영리 단체를 총망라한다. 개인 회사는 물론 교육 관련 조직체와 사회 복지 관련 조직체, 종교 단체, 병원, 심지어 다국적 기업의 경우에도 이 방법을 그대로 적용할 수 있다.

조직체적 법칙들이란 무엇인가?

조직체적 법칙들은 크게 세 가지로 이루어져 있으며, 이는 가족 세우기 세라피에서 발견한 것들이다. 세 가지 법칙이란 소속의 법칙, 서열의 법칙, 그리고 주기와 받기 사이의 균형의 법칙이다. 이 법칙들은 공동체 내의 소속이 곧 생존의 문제가 되었던 원시 인류 사회에서 형성된 이래 인간의 무의식 속에 '생존 프로그램'으로서 아주 깊게 내재되어 왔다. 그러므로 이러한 법칙들은 우리가 의지로 바꿀 수 있는 것들이 아니다.

이 법칙들의 중요성을 인정하지 않는 사람이라 하더라도, 이 법칙들을 준수할 때 집단이 원활하게 운영되는 것을 알 수 있다. 우리가 만약 알게 모르게 이 법칙들에 위배되는 행위를 한다면 그에 대한 값을 치를 수밖에 없다.

어떤 사람들이 조직 세우기 세션을 통해서 이득을 얻을 수 있는가?

어떤 형태의 조직체든 거기에 몸담고 있는 사람이라면 누구에게나 도움이 된다. 조직 세우기 방법을 통해서 조직체와 관련된 어떤 형태의 문제도 다룰 수 있고 근본적인 해결책을 찾을 수 있다.

예컨대 CEO나 회사의 사주가 조직 세우기 세션을 경험한다면, 세션을 통해서 발견한 새로운 해결책을 조직체 전체에 적용해 볼 수 있을 것이다. 그들이 변화를 위한 구체적인 행위를 실천할 경우, 그로 인한 영향이 회사 전체에 미치게 된다는 뜻이다.

만약 직원이 조직 세우기 세션을 한다면, 그는 자신이 회사 안에서 가진 문제에 대한 분명한 시각을 얻을 수 있다. 여기서 말하는 문제란 동료와의 관계에서 겪는 어려움일 수도 있고 부서의 관리자나 고객과의 갈등일 수도 있다.

그는 자신이 이런 문제에 무의식적으로 기여한 부분이 무엇인지 명확하게 인식하게 될 뿐만 아니라 자신이 변화를 끌어낼 수 있는 영향력의 크기가 어디까지인지도 이해하게 된다. 그러고 나면 문제에 기여했던 자신의 행위 패턴을 변화시킬 수도 있고, 회사를 떠나 새로운 직장을 찾거나 창업을 할 수도 있다. 일단 상황을 명료하게 인식하면 올바른 결정을 내리기가 쉽다.

조직 세우기와 가족 세우기 사이에는 어떤 연관성이 있는가?

조직 세우기는 가족 세우기를 모태로 성장했다. 가족 세우기를 통해서 가족체 내에서 인간의 행위를 결정짓는 법칙들이 존재한다는 사실이 발견되었다. 이 법칙들은 사람들로 이루어진 다른 모든 조직체에도 그대로 적용되며, 이러한 법칙들에 의해서 조직체 내 구성원들의 행위 패턴이 결정된다는 것이 밝혀졌다.

조직체와 가족체의 차이점은, 조직체는 이윤 추구라고 하는 분명한 존재 목적을 가지고 있는 이성적 집단인 반면, 가족체는 그러한 목적을 갖지 않은 감정적 집단이라는 점이다. 조직체는 입사를 기점으로 소속권이 주어지고 회사를 떠나면서 소속권이 소멸된다. 하지만 가족체는 태어나는 그 순간부터 소속권이 발생하며 조직체와 달리 소속의 기간이 영구적이다.

가족체에서 가장 중요시되는 점은 각자가 자신에게 적합한 자리가 어디인지 알고, 자신의 역할을 해나감으로써 사랑의 물줄기가 높은 곳에서 낮은 곳으로 온전히 흘러갈 수 있도록 한다는 점이다. 조직체에서는 결정권과 변화를 유도할 수 있는 구체적인 행위가 무엇보다 중시된다. 그런 까닭에 의뢰인은 조직 세우기 세션의 결과를 통해서 이제 다음 단계로 옮겨가려면 어떤 결정을 내려야 할지, 긍정적인 변화를 유도하려면 어떤 행위를 실천해야 할지 구체적인 통찰을 얻게 된다.

2009년 9월

풀라

왜 조직 세우기인가

제대로 연결되어 있다

오늘날 비즈니스 영역에서 "라인업이 잘되어 있다" "제대로 연결되어 있다"라는 말은 무슨 뜻일까? 그것은 회사가 시장에서 강력한 위치를 확보하고 있으며 인적 자원 관리에 뛰어난 경영진을 두고 있다는 말이다. 한때의 트렌드를 말하는 것이 아니다. 이는 조직체 내에서 사람들 사이의 '네트워크 연결'이 경영의 성패를 좌우할 정도로 중요하다는 말이다.

하지만 이러한 네트워크에 대한 인식은 무의식의 단계에서 이루어지기 때문에 이를 제대로 인지하고 사용하는 사람은 별로 없다. 다시 말해 네트워크의 중요성을 알고 있을지라도 이러한 무의식적인 리얼리티에 직접적으로 접근할 수 있는 방법이 없었기 때문에, 조직체 내에서의 네트워크 양상을 이해하고 이를 성공적인 경영을 위한 네비게이터로서는 활용하지 못했던 것이다. 네트워크 연결이 비즈니스 투자의 한 부분이라는 점은 결코 우연의 일치가 아니다.

팀, 부서, 회사, 시장 등과 같이 사람들로 이루어진 조직체(이 책에서 '조직체'라는 개념은 사람들로 이루어진 대인 관계 시스템, 상호 작용 시스템을 일컫는다. 즉 가족체와 같은 집단은 물론 회사와 영리·비영리 단체도 조직체라는 개념 속에 포함된다. 그러므로 '조직체적 접근법'이라고 하면 이러한 대인 관계 시스템에 적용할 수 있는 문제 해결 방법을 말한다. 예컨대 가족체와 관련된 문제를 다루는 조직체적 접근법으로 '가족 세우기 세라피'가 전 세계적으로 널리 사용되고 있다. 그와 마찬가지로 조직 세우기 방법은 조직체적 접근법 중에서도 특히 가족체를 제외한 나머지 조직체, 즉 회사나 영리·비영리 집단 등에 적용할 수 있는 문제 해결 방법이다.—옮긴이)들은 특정한 법칙을 따른다. 그리고 이러한 조직체들의 성공은 그들이 이 특정한 법칙을 얼마만큼 따르느냐에 달려 있다.

조직 세우기 systemic constellations 방법은 사람과 사람 사이의 복합적인 관계와 서로의 영향 관계를 좀더 명료하고 간단한 방식으로 정확하게 설명해 주는 도구이다. 이 방법은 역할이 분명한 작은 팀에서는 물론 세계 시장과 같은 광범위한 네트워크에서도 사용할 수 있다. 규모가 크든 작든 상관없이 조직체 내의 얽힘 관계를 정리해 주고 장애 요소 안에 감춰져 있는 문제의 근원을 찾아내는 데 도움을 준다.

감정적 지성 활용하기

모든 새로운 방법론이 그렇듯, 조직 세우기 역시 당신에게 불합리해 보이는 요구를 한다. 새로운 것을 배울 때, 문제를 해결하고자 할 때, 또 오래된 관습에서 벗어나려 할 때마다 마치 지배자처럼 군림하는 이성적인 사고를 완전히 배제시키라고 요구하는 것이다. 또한 외적으로 드러난 정보를 분석하는 것만으로 전체 상황을 인식하고 조정할 수 있다고 믿는 제한적인 접근법에서도 벗어나도록 요구한다. 눈에 보이지 않는 정보, 그러나 실재하는 긴장 관계를 구체적으로 드러나게 함으로써 근본적인 문제 해결에 이를 수 있기 때문이다. 그렇게 할 때 비즈니스 경영과 컨설팅 분야에서 새로운 가능성의 문이 열릴 수 있다. 또한 논리적인 사고의 한계는 물론이고 감추어진 정보에 대한 디지털 방식의 분석도 보완할 수 있다.

조직체 안에는 일종의 보이지 않는 정보의 장場이 존재한다. 이는 인터넷이 구체적인 질문에 대한 방대한 정보를 담고 있는 것과 비슷하다. 우리가 원하는 답을 찾기 위해서는 그 방대한 정보를 추리고 나누는 과정이 필요하다. 마찬가지로 조직체 안에 포함된 정보 역시 특정한 처리 과정을 거쳐야만 접근할 수 있다.

인간의 상호 작용으로 이루어진 조직체는 좌뇌 중심의 이성적이고 논리적인 분석 방식이 아닌 아날로그적 처리 과정을 요구한다. 즉 상징적인 이미지와 같은 그림 언어를 이용해야만 접근할 수 있다. 그러한 이미지 언어를 해독하기 위해서는 감정적 지성을 가지고 있는 우뇌를 활용해야 한다.

비즈니스 시스템에 관한 정보는 무의식적인 이미지 안에 집중적으로 저장되어 있다. 이러한 무의식적 이미지를 눈에 보이도록 드러내기 위해서 우리는 '조직 세우기 세션'이라는 간단한 방법을 사용할 것이다. 이러한 이미지들은 누구나 이해할 수 있다는 놀라운 이점을 가지고 있다. 논리적인 분석으로는 해결하기도 어렵고 시간도 많이 걸리는 복잡한 상황과 복합적인 문제가 마우스를 한 번 클릭하는 사이에 명료해지는 것이다.

조직체 문화

조직체 문화란 조직체의 구성원들 사이에서 통용되는 기본적인 가치, 규범, 신념 등을 말한다. 조직체 문화란 복합적인 구조 전체를 하나로 묶어주는 접착제 역할을 한다. 회사의 구성원들이 회사에 갖는 소속감과 충성심은 이 접착제를 이루는 중요한 요소이다. 과연 이 접착제가 이들을 제대로 붙들어주는 역할을 하는지 아닌지는 스트레스 상황에서 분명해진다. 조직체와 개인이 접점을 이루는 지점에서 이 조직체 문화가 접착제 역할을 잘하는지 아닌지를 가장 명확하게 볼 수 있다.

비즈니스의 성공 여부는 조직체가 얼마나 조화롭게 운영되느냐, 복잡한 시장 네트워크에서 회사가 어떤 위치를 차지하고 있느냐, 또 비즈니스를 주도하는 사람들이 조직체가 움직이는 법칙에 대해 얼마만큼 이해하고 존중하느냐에 달려 있다.

회사의 '인적 자본'에는 올바른 직원만이 아니라 올바른 경영자도 포함된다. 회사가 안정감 있는 균형을 얻고자 한다면, 먼저 결정을 내리는 위치에 있는 사람들이 조직체 내에서 균형을 이루어야 한다. 이것은 거대한 다국적 기업 같은 곳만 아니라 소규모 가업형 기업에서도 마찬가지다.

조직 세우기: 조직체 문제 해결을 위한 새로운 접근법

조직 세우기 세션을 통해 우리는 회사의 네트워크 안에 존재하는 정보에 접근할 수 있다. 그런 점에서 조직 세우기와 조직 코칭은 미래의 문제 해결 방법으로 떠오르고 있다. 이 새로운 접근법은 독일에서 출발해 세계 전역으로 넓게 퍼져나가고 있다. 세계적으로 유명한 여

러 회사들을 대상으로 과학적 연구를 실시한 결과 그 긍정적인 효과
가 입증되었다.

이 책을 쓴 까닭

조직 세우기 방법이 갈수록 세인의 이목을 끌고는 있지만, 실제로 이
방법을 적용해 보고 싶어하는 사람들이 찾아서 쓸 만한 자료는 많지
않다. 그래서 우리는 이 책이 사람들에게 조직 세우기를 알리는 유용
한 도구가 되기를 바란다. 조직 세우기를 실제로 적용할 수 있도록
하자는 것이 이 책을 쓴 목적인 만큼, 우리는 이 책에 다양한 사례들
을 담았다.

조직 세우기의 원리들을 배움으로써 당신은, 조직체 내에서 당신
이 어떤 위치에 있느냐에 상관없이 문제를 바라보는 통찰력도 얻고,
중요한 결정을 내리는 데 도움도 받게 될 것이다. 나아가 조직체를
발전시킬 수 있는 새로운 관점도 얻게 될 것이다.

지난 20년간 트레이너이자 컨설턴트로서 일해온 우리는 조직 세우
기 방법을 통해 문제의 해결점을 찾은 경우가 많았다. 물론 다른 보
조적 접근법들이 필요할 때도 있다. 특히 매일매일 변하는 상황들 속
에서 수시로 해결점을 찾아야 할 때는. 그래서 우리는 외적 조직체,
즉 매크로 시스템에서 내적 조직체, 즉 마이크로 시스템(외적 조직체
와 내적 조직체에 관한 내용은 5장에서 상세하게 다룰 예정이다)으로 이동
하는 데 필요한 한 가지 효과적인 접근법을 이 책에 포함시켰다.

책의 구성

각 장에서는 주로 다음과 같은 내용을 다루게 될 것이다.

1장에서는 비즈니스에 영향을 끼치는, 눈에 보이지 않지만 실재하고 있는 여러 가지 요소들을 살펴볼 것이다.

2장에서는 조직 세우기의 발전 과정을 상세히 설명하고 조직 세우기에서 어떤 일이 일어나는지 서술할 것이다.

3장에서는 고객들의 문제를 해결해 가는 조직 세우기의 적용 사례들을 살펴볼 것이다. 이를 통해 독자들은 조직 세우기의 효용성을 충분히 인식하게 되리라 생각한다.

세미나 혹은 강연회에서 우리는 종종 조직 세우기와 관련한 흥미로운 질문을 받게 된다. 이 책을 읽어가는 동안 독자들 역시 유사한 질문을 던질 수 있다는 가정 아래 다양한 질문과 대답을 4장에 정리해 보았다.

개인이 조직 세우기를 통해 드러난 해결책을 실제로 적용할 수 있어야 하기 때문에, 사실상 외적 조직체(비즈니스 혹은 조직체)와 내적 조직체(개인의 퍼스낼리티를 이루고 있는 내적인 조직체)가 만나는 지점이 무엇보다 중요하다. 5장에서는 바로 이 외적·내적 조직 세우기 코칭을 위한 접근법을 다룰 것이다.

마지막으로 6장에는 조직체적 원칙을 당신의 회사 혹은 조직체에 즉각 적용해 볼 수 있도록 '조직체 점검표'를 붙여놓았다.

1

조직체 시스템

전체로서의 조직체는 살아있는 유기체처럼 기능을 한다.
더러 일의 결과가 회사의 경영진이 내린 결정과는 반대로 나타나기도 하는 것은
바로 이 조직체 내의 감추어진 긴장 관계 때문이다.

Organization Constellations

비즈니스 안의
숨어 있는 조정자

전체가 부분을 합쳐놓은 것보다 더 크다

사업체를 경영자 혼자 운영한다는 생각은 실수이자 오해이다. 당신
이 경영자든 직원이든 사장이나 이사회가 비즈니스의 우선 순위를
결정한다고 믿는다면, 이는 "조직체는 모두가 함께 운영한다"는 아
주 중요한 측면을 간과한 것이다. 그렇다고 해서 이 말을 "우리 모두
가 한 배를 타고 있다"거나 "모든 사람이 소유주다"라는 뜻으로 이해
해서는 안 된다.

조직체를 성공하게도 하고 실패하게도 하는 사람은 그 조직체에
속한 사람들만이 아니다. 그 외의 사람들, 예컨대 거래처, 주주, 소비
자, 경쟁 업체, 심지어 외국의 협력 업체도 조직의 흥망과 관련해 나
름대로 기여하는 바가 있다. 네트워크처럼 이들 모두가 합쳐져 강력
한 전체를 만들어내며, 이렇게 만들어진 전체로서의 조직체는 각 부

분들을 합쳐놓은 것보다 훨씬 크다.

회사 내에도 조직체적 무의식이 존재한다

전체로서의 조직체는 살아있는 유기체처럼 기능을 한다. 더러 일의 결과가 회사의 경영진이 내린 결정과는 반대로 나타나기도 하는 것은 바로 이 조직체 내의 감추어진 긴장 관계 때문이다.

프로이트 이후 인간의 무의식이 행위와 감정, 생각에 강력한 영향을 끼친다는 사실은 널리 받아들여지고 있다. 무의식의 영역이 바다에 해당한다면 이성적 사고나 행위는 그 위를 떠도는 작은 잎사귀 정도에 불과하다고 빗대어 표현되기도 한다.

사람만이 무의식의 영향을 받는 것은 아니다. 사람들로 이루어진 조직체 역시 무의식의 영향을 받는다. 가족은 물론 영리·비영리 단체나 회사도 마찬가지다. 마틴 부버 Martin Buber 는 "무의식은 개체들 안이 아니라 개체들 사이에 존재한다"라는 말로 이를 표현했다.

사람들 사이에 존재하는 이러한 무의식은 축구 경기나 팝 콘서트, 선거 유세장 같은 데서 흔히 볼 수 있는 대중 심리 현상이기도 하지만, 조직체와 부서, 팀 내에 존재하면서 자체의 법칙과 원리에 따라 기능하는 강력하면서도 보이지 않는 구조를 형성하기도 한다. 이제 그러한 조직체와 조직체의 법칙을 살펴보자.

조직체란 무엇인가

조직체란 간단히 말해서 지속적으로 변화되는 관계 속에서 서로 연결되어 있는 일련의 요소들이라고 할 수 있다. 한 가지 요소를 바꾸면 곧바로 나머지 요소들에 변화가 일어난다. 물론 이러한 정의가 모든 기술적인 조직체에 해당된다고 할 수는 없다. 그러나 사람이나 회사 등 모든 살아있는 조직체는 이 법칙을 따른다. 만일 회사라는 조직체 안의 모든 것이 끊임없이 변하는 관계 속에 있다면, 이는 '원인과 결과'라는 편리한 사고 습관을 버려야 한다는 것을 의미한다.

살아있는 조직체 안에서는 원인이 결과에 항상 앞선다고 말할 수 없다. 때로는 원인을 찾을 수 없는데도 분명한 결과가 존재하기도 한다. 다른 곳에 눈에 보이지 않게 존재하던 원인으로 말미암은 결과가 우리 조직체에서 발생할 수도 있고, 혹은 제삼의 원인에서 비롯한 결과가 우리 조직체에서 발생할 수도 있다. 즉 다양한 곳에서 일어난 사건들이 다양한 곳에서 여러 결과를 이끌어낸다.

죄책감은 아무런 도움도 되지 않는다

조직체 내에서 어려움이 발생할 경우 가장 보편적인 대응 방식은 과실을 저지른 사람 혹은 책임을 져야 할 사람이 누구인지를 찾아내는 것이다. 하지만 이러한 대응 방식은 그다지 효율적이지 못하다. 그렇게 한다 해도 문제가 근본적으로 해결되지는 않기 때문이다. 조직체적인 관점에서 본다면 '유죄 판정을 받은 사람'이란 사실상 조직체 내에 문제가 있음을 보여주는 일종의 지표에 불과하다. 다시 말해서 그가 원인이 아니고, 그가 저지른 과실 역시 단지 눈에 보이지 않는 조직체 내 관계에서 비롯된 결과일 뿐이라는 것이다. 그러므로 '유죄'로 입증된 사람을 해고하는 것이 실제적인 해결책이 되지는 못한다. 감기에 걸려 기침하는 사람의 입을 막는다고 해서 면역성 저하라는 원인이 해결되는 것은 아니지 않는가?

조직체적 그림이 분석보다 더 효과적이다

조직체의 복합적인 문제를 해결하기 위해서는 비즈니스의 리더나 컨설턴트들이 그동안 익숙하게 사용해 오던 방법을 변화시킬 필요가 있다. 또 원인과 결과라는 직선적인 묘사와 설명에서 벗어나 다른 가능성을 열어두어야 한다. 그럴 때 비로소 전통적인 접근법들이 지닌 한계를 조직 세우기 방법으로 보완할 수 있다. 다시 말해 분석적으로 접근하지 않고 종합적이고 조직체적으로 접근함으로써 일부 문제의 개선이 아닌 근본적인 해결책을 마련할 수 있다.

조직 세우기를 통해서 당신은 현재 벌어지고 있는 상황 전체를 있는 그대로 바라볼 수 있다. 여태까지 발전을 가로막고 있던 긴장 관계들이 곧바로 구체화되는데, 예를 들어 생산과 판매 사이에서 혹은 경영진과 외국의 협력 업체 사이에서 어떤 어려움을 겪고 있는지 눈앞에서 볼 수 있다. 부서나 개인의 위치가 올바른지 아닌지를 개별적 차원이 아니라 회사라는 더 큰 차원에서 볼 수 있을 뿐 아니라 전체의 기능을 향상시키기 위해 어떤 변화가 필요한지도 알 수 있다.

조직 세우기는 해결책을 명료하게 드러내준다

의뢰인의 눈에 조직체적 연관성이 구체적으로 드러나면 대개 의뢰인은 이런 반응을 보인다. "이렇게 간단하다니 믿을 수가 없어요. 이 문제를 해결하려고 지난 몇 년간 그렇게 많은 시간과 비용을 들였는데, 이렇게 간단하게 해결할 수 있다니 정말 믿기지 않는군요."

이렇게 쉽게 해결책을 찾아낼 수 있다는 사실을 받아들이기가 씁쓸할 수도 있다. 우리가 이와 같은 해결책을 쉬 받아들이지 못하고 몇 년씩이나 문제를 끌고 가는 것은 바로 오랫동안 익혀온 습관 때문이다. 해결책을 받아들이지 않으려는 저항적인 태도는 경제적인 측면이나 기술적인 고려 때문이기보다는 다른 이유 때문일 때가 많다. 심지어 대담하고 놀라운 비즈니스 감각을 보여주는 사람들조차 그 예상되는 결과가 좋을 게 분명한 방법론을 앞에 두고도 저항감을 보이거나 주저할 때가 있다.

왜 그런가? 그것은 그들이 조직체 전체에서 어떤 미묘한 변화가 일어날 수 있으며, 그럴 경우 그것이 충격을 가져오리라는 것을 본능적으로 감지하기 때문이다. 혁신적인 소프트웨어 하나로 기술적인 절차를 아무리 단순화할 수 있다 하더라도 서로 영향을 주고받는 사람들의 차원, 조직체의 차원에서는 그것이 자칫 재난으로 이어질 수도 있다. 이런 혼돈을 피하기 위해서는 중요한 기업 혁신을 시도할 때 반드시 조직체적 점검을 함께 실시해야 한다.

새로운 기술이나 최신의 처리 방법을 제안한 사람들은 자신들이 새롭게 소개한 개선책에 사람들이 별 반응을 보이지 않으면 실망스러움을 느끼기도 한다. 그것은 그들이 상황의 분석적인 측면만 보고 성공의 관건이 되는 조직체적 차원은 놓치기 때문이다.

물론 기술적인 측면을 보고 회사의 미래를 낙관할 수도 있다. 하지만 실제로 경기는 다른 곳에서 벌어지고 있다. 현대가 기술 정보의 시대라고 해도 비즈니스 세계는 사람이 만든 것이고, 따라서 그것이 작동하는 방식도 인간 시스템의 방식을 따른다.

조직체는 무의식적인 법칙에 따라서 기능한다

회사와 같은 유기체 안에는 무엇이 이롭고 무엇이 해로운지 아는 조직체적 의식이 존재하고 있다. 물론 이러한 의식이란 특정 개인에게 속해 있지도 않고 전문가의 분석에 근거를 두고 있지도 않다. 좀더 정확하게 표현하자면, 조직체적 의식은 정보의 장^{information field}과 같다. 이 정보의 장이 정확하게 무엇이고 어떤 기능을 하는지 총체적으로 연구된 바는 아직 없지만, 우리는 이 정보의 장으로부터 이익을 얻을 수 있다.

예컨대 당신이 인터넷이 무엇인지, 그것이 어떻게 기능하는지 모른다고 해도, 누군가 당신에게 필요한 정보를 얻기 위해 어떻게 해야 하는지 가르쳐준다면 어려움 없이 인터넷을 쓸 수 있고, 언제 어디서나 방대한 양의 정보를 불러낼 수 있을 것이다.

같은 방식으로 당신은 조직 세우기 방법을 이용해 당신이 관여하고 있는 비즈니스의 정보의 장 안으로 뛰어들 수 있다. 그래서 회사 구성원들 사이의 관계와 관련해 온갖 정보들을 수신하고 있는 네트워크로부터 당신이 필요로 하는 정보를 얻을 수 있다.

그렇다면 그러한 정보의 장은 실제로 어떻게 작동하는가? 정보의 장은 무의식적으로 작동하기 때문에 대개 예감이나 직감으로밖에는 감지할 수 없다. 예컨대 생산부의 관리자가 영업부와 고객 사이에 무슨 일이 벌어지고 있는지 의식적으로 알지는 못하지만 그에 따른 영향이 그에게 직접적으로 미치는 식이다.

영업부가 중요한 고객에게 4주 안에 양이 꽤 되는 물량을 공급하겠다고 약속을 했다고 하자. 생산 스케줄을 따르자면 두 달 후에나 공급할 수 있는 물량인데도 그는 고객과의 계약을 추진한다. 이 계약은 생산부 관리자가 알지 못한 채 맺어졌지만, 생산부 관리자는 무언가가 진행되고 있음을 '알고' 있다. 생산 스케줄을 볼 때마다 그는 알 수 없는 불편함을 느낀다. 결국 그는 앞으로 3개월간의 생산 계획에 대해 영업부 관리자와 대화를 나누어야겠다고 결정한다. 사실 이 문제는 두 사람 사이에 늘 민감한 사안이었다. 생산부 관리자는 오랫동안 영업부 관리자의 압력을 느껴왔고, 동료(영업부 관리자)의 성급한 결정을 따르기가 왜 어려운지 번번이 변론하지 않으면 안 되었다.

정보가 분명하지 않을 때에도 막연한 느낌은 있다

이 상황에서 생산부 관리자의 '직감'은 틀리지 않았다. 그는 영업부 관리자가 또 한 번 자신의 지시를 어겼다는 것을 알게 되었다. 반면 영업부 관리자는 아주 좋은 조건으로 계약을 맺었는데 그 공로는 인정하지 않고 계속 투덜거리고 불평만 하는 데 모욕감을 느낀다. 두 사람 사이에서 발생하는 불꽃 튀는 언쟁은 이번이 처음이 아니다. 결국 두 사람 사이의 갈등은 긴장 상태의 연속으로 이어지고, 명확히 의사를 전달하는 것도 좋은 해결책을 찾는 것도 점점 더 어려워진다.

상황을 명료히 해준다는 오늘날의 여러 가지 접근법들도 두 사람의 관계를 개선시키지는 못한다. 이 부분이 바로 조직 세우기가 유용하게 쓰일 수 있는 지점이다. 조직 세우기를 통해서 조직체 내에 감추어진 긴장 관계가 구체적으로 드러나고 갈등이 해소될 수 있기 때문이다. 근본적인 문제가 무엇인지 구체적으로 드러나면서 문제 당사자들 간의 긴장이 완화되는 것이다. 2장에서 우리는 조직 세우기가 어떻게 그런 식으로 작용하는지 살펴볼 것이다.

정보의 장을 조직체 내에서 의식하게 될 경우 실질적으로 어떤 효과가 있는가? 무의식적으로 받은 영향을 한순간이라도 깨닫고 나면 사람들이 고통에서 벗어나기도 하는 것처럼, 회사 안에 존재하는 조직체적 장애물이 무엇인지 알면 그것이 새로운 해결책을 찾는 데 도움이 된다. 감추어져 있던 근본 원인을 알게 됨으로써 협력적인 업무 환경을 만들어나갈 수 있는 것이다.

조직체적 법칙들이 지켜지지 않으면 문제가 생기게 마련이다. 마치 휘발유로만 움직이는 경주용 자동차에 경유를 잔뜩 채워 넣으면, 아무리 훌륭한 운전자가 최적의 위치에서 경주를 시작하더라도 승리할 수 없는 이치와 같다. 문제는 운전 기술의 부족이 아니라 기술적인 규칙들을 무시했다는 데 있다.

조직체적 법칙들은 단순하고 민감하다

자연의 법칙과 조직체적 법칙이 갖는 공통점은 어느 쪽이든 그 법칙을 무시할 경우 반드시 그에 따른 결과를 피할 수 없다는 사실이다. 이는 마치 우리가 사회에서 통용되는 법을 어길 경우 그 법에 대해서 알고 있든 모르고 있든 간에 그에 따른 책임을 지는 것과 같다.

우리는 자동차에 어떤 연료가 필요한지 잘 알고 있다. 하지만 종종 인간의 몸이라는, 고도의 수행 능력을 가지고 있는 생물학적 기계에 최고의 연료 대신 경유를 채워 넣을 때가 있다. 몸에 좋지 않은 콜레

스테롤, 스트레스, 운동 부족과 같은 것들이 이것들과 결합하여 몸 전체에 나쁜 영향을 끼친다는 사실을 우리는 잘 알고 있다. 하지만 안다는 것이 곧 올바른 행위를 이끌어내지는 못한다. 때로는 고통이라는 비싼 수업료를 치르고 난 뒤에야 배움을 얻기도 한다. 만약 통찰력을 발휘하여 결과를 예측하지 못한다면, 뼈아픈 결말을 맞고 나서야 몸에 해가 되는 행위를 멈추고 올바른 해결책을 찾을 것이다.

조직체적 나침반,
양심

개인의 경우와 마찬가지로 조직체 내에도 그것이 지향하는 목표나 방향으로 이끌어주는 길잡이가 있다. 바로 조직체적 양심이다. 이것은 윤리적 원칙이나 고매한 사상과는 아무런 상관이 없다. 조직체적 양심은 오히려 우리가 처해 있는 환경에서 올바른 방향으로 나아갈 수 있도록 알려주는 일종의 나침반 역할을 한다.

윤리적 판단이 아니라 방향 감각을 제시한다

조직체적 양심이라고 하는 내면의 나침반은 도덕과는 상관없이 사실에 근거해서 북쪽을 가리킨다. 비즈니스 시스템 내에서 올바른 방향—북쪽—은 기본적으로 다를 수 있다. 전통적인 독일의 소규모 가업형 회사에서 '북쪽'은 정확성과 꼼꼼함, 그리고 회사의 생존을 위해서 어떤 희생이라도 치를 각오가 되어 있는가 하는 태도를 가리킨다. 정확성과 꼼꼼함과 같은 가치나 시간외 수당을 받지 않고도 기꺼이 회사를 위해 일할 준비가 되어 있는 사람에 대한 기대는 '어떻게'와 '무엇'에 대해서 다음과 같은 대답을 내놓는다. "우리가 이루고자 하는 것은 무엇인가?" 생산품을 제 시간에 고객에게 정확하게 제공하는 것이다." "우리는 어떻게 그 목표를 이룰 수 있는가?" "각 개인이 최선의 노력을 다해 업무에 임함으로써 이룰 수 있다."

이 독일의 소규모 가업형 회사에서는 근무하는 모든 사람들, 어린 견습공부터 사장에 이르기까지 모두가 목표를 향해 한 줄로 서 있다. 이 회사의 모든 사람은 야근은 물론 주말까지 자진하여 일을 하면서 조직체적 양심을 지킨다. 그들 중 누구라도 일을 하지 않고 커피나 마시며 노닥거렸다면 조직체적 양심에 가책을 느낄 게 틀림없다. 이런 사례는 그다지 특별한 경우에 속하지 않는다. 오히려 사회적으로 당연하게 받아들여지고 있다. 이보다 더 큰 조직체에서도 이러한 통념(회사가 먼저이고 개인은 나중이다)은 뿌리 깊게 박혀 있는 게 사실이다.

반면, 마피아 같은 조직에서 조직체적 양심은 이와 다르다. 마피아 조직의 멤버는 자기 구역에서 영업하는 레스토랑 주인에게 돈을 받으면서도 이는 그를 보호해 주는 데 대한 대가이기 때문에 자신이 양심에 어긋나는 행위를 하고 있다고 생각하지 않는다. 이러한 행위는 조직체 안에서 올바른 행위로 받아들여지고, 따라서 그들의 나침반역시 '북쪽'을 향해 있는 셈이다. 레스토랑 주인에게서 돈을 받아낸 그는 동료와 우두머리에게 "잘했다. 너는 우리 조직의 식구다"라는 의미로 박수를 받기도 한다.

어떤 값을 치르더라도 소속권을 지켜야 한다

조직체에 소속되어 있다는 것은 곧 생존을 의미한다. 이는 거꾸로 무리에서 쫓겨나면 곧 죽음이라는 의미이다. 이러한 생각은 원시 부족 사회에 그 뿌리를 두고 있다. 원시 시대 이후 진화의 여러 단계를 거쳐오면서 이러한 생각은 우리의 무의식 속에 하나의 생존 프로그램으로 자리를 잡았다.

우리는 집단 내에서 자신의 자리를 확보해야 한다는 강한 동기성, 즉 소속권을 확보하고 싶다는 강한 열망을 가지고 있다. 문제는 소속권 확보라는 강한 열망이 회사가 요구하는 생산성 향상과 이익의 증대로 이어지기가 상당히 어렵다는 데에 있다. 예를 들어 고도의 정확성과 양질의 물건을 생산해 온 기술자들에게 저렴한 생산비로 단기간에 물건을 생산하라는 회사의 요구는 문제가 될 수 있다. 그 반면 고객들이 더 싸고 배송 기간도 짧은 전자 제품만 찾는다면 완벽하고 질 좋은 물건을 생산해 내서는 회사에 이득될 것이 없다. 당연히 생산자와 관리자는 자신들의 조직체적 양심과 충돌을 일으키게 된다.

보이지 않는 권력자,
조직체적 법칙들

눈에 보이지 않지만 강력한 힘을 가진 법칙들

경영자가 아무리 목표나 전략을 명확하게 규정한다 하더라도 비즈니스란 경영자의 의도된 목적에 따라서만 움직이지는 않는다. 이 말은 곧 명확한 목표나 전략이라는 구체적인 요소 외에도 눈에 보이지 않는 법칙들에 의해서 비즈니스가 이루어진다는 뜻이다. 실제 비즈니스의 성패에 가장 강력히 작용하는 것이 바로 눈에 보이지 않는 조직체적 법칙들이다.

비즈니스 분야에서 조직체적 법칙들이 파괴되면, 직원이나 고객이 갑자기 떠난다든지 회사 내부에서 권력 투쟁이나 태업이 발생한다든지 판매량이 급격히 떨어지거나 심각한 침체 현상이 발생한다든지 하는 전형적인 증상이 나타난다.

시장 상황이 나빠지면 경영자들은 어떤 조치를 취하는가? 어떤 시기에 시장 점유율과 판매량이 감소하고 직원들의 이직이 늘어나는가? 이런 상황이 생기면 경영자들은 기업의 구조나 재정 부분을 개편하려고 든다. 하지만 그러한 조치를 취한 회사들이 이미 보여주었듯이 그 방법이 효율적인지는 의문의 여지가 있다.

통제가 모든 문제의 해결책은 아니다. 그리고 이러한 상황에서 조직체적 영향을 무시한 채 단행하는 재무 구조 개편은 경영자의 의도와 달리 상황을 더 악화시킬 수도 있다. 조직체는 마치 침략에 대항이라도 하듯 반발하고, 쓸 수 있는 모든 힘을 다 쏟아 역효과를 만들어낸다. 이렇게 본다면 조직체 역시 인간의 면역 체계와 비슷한 작용을 한다고 할 수 있다.

인간으로 구성된 조직체는 생존을 위해서 안간힘을 쓰며, 외부의 공격으로부터 자신의 구성원을 보호하기 위해 노력한다. 만일 조직체적 법칙들 가운데 단 하나라도 심각한 손상을 입는다면, 조직체는 그로 인한 엄청난 영향을 받는 동시에 파괴된 균형을 되찾으려는 노력을 무의식 차원에서 시작한다. 무엇이 이러한 현상을 부르는가?

회사는 사람과 정보, 기술의 네트워크 안에서 움직일 뿐 아니라 고객과 시장, 여타의 네트워크들과 긴밀하게 연결되어 있다. 이 중 어느 것 하나라도 움직이면 전체가 영향을 받는다. 따라서 네트워크 안에는 무언의 의식이 존재한다고 할 수 있다. 이 의식은 무엇이 이롭고 무엇이 해로운지, 무엇이 전체를 약화시키거나 강화시키는지 알고 있다. 네트워크의 일부가 다른 부분에 대항해서 작동하거나 전체로부터 분리되면 조직체의 기능은 불완전해질 수밖에 없다. 이때가 대개는 문제가 시작되는 시점이다.

회사나 부서, 팀 혹은 여타의 조직체들과 실제로 작업을 해보면 각 조직체의 기능에 따라서 특정한 법칙들이 계속해서 모습을 드러내는 것을 볼 수 있다. 상담자들이나 연구자들은 이러한 법칙들이 무시당하거나 존중되지 않을 때 조직체가 그 규모나 종류와 무관하게 어떠한 반응을 보이는지 관찰해 왔다. 그들은 법칙들이 존중될 때 조화로운 업무 환경이 조성되고, 법칙들이 파괴되었을 때 혼란과 반작용이 일어난다는 것을 알아냈다.

이제 우리는 조직체의 법칙과 원칙 가운데 중요한 몇 가지를 다룰 텐데, 각각의 기본적인 기능을 실례를 들어 설명할 것이다.

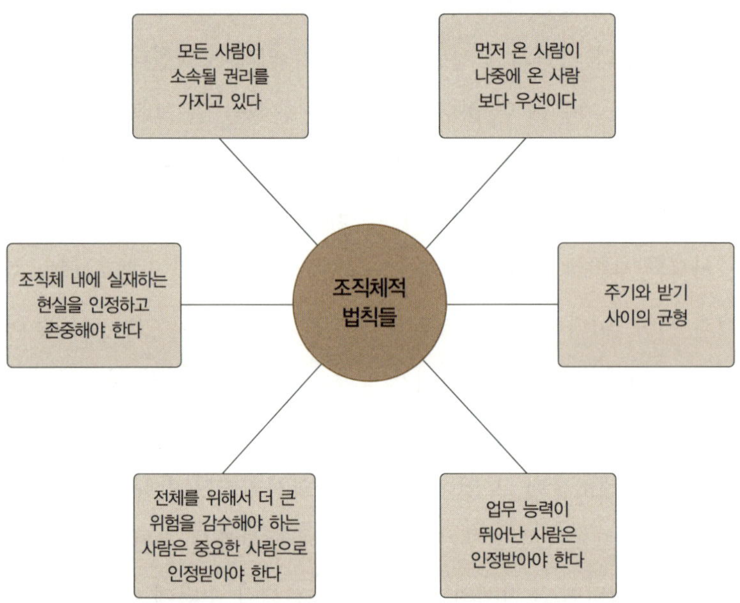

시스템 친화적인 원칙들

조직체 내에 실재하는 현실을 인정하고 존중해야 한다

현실을 인정해야만 해결책을 위한 가능성의 문이 열린다

조직체 내에 실재하는 현실^{reality}을 인정하고 존중한다는 것은 무슨 뜻인가? 그것은 다음과 같은 뜻을 담고 있다. "누구도 현실을 부정할 수 없다. 회사가 위기를 극복하기 위해서는 조직체에 속해 있는 모든 구성원들이 회사 안에서 벌어지고 있는 상황에 대해 인정하고 존중할 수 있어야 한다."

　말은 쉽지만 현실적으로는 쉬운 일이 아니다. 대개 조직체에서 위기 상황이 발생하면 경영자들은 그럴듯한 말로 상황을 얼버무리려 든다. 그들은 회사가 지금 하향 곡선을 그리고 있다는 사실을 인정하려 들지 않는다. 결과적으로 직원들에게 실제 상황을 감추려고 한다. 하지만 사람들은 직감적으로 뭔가 잘못되었음을 알고 있다. 때로는 회사 전체가 위기 상황을 정확하게 알고 있으면서도 누구도 발설하지 못하는 경우도 있다. 그렇게 시간이 흘러가다 보면 이 같은 회피는 정점을 향해 치닫게 된다.

　가족체 내에도 유사한 회피가 있다. 아버지가 불치병에 걸렸다는 것을 가족 모두가 알고 있으면서도 그 사실을 서로 숨기려 든다. 회피하기를 멈추고 현실을 직시할 수 있다면, 가족 모두가 상황을 있는 그대로 받아들임으로써 그 영향으로부터 자유로워질 수 있을 뿐만 아니라 마음을 열고 해결책을 찾아 나설 수 있다. 그러므로 상황에 연관된 사람들이 현실을 있는 그대로 용기 있게 직면할 수 있어야 한다. 혹시 가족 중 누군가 악행을 저지른 경우라 하더라도 그 역시 정면으로 바라보아야 한다. 그때 비로소 해결책을 위한 결단 있는 행동을 할 수 있다.

상황을 있는 그대로 받아들이기 위한 또 다른 태도는 어쩌면 당신에게도 익숙한 내용일 수 있다. 일상에서 자주 겪는 상황이기도 한데, 실재의 모습을 적극적인 방식으로 인정하는 것이다. 회사 내에서 당신이 누군가에게 가지고 있던 기대가 무너지거나 주어진 업무가 마음에 들지 않을 때 혹은 일을 제대로 해낼 수 있을까 걱정이 될 때, 조직체의 아주 기본적인 사실을 인정하는 것만으로도 상황이 명료해질 수 있다. 이성적으로 따지자면 남들이 이미 알고 있는 내용을 말한다는 게 불편할 수도 있다. 그럼에도 다음과 같은 내용을 말로 표현할 때 상황이 분명해지는 놀라운 효과가 나타난다.

"당신은 이 부서의 장이고, 저는 직원일 뿐입니다."

"당신은 고객이고 당신의 만족은 제게 가장 중요한 일입니다."

"당신은 이 회사에서 12년째 일을 해왔고, 저는 이제 막 일을 시작했습니다."

이렇게 말한다면 회사 내에서 자신의 자리를 인식하고 인정하며 확인할 수 있는 기회를 가질 수 있다.

주기와 받기 사이의 균형

신입 사원들을 위한 유예 기간

팀원 가운데 몇 명 안 되는 사람이 프로젝트의 대부분을 도맡아 처리하는 부서를 본 적이 있는가? 이런 경우 외부 사람들은 업무 분담이 공평하지 못하다는 걸 분명히 알지만 내부 사람들은 알지 못할 때가 많다. 새로 팀에 합류한 사람들은 주어진 역할을 잘 해낼 수 있을 때까지 숙련된 선배들의 도움을 받게 마련이다. 그러면 도움을 받은 후배들은 당연히 선배들에게 보답하고 싶은 마음이 들 것이고, 자기가 도울 수 있는 일이라면 비록 자기 업무가 아니더라도 달려들어 돕는 것으로 고마움을 표현하기도 한다. 그런데 장기간 일을 해오던 사람이 다른 사람한테 일을 맡겨놓고 뒤로 물러나 있게 되면 일을 떠맡은 사람은 그들의 몫까지 더 일을 할 수밖에 없다.

하지만 이러한 불균형이 수정되지 않고서는 팀이 성공할 수 없다. 균형이 회복되면 새로운 도전이 나타난다. 즉 동료 몫까지 일을 해오던 사람이 과연 그 일을 다른 사람들과 공평하게 나눌 준비가 되어 있는가 하는 것이다. 기꺼이 나눌 준비가 되어 있을 거라고 생각한다면 오산이다. 일을 공평하게 나누기 위해서는 잠시 일에서 손을 떼고 다른 사람들의 도움을 받아들일 수 있어야 한다. 몇 사람분의 역할을 혼자서 해낼 만큼 능력 있는 사람에게는 모든 일을 혼자 도맡아하는 것보다 여럿이 함께 나눠서 하는 것이 더 어렵게 느껴질 수도 있다.

늘 주기가 받기보다 더 축복받을 일은 아니다

팀의 리더가 다른 멤버들의 도움이나 지지를 거부한다거나 그들이 일을 잘 처리해 볼 수 있는 기회를 주지 않는다든지 해서 심각한 불균형이 생기는 것을 본 적이 있을 것이다. 이와 반대로 언제나 팀을 위해 어떤 일이든 할 준비가 되어 있는 상사도 있다. 이런 상사는 남들이 도움을 요청하지 않아도 먼저 도와주려고 하고, 다른 사람들에게 주어진 어려운 임무를 대신 떠맡고 심지어는 해결해 주려고까지 한다. 이처럼 언제나 다른 사람들을 도와줄 준비가 된 리더가 이끄는 팀은 팀워크가 결코 향상될 수 없다. 리더의 능력과 팀 멤버의 의존성 사이의 간격을 메우기란 쉬운 일이 아니다. 팀 멤버들이 스스로 업무를 수행할 기회를 얻지 못하면, 그들은 무기력감을 느끼고 결국 회사를 떠나거나 가슴을 닫아버리게 된다. "주는 것이 받는 것보다 더 큰 축복이다"라는 말은 종교적인 맥락이나 복싱의 링 위에서는 진실일지 모르지만 조직체에서는 집단을 그릇된 방향으로 이끌기도 한다.

소속의 권리

우리는 무수하게 많은 사회적 조직체에 소속되어 있다. 원래 가족(우리가 자녀로 속해 있는 가족으로, 부모와 형제자매를 포함한다)에 속해 있고, 현재 가족(배우자와 자녀들)에 속해 있으며, 그 밖에도 하나 혹은 그 이상의 업무 조직체에 속해 있다.

혹시 누군가가 가족이나 비즈니스에 소속된 당신의 권리에 이의를 제기한다면 어떻게 될지 생각해 본 적이 있는가? 불행히도 이러한 상황은 자주 일어난다. 구조 조정을 한다든지 합병을 할 때 소속의 권리는 너무도 당연히 경시된다. 회사 내부의 구조 조정에 따른 것이든 합병으로 인한 외부적 변화에 따른 것이든 새롭게 바뀐 구조 안에서 일하게 된 사람 가운데 애당초 회사를 세운 사람이 누군지 모르는 경우도 종종 있다. 또는 의도적으로 창립자의 이야기를 하지 않기도 한다.

소속의 권리를 한계 짓는 법규는 없다

하지만 소속의 권리에 관하여 한계를 규정한 법규는 어디에도 없다. 회사를 처음 세운 창립자는 현 경영자와 똑같은 소속의 권리를 여전히 지닌다. 퇴직했거나 어려운 시기에 회사를 떠나야 했던 직원들도 이 점에서는 마찬가지다. 회사가 그러한 사람들을 기꺼이 기억할 때 회사는 힘을 얻게 된다. 창업자들과 마찬가지로 퇴직한 사람들이나 해고된 사람들도 한때 이 회사를 위해서 일했고, 회사가 현재와 같은 모습을 갖출 수 있도록 뿌리 역할을 하고 있는 사람들이다.

회사의 역사, 과거의 생산품이나 생산 도구들을 한눈에 볼 수 있는 공간을 마련한다거나 로비나 적절한 장소에 창업자를 기리는 사진이나 흉상 조형물을 설치하는 등 의식적으로 창업자와 직원들을 기리는 행위는 회사 전체에 긍정적인 효과를 가져다준다. 직원이나 방문객은 걸음을 멈추고 그것들을 볼 것이고, 오늘날의 성공을 만들어낸 뿌리를 그들이 존경스러운 눈빛으로 바라보게 된다는 것을 당신은 느낄 수 있을 것이다.

부당함으로 인해 생기는 문제들

조직체에 소속된 사람은, 심지어 해고된 사람이라 하더라도 그 소속될 권리를 인정받아야 한다.

조직체 내에 심각한 부당함이 존재할 때, 그 파급 효과는 실로 어마어마하다. 대외적으로 잘 알려진 한 기업이 자회사와 함께 원인을 알 수 없는 어려움을 겪고 있었다. 나중에 알고 보니 유태인 소유주가 나치 독일 시대에 말도 안 될 정도로 낮은 가격에 회사를 매각해야 했다는 사실이 밝혀졌다.(이 책 3장 참조) 조직체적인 관점에서 볼 때, 창업자와 소유주의 존재가 인정받고 존중받을 때까지 회사의 성공은 불가능할 수밖에 없다.

물론 어떤 사람이 심각한 범죄를 저질러 조직체에 소속될 수 있는 권리를 박탈당하는 경우도 있다. 예컨대 법적 대리인이 회사의 최고 경영자를 퇴진시키기 위해서 중상모략을 한다면, 그는 법적인 처벌을 받는 데서 그치는 것이 아니라 조직체에서 쫓겨나는 대가까지 치러야 할 것이다.

먼저 온 사람이 나중에 온 사람보다 우선이다

새로운 관리자가 생산부를 맡게 되었다고 하자. 그는 잘못된 점을 바로잡고 원가절감을 위해 취할 수 있는 모든 조치들을 바로 시행하려고 한다. 이 새로운 관리자는 작업장을 "망신살 뻗친 곳"이라고 하고, 또 기술자와 숙련공은 "게으르기 짝이 없는 놈들"이라고 힐책한다. 회사가 파산지경에 이르렀다며 이제 새로운 관리자가 전면적인 개혁을 단행하겠다는 소문이 퍼진다. 몇몇 괜찮다는 방법들을 써보기도 하지만 효과는 일시적이다. 직원들의 상황도 마찬가지다. 새로운 관리자가 직원들을 격려하고 자극할수록 그들은 더욱 무기력하고 냉담한 태도를 취할 뿐이다. 도대체 무엇이 문제인가?

새로운 관리자는 맨 뒷자리에서 지휘를 해야 한다

새로운 생산부 관리자는 좋은 의도를 가지고는 있었지만, 조직체적 법칙을 제대로 알지 못한 까닭에 심각한 실수를 저질렀다. 새로 들어온 사람으로서 그는 서열상 가장 뒷자리를 차지하게 되어 있다. 하지만 그는 마치 첫 번째 자리에 있는 사람처럼 행동했다. 당연히 시스템 전체가 이러한 오만함에 심한 반발을 보일 수밖에 없다. 반면에 이 새로운 관리자는 최선을 다해 회사의 발전에 기여함으로써 능력 있는 사람이라는 평가를 받고 싶었다. 하지만 그러기 위해서는 먼저 맨 뒷자리에서 지휘하는 법을 익혀야 한다. 그가 학교에서 경영 이론을 배우고 있을 때, 이 회사에서 일하던 많은 사람들이 오랫동안 현장에서 물건을 만들고 팔았다는 사실을 인정할 수 있어야만 혁신을 위한 그의 노력이 성공을 거둘 수 있다. 이처럼 관점을 달리하면 태도만 바뀌는 것이 아니라 직원들을 대하는 표현법과 목소리 톤에도 변화가 온다.

다른 사람들의 공로는 존중되어야 한다. 설사 시대에 뒤떨어진 구조와 기술로 회사를 이끌어왔다고 하더라도 말이다. 이제 새롭고 혁신적인 개념을 도입하는 과정에서 새로운 관리자는 팀의 리더들과 직원들을 다른 관점에서 바라보아야 한다. 그들의 경험과 일처리 방법에 대해서 귀 기울여 듣고, 결정을 내리기 전에 그들에게 의견과 아이디어를 구해야 한다. 맨 뒷자리에서 이끌어야만 직원들의 신뢰와 지지를 얻을 수 있다. 그리고 리더로서 인정받을 수 있다.

전체를 위해서 더 큰 위험을 감수해야 하는 사람은 중요한 사람으로 인정받아야 한다

같은 팀에 속해 있다 하더라도 모두가 동등한 것은 아니다

업무 능력의 향상을 위한 새로운 접근법으로, 팀원들 모두 똑같이 노력하는 만큼 서열을 두지 말고 동등하게 대해야 한다는 주장이 있다. 물론 이런 접근법이 의미도 있고 또 유용한 면도 있지만 여기에는 모종의 위험 요소가 들어 있다. 이제 막 짜인 팀이 있다고 하자. 그런데 일에 대한 강한 의욕에 불타, 팀원들은 팀 안에서 각자가 동등한 가치를 지니고 있다는 사실과 각자의 권리가 완전히 평등하다는 사실을 혼동하고 있다.

"우리는 동등하다"는 말이 감미롭게 들리긴 하지만, 서열을 없애려는 팀의 시도는 마치 과거 왕권 사회와 같이 서열이 분명한 사회가 하루아침에 절대 평등 사회로 전환할 때처럼 자칫 극단적인 현상이 나타날 수 있다. 그런 경우 업무 능력이 뛰어난 사람이나 책임감을 더 크게 느끼는 사람을 우선순위에 두어야 한다는 조직체적 원칙들이 부주의하게 내던져질 수 있다.

이러한 환경에서는 "우리는 모두 동등한 권리를 가지고 함께 일한다. 우리 모두는 똑같이 중요한 사람들이다. 모든 사람이 토론에 참여하고 모두가 함께 결정한다"는 식의 가짜 평등주의 이데올로기가 무성해질 수 있다. 극단적인 경우, 임시직 노동자나 인턴사원이 회사를 이끌어갈 책임이 요구되는 자리에서 일하는 경험 많은 사람들과 똑같은 대접을 받아야 한다는 주장이 나올 수도 있다.

상사는 상사로서 책임감 있게 이끌어가야 한다

모든 팀원이 평등하다고 믿는 팀이 회의를 할 경우, 이들은 자신들의 진보적인 태도에 적이 만족스러워하면서 목에 힘을 줄지도 모른다. 그러나 그럴 때조차도 그들 사이에서는 무언가 편치 않은 느낌이 감도는 것을 우리는 볼 수 있다. 정작 큰 책임을 지고 있는 사람들에게 그 상황은 더 이상 '권리'는 없고 의무만 가득한 상황으로 여겨질 수도 있다. 조직체적 관점에서 본다면, 전체를 위해서 더 큰 위험을 감수하는 역할을 하는 사람은 더 많은 인정을 받아야 한다. 이 사람이 하는 발언은 훨씬 중요하게 받아들여져야 한다.

어떻게 하면 이런 함정에서 빠져나올 수 있을까? 단순한 질문 하나가 해결책을 가져다줄 수 있다. "누가 팀 전체에 대해 책임감을 느끼고 그 책임감에 걸맞은 행동을 하는가?" 전체의 이익을 위해서 일하는 사람이 팀원들 사이에서 리더로서 대접을 받아야 하고, 나머지 사람들은 팀원이 되어야 한다.

이렇게 말할 수도 있다. 상사는 상사여야 하고 동시에 상사로서 인정받아야 한다. 만일 어떤 사람이 자신의 임무는 물론 결정권을 다른 사람에게 위임하고 자기 역할을 거부한다면 그는 리더로서의 위치를 잃는다. 팀원들은 그러한 리더의 말을 진지하게 받아들이지 않을 것이다. 반면에 자기 능력이 더 낮다고 여기면서 상사를 상사로서 인정하려 들지 않는 팀원이 있다면, 이 사람은 조직체 안에 좋지 않은 영향을 끼치게 된다. 이 사람 역시 현실을 있는 그대로 인정하고 상사에게 이렇게 말할 필요가 있다. "여기에서 당신은 저의 상사입니다. 제가 당신의 의견에 늘 동의하지는 않는다 하더라도 저는 당신이 저의 상사라는 것을 인정합니다."

업무 능력이 뛰어난 사람은 인정받아야 한다

맡은 일에 적합하고 재능도 있는데 그 노력을 제대로 인정받지 못하는 사람들이 있다. 이러한 딜레마의 뿌리는 조직체에 있다. 위에서 "먼저 온 사람이 나중에 온 사람보다 우선이다"라는 법칙을 살펴보았다. 앞서 예로 든 새로 온 생산부 관리자는 이 법칙을 어겼다. 그래서 오래 일해 온 직원들이 그의 능력을 인정하지 않았다. 장기간 근무해 온 직원들의 권리가 무시되었다는 사실이 명백해지고 새로운 관리자가 자신의 태도와 접근법을 바꾸면서 다른 사람들이 그를 받아들이게 되었다. 이 예는 어떻게 다양한 차원의 우선권들이 조직체 안에 동시에 존재하는지, 그리고 그것들이 서로 어떤 식으로 기대고 있는지 잘 보여준다.

상호 간의 인정은 조직체 안에서 조화를 이루는 데 중요한 요소이다. 그뿐 아니라 여타의 조직체적 원칙 중에서 가장 중심되는 항목이기도 하다. 나중에 온 사람이 먼저 온 사람을 인정할 때, 먼저 온 사람 역시 나중에 온 사람을 기꺼이 인정하게 된다. 물론 업무 능력이 뛰어난 사람도 조직체에서 우선권을 인정받아야 한다. 눈에 보이는 결과를 낸 사람이나 남다른 경력을 가진 사람과 마찬가지로, 특별한 기술 능력과 업무 수행력을 지닌 사람도 중요성을 인정받아야 한다. 다른 사람의 지위와 능력을 알아주고 인정한다는 것은 조직체가 균형을 찾고 유지하는 기본 원칙이다.

보이지 않는 긴장 관계

시스템과 조화를 이룬 상태
시스템과 부조화를 이룬 상태
조직체 내에 실재하는 현실의 존중
현실의 부정
주기와 받기 사이의 균형
너무 많이 주기·너무 적게 받기 너무 많이 받기·너무 적게 주기
소속의 권리
소속된 사람들을 제외시킴
먼저 온 사람이 나중에 온 사람보다 우선임
새로 온 사람의 오만한 태도 뭐든지 다 알고 있다는 태도
조직체 전체를 위해서 더 큰 위험을 감수해야 하는 사람이 우선임
가짜 평등주의 이데올로기
업무 능력이 뛰어난 사람이 우선임
능력을 인정하지 않으려 함

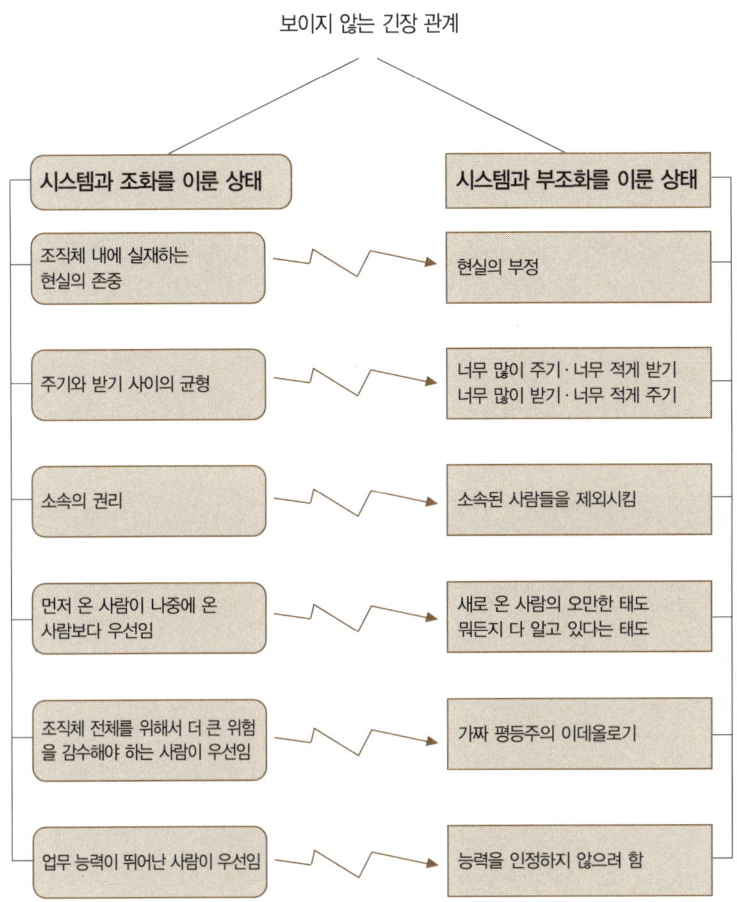

2

조직 세우기란?

조직 세우기의 관심은 비판적으로 문제를 지적하는 데 있지 않다.
조직 세우기에서는 '어떻게' 에 초점을 맞춘다.
즉 문제점을 따지기보다 해결책을 추구하는 것이다.

Organization Constellations

문제를 바라보는
놀라운 방식

지난 세기, 특히 1960년대와 1970년대는 변화의 시기였다. 달에 첫 발을 내디뎠는가 하면 전설의 밴드 비틀즈가 전성기를 누렸고 히피 문화가 꽃을 피우기도 했다. 하지만 외부적인 다양성 못지않게 인간과 세계에 대한 이해가 깊어졌던 시기이기도 하다. 비즈니스적 사고가 근본적으로 어떤 변화를 거쳐왔는지 이해하기 위해서는 먼저 이러한 변화의 심리학적 뿌리를 되돌아볼 필요가 있다.

심리학과 사회과학 영역에서 연구자들은 오로지 양적·분석적으로만 쪼개보던 태도를 버리고 갑자기 새로운 눈을 통해서 세상을 보기 시작했다. 전체가 시야에 들어왔고, 이는 세상을 바라보는 방식에 급격한 변화를 불러왔다. 사람과 환경 사이에 새로운 연결점이 만들어지고, 쌍방 간의 영향과 결속이 극명해졌다. 연구자들은 현미경에서 눈을 뗄 때 시선을 위로 향했다. 그리고 이 새로운 전체, 그 모든 부분을 조합해 놓은 것보다 더 커 보이는 새로운 전체를 보고 놀라움을 금치 못했다. 그러므로 조직체적 시각이 20세기 중반에 시작되었다고 해도 틀린 말은 아니다. 현재 조직체적 시각은 다양한 과학적 탐구에 힘입어 급속히 발전하고 있다.

가족 치료

가족 치료 영역에서도 다양한 학파가 생겨났다. 짧은 기간 내에 밀란 Milan 학파, 하이델베르크 학파, 그리고 미국에서의 다양한 접근법들이 등장했다. 이들의 다양한 견해 속에서도 가족 치료사 모두가 공감하는 몇 가지 내용이 있다.

- 개인의 문제는 가족의 영향을 전제로 한 상호 관계 안에서 살펴봐야 한다.
- 어떤 행위든, 설사 미친 짓으로 보이는 행위라 할지라도, 가족의 맥락에서 의미 없는 것은 없다.
- 치료사는 해결책을 바라볼 뿐 문제를 바라보지 않는다.
- 단기적인 치료 작업에서도 해결책은 있다.

정신분석학에 기초한 과거의 가족 치료 방식—원인을 찾기 위해 오랜 시간 개인을 탐구하던 방식—은 새롭고 혁명적인 개념들로 완전히 바뀌었다.

가족체를 한눈에 볼 수 있을 뿐 아니라 더 쉽게 이해하기 위해서 가족 치료사들은 가족을 그림으로 나타내는 방법을 모색하기 시작했다. 처음에 그들은 그래픽과 모형을 이용해 가족 구성원들 사이의 관계를 시각적으로 표현하려고 했다. 다음 단계는 모형이 자신의 의견을 말할 수 있도록 하는 거였다. 더욱 명료한 그림을 얻기 위해 실제 가족 구성원들에게 다른 사람들과의 관계성을 고려해 자기가 원하는 위치에 서보라고 하고, 그 자리에서 자신의 느낌이나 감정을 표현하도록 했다. 하지만 실제 가족 구성원들이 자리에 서서 자신의 내적 상태를 표현한다는 것이 너무 어려운 과제라는 걸 깨닫고, 대리인들을 그 자리에 대신 세우게 되었다.

이처럼 이런저런 방식을 사용한 여러 가지 실험이 계속되었다. 미국 출신 치료사 버지니아 사티어Virginia Satir는 '가족 조각'을 들고 나왔다. 그녀는 역할극을 하는 사람들을 마치 살아있는 조각彫刻처럼 특정한 자세로 세운 뒤 그들에게 관계성과 느낌 등을 팬터마임으로 표현하도록 했다. 그러나 이 방법은 극적인 요소가 강해서 무엇이 본질인지 찾아내기 어렵다는 한계점이 있었다.

극적인 측면에서 본질적인 측면으로

가족체와 조직체를 세션에서 다룰 때 우리는 모든 것을 최소한으로 유지한다. 불필요한 설명이나 개인적인 생각을 배제하고 실질적인 정보 몇 가지만 가지고 가족체나 조직체 내에 형성된 관계성 혹은 긴장 관계를 드러내는 데 초점을 맞추는 것이다.

해결책을 찾거나 자신의 목표를 명확히 알고자 하는 의뢰인은 먼저 조직체나 가족체의 구성원을 대신할 대리인들을 선택한다. 그런 뒤, 내면의 느낌에 따라 대리인들을 적당한 위치에 세운다. 가족체나 조직체의 구성원들 사이에 실재하는 관계성 혹은 긴장 관계는 사진처럼 확실한 형태로 나타나는 것이 아니라 상징적으로 묘사된다.

세션에서 보게 되는 이미지는 예술 작품에 비교할 수 있다. 단순한 재료를 가지고 아주 복잡한 내용을 표현할 수 있기 때문이다. 이와 같이 극적이지는 않지만 놀라울 정도로 효과적인 방법은 버트 헬링거 Bert Hellinger의 '가족 세우기 family constellation' 라는 선구적인 작업에 크게 의존하고 있다.(버트 헬링거의 가족 세우기에 대해서는 《가족 세우기》 (2008년 출간, 존 페인 지음, 풀라 옮김)라는 책에 잘 나와 있다.— 옮긴이)

가족체와 조직체, 같은 점과 다른 점

여기서 당신은 가족 세우기 방법이 어떻게 조직의 문제들을 해결하는데 쓰일 수 있느냐고 물을 수 있다. 물론 가족체와 조직체 사이에는 커다란 차이점이 있다. 그러나 가족 세우기 방법을 조금만 응용하면 비즈니스 문제에 적용할 수 있을 정도로 이들 사이에는 공통점이 많다.

조직체와 가족체의 가장 큰 차이점은, 회사에서 근무하는 사람들은 해고당할 수 있지만, 가족의 구성원들에게는 해고나 퇴직이 존재하지 않는다는 점이다. 가족은 운명적으로 맺어진 집단이지만, 회사는 일 중심의 조직체이다. 하지만 가족과 마찬가지로 조직도 사람이 만든 집단이며, 앞 장에서 살펴본 것처럼 조직체적 법칙에 따라서 기능을 한다. 조직체와 관련된 문제는 감정이 큰 비중을 차지하는 가족적 얽힘 관계와는 다르지만, 세션이 진행되는 과정은 꽤 비슷하다.

세션은 현재의 상황을 그대로 보여준다

가족 세우기건 조직 세우기건 모두 현재의 전체 상황을 볼 수 있도록 해준다. 한 회사를 대상으로 조직 세우기를 했을 때 생산, 판매, 경영 혹은 자회사 등을 대신하는 대리인들은 전체 그림의 맥락에서 각각의 대리인들 위치가 적합한지 즉각 알 수 있다. 또 어느 부분을 변화시켜야 문제를 해결할 수 있는지도 바로 알 수 있다.

어려움에 직면해 있는 현재의 상황이 긴장 상태를 반영한다고 하면, 적절한 해결책으로 그러한 긴장을 완화시킬 수 있을 것이다. 누구라도 대리인 역할을 통해서 이러한 경험을 해볼 수 있다. 사실 대리인 역할은 거의 아무나 할 수 있을 정도로 아주 쉽다. 굳이 특별한 트레이닝을 받을 필요도 없고 자격이 필요한 것도 아니다. 대리인 역할에 대해서는 조금 뒤에서 아주 자세하게 살펴볼 것이다.

해결책에 초점을 맞춘다

한 시간 이내에 현재 상황의 전모를 살펴볼 수 있다는 것은 조직 세우기의 분명한 장점이다. 속도 면에서 이보다 더 빠른 방법은 없다. 어떤 전통적인 비즈니스 분석법도 이런 일은 불가능하다. 하지만 이것이 전부가 아니다. 세션을 하는 진짜 목적은 해결책을 찾기 위한 것이지 분석이나 연구를 하자는 것이 아니다.

조직 세우기로 회사 안의 문제를 해결하려는 사람들은 "왜 경영자들이 시장의 변화에 그처럼 더디게 대응을 한 겁니까?"라고 묻지 않는다. 혹은 "왜 계발부와 영업부가 그처럼 원활하게 공동 대응하지 못한 겁니까?"라고도 묻지 않는다. 오히려 이렇게 묻는다. "어떻게 하면 현재의 위기를 넘기고 시장에서 전략적인 위치를 차지할 수 있을까요?" 혹은 "변화에 좀더 능동적으로 대처하려면 우리 자신을 어떻게 조직하면 좋을까요?"

질문 방식에서도 드러나듯이 조직 세우기의 관심은 비판적으로 문제를 지적하는 데 있지 않다. 대개 '왜'라는 질문에 대한 답을 찾으려 하다보면 비판적으로 되기 쉽다. 조직 세우기에서는 '어떻게'에 초점을 맞춘다. "어떻게 하면 우리가 이것을 더 잘할 수 있을까?" 같은 질문처럼, 해결책을 찾는 데는 '왜'보다는 '어떻게'가 더 유용하다.

당신에게 필요한 것은 올바른 해결책이다. 당신 팀에 가장 적합한 라인업 방식을 찾는 것이다. 축구와 다르지 않다. 아무리 최고의 선수들로 구성되었더라도 팀이 조직체적 문제를 가지고 있다면 승리할 수 없다. 완벽하게 연습했던 패스 기술이 전혀 발휘되지 않는가 하면 스트라이커가 골문 부근에도 가지 못하는 일이 생긴다. 하프라인을 넘어서기는커녕 자기 진영 안에서 골을 막는 데 급급해한다. 이런 경우 감독은 과연 어떻게 최선의 라인업을 찾아낼 수 있을까?

감독이 침묵 속에서 지휘를 하든, 쉴 새 없이 떠들며 선수들을 독려하든, 겉보기에 방법은 달라 보일지라도 뒷면에 숨어 있는 마술적 해법은 언제나 똑같다. 그것은 바로 문제점을 따지기보다 해결책을 추구한다는 것이다. 조직 세우기 세션에서도 중요하게 여기는 것은 문제가 아니라 목표, 즉 해결책이다.

그러므로 조직 세우기 세션을 시작할 때 우리는 의뢰인에게 가장 먼저 이런 질문을 던진다. "이 세션을 통해서 이루려는 목적이 무엇입니까?" "어떤 변화가 일어나면 상황이 개선되었다는 것을 알 수 있을까요?" 이렇게 구체적이고 실질적인 질문으로 출발해서 세션이 끝나갈 무렵 드러나는 마지막 이미지는, 의뢰인이 문제를 따지는 데 쓴 에너지를 바꾸어 변화를 위한 행동에 쓸 수 있도록 해준다.

조직 세우기는
어떻게 이루어지는가?

문제를 분명하게 인식하는 것이 시작이다

이제 조직 세우기를 실제로 어떻게 적용하는지 살펴보자. 조직 세우기를 어떤 방법으로 하는가? 조직 세우기 세션 안에서 과연 어떤 일이 발생하는가?

조직 세우기 방법을 사용하기 위해서는 먼저 다루고자 하는 문제를 뚜렷하게 규정할 수 있어야 한다. 어쩌면 문제는 없지만 당신이 이르고자 하는 목표가 있고 그것을 성취하기 위해 무엇이 필요한지 알고 싶을 수도 있다. 또는 힘든 결정을 내리는 데 어떤 요인들을 고려해야 하는지 명확히 알기 위해 특정 형태의 조직 세우기 세션을 해볼 수도 있다. 이러한 경우도 자신이 이루려는 목표가 무엇이고 결정 내릴 사항이 무엇인지 분명하게 인식하는 것이 중요하다.

만약 다루려는 문제를 구체적이고 정확하게 형상화할 수 없다면 세션 진행자, 곧 코치가 도와줄 것이다. 그만큼 문제를 분명하게 인식하는 것이 조직 세우기에서는 중요하다. 다루고자 하는 문제가 분명하지 않을 때는 해결책도 나오지 않고 목적도 잃을 수 있다. 이는 마치 택시를 잡아타고 기사에게 무조건 "갑시다!"라고 외치는 것과 같다. 택시 기사가 어디를 가느냐고 물어도 "상관없어요. 아무데나 가도 됩니다"라고 대답하는 격이다.

자격을 갖춘 코치

문제를 명확하게 인식했다면, 다음으로 필요한 것은 길을 잘 알고 있는 '운전 기사'이다. 조직 세우기 세션을 이끌 사람은 그 일을 할 만한 자격을 갖춘 사람이어야 한다. 이 점이 특히 중요한 이유는 조직 세우기 세션이 언뜻 단순해 보이고 누구나 쉽게 따라할 수 있을 것처럼 보이지만, 세션이 진행되는 동안 참여한 사람들의 다양한 의식층이 한꺼번에 움직일 수 있도록 굉장히 복합적인 역할을 코치가 해야 하기 때문이다. 그러기 위해서 코치는 트레이닝에 필요한 다양한 경험과 견고한 기초가 다져져 있어야 한다.

중립적인 대리인

세 번째로 중요한 것은 당신이 다루고자 하는 문제에 관계된 사람들, 혹은 이루고자 하는 목표, 해결하고 싶은 문제 등의 역할을 대신할 대리인들이다. 의뢰인이 다루고자 하는 문제와 아무런 관계가 없는 사람들을 대리인으로 세우는 게 가장 좋다. 다시 말해 당신이 근무하고 있는 회사 내부의 일에 대해 아무것도 모르는 사람들이 대리인으로 적합하다. 누구나 참여할 수 있는 공개적인 조직 세우기 세션을 진행할 경우 참석자들을 대리인으로 세울 수 있다.

만일 공개적인 세션이 아니라 조직체의 의뢰를 받아 회사 내부 사람들만으로 조직 세우기 세션을 할 경우에는 의뢰인의 회사에서 근무하는 사람들을 대리인으로 삼되 당사자가 아닌 다른 사람, 위치나 역할이 다르거나 그 일에 직접 관여하지 않는 사람을 대리인으로 세워야 한다. 중립적인 대리인들을 세울 수 없을 경우 혹 잘못된 정보를 얻지 않았는지 재차 확인하기 위해서 한 가지 역할에 여러 사람을 번갈아 세워볼 수도 있다. 혹은 서로의 역할을 바꿔가면서 각각의 자리에 섰을 때의 느낌을 확인해 볼 수도 있다. 만일 회사 내부나 외부에서 온 대리인들도 없는 상태거나 문제의 특성상 비밀리에 다루어야 할 경우, 코치는 소품이나 카드 혹은 종이 등을 활용해 개인 세션을 진행할 수도 있다.

오직 사실만

대리인들과 작업을 할 때 가장 중요한 것은 꼭 필요한 정보만 대리인들에게 제공해야 한다는 것이다. 외부적인 정보 몇 가지만 대리인들에게 알려줄 뿐 의뢰인의 개인적인 선호나 의견은 배제해야 한다. 대리인에게 필요한 외부적인 정보는 다음과 같다.

● 나는 어떤 사람, 어떤 위치를 대신하고 있는가?
● 세션에 세워진 다른 사람들(자리들)은 누구(무엇)를 나타내는가?

추가로 코치는 세션을 진행하기 위해서 다음과 같은 기본적인 정보를 필요로 한다.

- 이 회사는 정확히 무엇을 하는 회사인가?(무엇을 계발하고 생산하는가? 혹은 판매하는가?)
- 회사의 서열 구조는 어떻게 되어 있는가?(만약 필요하다면 조직도를 이용하여 서열 구조의 윤곽을 그려볼 수 있다.)
- 어떤 중대한 상황 변화(설립, 인계, 합병, 변경, 구조 조정, 규모 축소, 급격한 증가, 생산품 변경)가 발생했는가?

코치는 정보를 수집하는 과정에서 대리인들에게 영향을 미칠 수 있는 사람이나 사건에 관한 어떤 설명이나 가치 판단도 배제해야 한다.

이렇게 대리인들이 준비되었다면, 다음 단계로 의뢰인과 함께 조직체의 어떤 사람들이나 부분(자회사, 지점, 부서, 소비자, 시장 등)을 세울지 결정해야 한다. 이 부분이 세션을 시작하는 단계에서 가장 중요하다. 이 과정이 끝나면 이제 의뢰인은 어떤 사람을 대리인으로 세울지 선택한다. 예컨대 사장의 대리인 한 명, 소비자들 전체를 대신할 대리인 한 명, 영업 부서를 대신할 대리인 한 명과 의뢰인 자신을 대신할 대리인 한 사람을 선택하는 식이다.

누가 어떤 역할에 합당한지 생각하느라 시간을 소비할 필요는 없다. 사장을 대신할 대리인을 찾기 위해서 업무 수행 능력이 있어 보이는 사람을 찾을 필요는 없다. 대리인은 자신에게 주어진 역할에서 인지되는 내용을 표현할 뿐이기 때문에 누가 대리인으로 서느냐는 크게 중요하지 않다. 가능하다면 여성의 역할에는 여자를, 남성의 역할에는 남자를 선택하는 것이 좋다.

이렇게 대리인을 선택했다면, 코치는 의뢰인에게 대리인들과 아무런 대화도 나누지 말고 오직 자기 내면의 중심하고만 교류하면서 그들을 한 사람씩 세우라고 말한다. 그러면 의뢰인은 대리인의 어깨를 가볍게 잡고 세션이 진행되는 공간 내에서 그 사람이 서 있어야 할 곳이라고 생각되는 자리에 대리인을 세운다. 이때 의뢰인은 자기 내면의 느낌에 따라 이미 세워진 다른 대리인들과의 관계성을 고려해 대리인을 한 사람씩 세운다. 대리인을 세운다는 것은 곧 의뢰인이 내면에 가지고 있는 내적 이미지를 외부로 형상화하는 것과 같다.

가족 세우기 세션에서도 언급되는 것처럼 우리는 누구나 내면 혹은 영혼에 일종의 가족 그림을 가지고 있다. 이 가족 그림은 가족 구성원들이 맺고 있는 감정적 관계성을 보여준다. 내면에 새겨진 이미지에 접근하려면 느낌 혹은 직관의 도움을 얻어야 한다. 조직체의 경우도 마찬가지다. 우리는 누구나 내가 몸담고 있는 조직의 멤버들이 서로 간에 맺고 있는 감정적 관계를 보여주는 조직 그림을 내면에 가지고 있다. 눈으로 볼 수 없는 내면의 이미지를, 대리인들을 통해서 눈으로 볼 수 있는 3차원적 그림으로 대상화하는 작업이 바로 대리인을 세우는 과정이다.

대리인들을 세우는 과정에서는 감정에 휩쓸리지 않고 평상심을 유지하는 것이 무엇보다 중요하다. 우리는 이러한 평상심의 상태를 흔히 '내면의 중심과의 교류' 라고 표현한다.

내면의 중심과 교류한다는 것은 곧 오감을 모두 활용한다는 뜻이다. 그 순간에 의식이 오감을 통해 얻어지는 데이터와 조화를 이루도록 해야 한다는 뜻이다. 의뢰인은 자신이 서 있는 자세가 어떤지, 호흡은 어떤지 인식하면서 동시에 주변의 소음을 들으면서 방 안에 있는 사람들과 방 그 자체를 살펴볼 수 있어야 한다.

조직 세우기 집단 작업을 할 때 우리는 가장 먼저 의식을 깨우는 연습을 함께 한다. 그렇게 하면 내면의 중심에서 내적인 이미지와 느낌을 교류하기가 더 쉽다. 그리고 지나치게 이성적인 생각에 의존하지 않고 대리인들을 직관에 따라서 세울 수 있다.

우뇌의 창조적인 잠재력을 활용한다

조직 세우기 세션은 논리적인 사고로 진행되는 체스 게임과는 다르다. 우리는 창조적인 아이디어를 논리적으로 하나하나 다 이해하면서 정리하는 것은 아니다. 최근 우뇌에 기반하는 감정적 지성, 즉 감성지수EQ에 대한 관심이 비즈니스 영역에서도 높아지고 있다. 우뇌의 잠재력 덕분에 우리는 내면의 느낌을 온전히 인식할 수 있다. 조심스런 분석이나 논리적 단계를 통하지 않고도 한달음에 목표에 이를 수 있는 것이다. 직관적인 통찰, 이미지, 완전한 게슈탈트(형태를 뜻하는 독일어. 주류 심리학의 요소관要素觀에 대립하여 심리학의 전체관全體觀, 형태성을 중시하는 입장을 게슈탈트 심리학이라고 한다.—옮긴이)를 따를 때 우리는 우리가 알지 못하던 어두운 영역이 환하게 드러나는 것을 경험할 수 있다.

우뇌의 잠재력을 잘 활용한 과학자들 덕분에 전구에서부터 상대성 이론에 이르기까지 수많은 위대한 발견이 세상에 나올 수 있었다. 그렇다고 해서 직관적 지성이 천재들만의 전유물은 아니다. 우리는 누구나 우뇌를 가지고 있고, 조직 세우기 세션의 도구로 이러한 우뇌의 창조적인 잠재력을 활용할 수 있다. 이것의 한 가지 이점은 언어를 통한 접근법을 취하지 않아도 된다는 것이다. 언어는 우리의 상황을 시간 순서에 따라 절개된 부분들로 설명할 수 있을 뿐이다. 하지만 이미지는 전체를 포함한다. 이미지 외에 다른 수단을 이용해 정보를 얻고자 할 때 우리는 무수히 많은 질문과 분석, 검증을 거쳐야 한다. 조직 세우기 세션에서는 그것을 이미지 하나로 얻을 수 있다.

만일 당신이 이미지를 통한 정보 전달에 회의적이라면 굳이 그런 태도를 바꿀 필요는 없다. 회의적이거나 의심이 많다는 것은 대상을 사려 깊게 살펴보고 싶다는 의지를 담고 있기 때문이다. 조직 세우기 작업은 무조건적인 믿음에 바탕을 두고 있지 않다. 오히려 감각 기관을 통해 실제로 느끼고 겪은 정보를 중요하게 다루는 작업이다.

의뢰인은 제삼자의 입장에서 조직체를 관찰한다

의뢰인이 주의 깊게 대리인들을 세우고 나면 코치는 의뢰인에게 자리에 돌아가 관찰자의 입장이 되어 과정을 지켜보라고 요청한다. 이 단계를 그로쇼비악^{Grochowiak}은 "의뢰인이 상황에 대한 내적인 이미지를 구체화하고 난 뒤에는 관찰자의 역할로 돌아간다. 이제 대리인들이 의뢰인이 속해 있는 조직체의 관계와 욕구, 감정의 패턴을 거울처럼 보여주게 된다"라고 설명하고 있다.

이 과정은 의뢰인에게 조직 내의 역할에서 벗어나 제삼자의 입장에서 상황 전체를 관찰할 수 있는 기회를 준다. 그리고 대리인들은 아무런 편견 없이 맡은 역할을 하면서 자연스럽게 느껴지는 몸의 반응과 감정을 전달한다. 편견 없이 이것이 가능한 이유는 역할에 따른 최소한의 정보만이 대리인들에게 주어졌기 때문이다.

조직체의 감추어진 긴장 관계가 드러난다

세션이 시작되면 코치는 첫 번째 이미지가 담고 있는 의미를 열린 시각으로 바라보며 대리인들이 보여주는 비언어적 반응을 유심히 관찰한다. 코치는 대리인들이 말로 전달해 주는 정보 외에도 그들이 서 있는 자세나 표정, 몸의 긴장 정도 등 의도되지 않은 움직임에서 더 많은 정보를 얻는다.

코치는 대리인들에게 특정한 방향으로 옮겨가고 싶은 충동이 느껴지는지 물어보고, 그에 따라서 의뢰인이 세운 첫 번째 모습에 변화를 줄 수도 있다. 그런 다음 대리인들에게 바뀐 상황에서 느껴지는 감정이나 몸의 반응에 대해서 알려달라고 말한다. 이렇게 대리인들이 전해주는 피드백과 그들이 서 있는 자리를 통해 조직의 긴장 관계가 드러난다. 대리인들이 바라보고 있는 방향과 서로 간의 거리, 그들의 위치 등을 통해서 중대한 정보가 명확하게 드러난다.

예컨대 신임 사장의 대리인이 오랫동안 일해온 직원들을 아무런 존경심도 느끼지 않는 듯한 표정으로 바라보고 있다고 해보자. 직원들 역시 신임 사장을 무시하고 있다. 그들은 합병으로 회사를 떠난 전임 사장에 대한 신의를 지키면서, 새 사장에게 냉랭한 태도를 보이고 있다. 이러한 긴장 관계가 형성되어 있는 동안 양쪽은 소비자들에 대해서는 까맣게 잊어버리고 만다. 소비자들을 대신하는 대리인은 혼돈스럽고 짜증스러운 모습으로 한쪽에 서 있다.

G. 웨버Weber에 따르면, 가족 세우기나 조직 세우기가 유용한 점

하나는 일상 생활에서 나타나는 긴장 관계를 아주 세심하게 깨달을
수 있도록 해준다는 데 있다. 사실 우리는 일상 생활 속에서 느낌이
나 감각을 통해 수많은 정보를 얻고 있지만 대수롭지 않게 여기거나
무의미한 것으로 치부해 버리곤 한다. 그러나 가족 세우기나 조직 세
우기 작업에서는 느낌이나 감각을 통해 얻은 정보를 최대한 활용해
집단 내에 감추어진 긴장 관계를 구체적으로 볼 수 있도록 해준다.

　세션의 다음 단계를 살펴보기에 앞서 조직 내에서 가장 흔하게 발
생하는 긴장 관계의 예를 다루어보고자 한다. 이러한 긴장 관계를 보
여주는 실제 사례들은 다음 장에서 다룰 것이다.

신의

회사에 위기가 닥치면서 사장은 경영권을 외부 경영자에게 양도하지
않을 수 없게 되었지만, 직원들은 의식적 또는 무의식적으로 전임 사
장에 대한 신의를 유지한다. 그 사실을 의식적으로 인식하고 있는지
의 여부와 관계없이 직원들은 신임 사장을 거부하고 그가 경영에 실
패하도록 하는 데 일조한다.

　유사한 긴장 관계는 동료가 부당하게 해고를 당하거나 밀려날 때
도 일어난다. 회사에 남게 된 사람들은 그들에 대한 신의를 품을 수
밖에 없고, 부당한 대접을 받은 동료를 대신해 '떳떳하지 못한' 집단
이 내세우는 어떤 계획도 거부하기에 이른다.

대신 떠맡기

다른 사람의 짐을 '대신 떠맡으려는' 태도는 가족체의 맥락에서 이해하는 것이 가장 좋다. 예컨대 아버지가 병에 걸릴 경우 아이는 뭔가 위급한 상황임을 감지한다. 그리고 아버지의 짐을 대신 지고 싶어 한다. 내면 깊은 곳에서 아이는 아버지를 향해 "아버지보다 차라리 제가 아픈 게 나아요. 아버지 대신 제가 고통을 당하는 게 나아요"라고 말한다.

아이들은 마법의 세계에서 살며 마술적인 사고 패턴을 가지고 있다. 아이는 자신이 고통을 당하면 아버지의 병과 고통이 사라질 거라고 믿는다. 이런 마술적 사고는 무의식의 단계에서 계속 진행되고, 아이는 그렇게 어른으로 성장해 간다. 그리고 이 마술적 사고는 다른 사람들과의 관계로까지 확장된다.

이러한 긴장 관계는 가업형 기업에서도 자주 나타난다. 예컨대 사장은 계열 회사가 적자를 기록하고 있는 동안에는 자기 역시 성공해서는 안 된다고 무의식적으로 믿기도 한다. 가족체 내에서 익힌 '대신 떠맡기' 패턴이 비즈니스에까지 그대로 이어져 보이지 않는 긴장 관계를 형성하는 것이다. 마치 다른 사람의 불행에 균형을 맞추기 위해서 스스로 자기 희생을 선택하는 것과 같다. 그러나 정작 자신은 이러한 사실을 전혀 의식하지 못하는 경우가 많다.

투사

직장 상사와 자신의 아버지를 혼동하는 사람들이 있다. 어린 시절

'자녀 부모 관계'에 속해 있던 감정을 업무 관계에 투사하는 것이다. 이런 현상은 가족 내에서 아버지의 짐을 대신 떠맡으려는 패턴을 가지고 있던 사람들에게서 흔히 나타난다. 투사 패턴을 가진 사람들은 무의식적으로 자신이나 부서 안에 문제를 만들어낸다. 그렇게 해야 다른 곳의 문제가 해결될 수 있는 것처럼 말이다.

오만한 태도, 부적합한 자리

일련의 무의식적인 혼란을 통해 회사 안에서 자신에게 속해 있지 않은 자리를 차지하는 경우가 있다. 한 부서의 관리자가 반복적으로 다른 부서의 주도권을 쥐려 드는 경우를 예로 들 수 있다. 이러한 긴장 관계는 대개 가족 내에서 자신에게 적합하지 않은 역할을 마치 제 것인 양 취했던 사람들에게서 흔히 나타난다. 흔한 예로 자녀가 부모에게 조언자 노릇을 하거나 갈등을 빚고 있는 부모 사이에서 어머니 편에 서서 아버지에게 적대적인 태도를 보이거나 반대로 아버지 편에 서서 어머니에게 적대적인 태도를 보이는 경우를 들 수 있다.

무의식적 대리인, 의도되지 않은 실패

회사의 공동 소유주들이나 주주들이 회사 내에서 다른 사람들의 희생으로 큰 이득을 얻을 경우, 이들 '승리자' 중 한 사람은 빈손으로 떠나간 희생자들을 감정적으로 대신한다. 이 희생자들의 '대리인'은 자기 단죄의 방법으로 커다란 손실을 유발시키면서 무의식적으로 주기와 받기 사이의 균형을 맞추려고 한다. 간혹 이러한 '대리인'은 회사 전체에 실패를 불러오기도 한다.

이 사람들은 조직체적 양심을 대신한다. 직원들이 동료를 부당하게 대우한 상사가 실패하도록 의도적으로 상황을 만들 때나 팀원을 괴롭혀온 사람들을 거부할 때에도 똑같은 긴장 관계가 드러난다. 이런 조직체적 '죄책감'은 그 보상을 요구하게 되는데, 이는 도덕적인 개념의 죄책감과는 전혀 다르므로 혼동해서는 안 된다.

진동계 역할을 하는 육체적인 감각

조직체 내에 존재하는 기본적인 긴장 관계가 명료해지면 코치는 대리인들의 느낌에 따라서 그들의 자리를 재조정한다. 그런 다음 새로 옮긴 자리가 '더 나은지' 아니면 '더 불편한지' 확인한다. 만약 명료하고 내용 있는 피드백을 얻지 못할 경우, 코치는 긍정이나 부정의 극명한 신호를 얻을 때까지 계속해서 여러 가지 가능성을 실험한다.

간혹 대리인들이 새로 옮긴 자리에서 놀라울 정도의 안도감을 느끼는 경우가 있다. 그들은 거대한 짐 하나를 벗어버린 것 같은 느낌이 든다고 말하기도 하고, 갑자기 숨을 자유롭게 쉴 수 있게 되었다고 말하기도 한다. 또는 비로소 다른 대리인들을 볼 수 있게 되었고도 한다. 대리인으로 처음 서본 사람들은 세션이 진행되는 동안 다른 사람이 되어 느끼는 감정이나 몸의 반응을 경험하고는 놀라움을 금치 못하는 경우가 많다. 대리인들이 보여주는 감정적·육체적 반응은 다양한 위치에 대한 긍정적인 영향이나 부정적인 영향을 보여주는 진동계 역할을 한다.

이런 피드백을 통해 코치는 배가 안개를 헤치고 해결책의 항구를 향해 나아갈 수 있도록 키를 조정한다. 우리는 중립적인 대리인들이 어떻게 그처럼 정확한 정보를 전달해 줄 수 있는지 알지 못하지만, 이 점은 조직 세우기 방법을 지지하든 그렇지 않든 대리인으로 서본 무수히 많은 사람들이 입증해 주고 있다.

상황을 있는 그대로 받아들이기

코치는 세션이 진행되는 동안 힘든 상황에 놓인 듯 보이는 대리인에게 특정한 사실을 인정하고 큰소리로 말해보라고 요구하기도 한다. 예컨대 "당신이 저보다 이 회사에서 더 오래 근무했습니다"라거나 "당신은 이곳에 속해 있습니다" 혹은 "저는 당신의 능력을 인정합니다"와 같은 말을 하게끔 한다. 코치는 대리인이 조직체와 관련해 인식한 내용을 바탕으로 그와 같은 해소 또는 해결의 문구를 만들어 대리인들에게 말해보라고 제안한다. 대리인들은 주어진 문구를 말로 표현한 뒤 그 내용이 맞다고 여겨지는지 잠깐 생각할 시간을 갖는다. 이 과정은 처음 대리인으로 서본 사람도 쉽게 할 수 있다. 주어진 문구를 표현하고 나서 안도감이 느껴지는지 긴장감이 느껴지는지는 대리인이 곧바로 알 수 있기 때문이다.

피드백과 자리 이동을 통해 더 나은 질서를 찾아낸다

코치는 대리인들이 말과 몸으로 반응하는 피드백을 통해 차츰 모든 대리인들이 자기에게 가장 적합한 자리를 찾을 수 있도록 세션을 진행해 간다. 즉 '질서'를 되찾아가게 하는 것이다. 모든 사람이 자신

에게 적합한 자리에 서서 "여기가 나에게 맞는 자리다"라고 말할 때
가 질서가 제대로 잡힌 때이다.

조직의 서열에 따라 오른쪽에서 왼쪽으로 대리인들을 배치하는 경
우를 흔히 볼 수 있다. 더 중요하고 더 영향력 있는 자리에 있는 사람
일수록 세션 내에서 오른쪽에 세워진다. 회사의 창립자와 사장은 오
른쪽 첫 번째 자리를 차지하고, 왼쪽으로 갈수록 서열(회사의 생존을
위해 중요한 순서)에 따라서나 근속 연수(조직체에 소속된 기간)에 따라
서 세워진다. 세워지는 모양은 아무래도 상관이 없다. 반원일 수도
있고, 한 줄로 늘어세운 모양일 수도 있으며, 여타 다른 형태일 수도
있다.

해결책으로 나온 모습을 주의 깊게 점검한다

조직 세우기의 코치는 의뢰인에게 더 많은 정보를 물어보면서 단계들
을 하나씩 점검한다. 회사 내의 경험에 대해 의뢰인이 들려주는 정보
는 대리인들이 전해주는 내용과 놀랍도록 일치하는 경우가 많다.

이렇게 단계별로 진행되던 세션은 점차 조직체 내의 긴장 관계가
해소되는 방향으로 흐르고, 결국 해결점을 찾으면서 마무리된다. 해
결책을 담은 최종 이미지에 도달했는지의 여부는 세션에 참여한 대
리인들의 반응을 보면 잘 알 수 있다. 해결책이 찾아지면 대리인들은
즉각 안도와 지지 혹은 무언가 새로운 변화를 위한 준비가 된 것 같
은 느낌을 받는다.

마지막 단계로 코치는 의뢰인을 그의 대리인이 서 있던 자리에 세
운다. 의뢰인은 그 자리에 서서 해결책으로 나온 그림을 체험해 보면

서 처음에 내놓은 문제 상황과 지금 상황의 차이점을 직접 경험한다. 그런 다음 의뢰인은 이 새로운 이미지를 내면으로 가져가게 된다.

이처럼 조직 세우기 방법을 통해서 우리는 시간과 에너지를 가장 효율적으로 사용하여 해결책을 찾아낼 수 있다. 굳이 조직 전체를 세울 필요가 없다. 필요한 부분만 살펴보면 된다. 더 필요할 땐 추가 요소들을 더 세워보면 된다.

조직 세우기의 단계별 요약

- 의뢰인이 다루고자 하는 문제를 명료하게 정리한다.("내가 성취하고자 하는 것이 정확하게 무엇인가?")
- 조직체 내의 어떤 단계(회사, 부서, 팀)를 다룰지 선택한다. 그리고 어떤 조직 세우기 접근법(목적 중심 조직 세우기, 문제 중심 조직 세우기, 회사의 문화를 다룬 조직 세우기 혹은 그 밖의 다른 방식)을 택할지 결정한다.
- 사람, 주제 혹은 역할을 대신할 대리인들을 선택한다.
- 내면의 중심과 교류하면서 대리인들에게 맞는 자리를 찾아 세운다.
- 의뢰인이 세운 조직체의 모습을 검토한다.
- 대리인들이 보여주는 비언어적 피드백에 근거해 코치가 개입한다. 대리인들로 하여금 느낌에 따라 자리를 옮기게 한다.
- 대리인들이 인지한 내용과 경험에 대해 물어본다.
- 대리인들에게서 얻은 정보를 의뢰인과 한 번 더 확인한다.
- 코치가 대리인들의 자리를 재배치해 본다.
- 대리인들과 피드백(새로운 자리가 더 나은가 아니면 더 불편한가?)을 나눈다.
- 모두에게 적합한 자리를 찾거나 해결책의 이미지가 나올 때까지 대리인들의 위치

를 추가로 바꾸거나 필요한 중재 과정(상호 간의 대화, 해결을 위한 문구)을 거친다.

- 해결책의 모습을 의뢰인이 직접 경험해 보도록 한다.(의뢰인의 대리인이 서 있던 자리에 의뢰인이 직접 서본다.)

- 처음에 의뢰인이 내놓은 문제에 반하여 해결책의 이미지가 어떠한지 살펴본다. 수정이 필요한 부분이 어디인지 살펴본다.

- 해결책의 이미지를 실생활에 접근해 볼 수 있는 계기로 활용한다.

- 대리인들을 역할 밖으로 나오게 한다. 추가적인 피드백이 있는지 살펴본다.

- 세션에 관한 사후 논의 시간을 갖는다.

어떤 때 조직 세우기가
필요한가?

과연 조직 세우기 방법을 당신의 비즈니스 상황에 적용해 봐야 하는지, 당신 자신의 개인적인 문제에 적용해 봐야 하는지 궁금할 수도 있을 것이다. 어떤 문제에 이 방법을 적용해야 좋은 결과를 얻어낼 수 있을까? 실질적인 예를 하나 들어보자.

회사 안에서 일이 원활하게 이루어지지 않고 있다. 소비자들이 떠나가고, 사업 역시 하락세를 기록하고 있다. 직원들 기분도 침체되어 있다. 도대체 뭐가 잘못된 걸까? 모든 방법을 사용해 봤지만 아무런 진전도 보이지 않는다. 불안감이 회사 전체에 퍼져가면서 긴장감이 감돈다. 비용을 삭감한다든지 아웃소싱을 늘리고 핵심 기술에만 집중한다든지 하는 방식으로 전환하기 위해서는 철저한 재무 구조의 개편이 필요하다. 하지만 이러한 방식에 대해 회사 내 유기적 조직체들이 어떤 반응—직원들의 내적인 반응—을 보일 것인지는 고려의 대상에 들어가지 않는다.

긍정적인 경우, 노동자들과 경영진이 재무 구조 개편에 모두 찬성하면서 위기를 넘어설 새로운 전략에 힘을 모을 것이다. 회사라는 배가 돛을 높이 올리고 폭풍우를 헤치며 앞으로 나아갈 것이다.

여러 가지 해결책을 미리 시험해 본다

그러나 마치 우리 몸의 면역 체계가 병균의 감염에 저항이라도 하듯이, 재무 구조를 개편하려는 노력에 회사가 저항하는 경우가 있다. 그것은 왜인가? 그 이유는 경제적인 측면이나 비즈니스 차원에서는 찾아낼 수 없다. 그보다는 조직체 내의 질서 파괴라는 측면에서 찾는 것이 낫다. 중요한 것은 회사의 우두머리들이 회사가 장차 어디로 나아갈지 살피지도 않은 채 방향 전환을 해버렸다는 사실이다.

그들은 먼저 "우리 회사 직원들은 앞으로 어떻게 되는가? 회사에 대한 직원들의 태도는 어떠한가? 과거에 우리는 어떤 상황에서 직원들의 지지와 참여를 끌어낼 수 있었는가? 과거에 회사의 발전에 기여했던 가치는 어떤 것들이 있는가? 직원들이 우리의 새로운 방법을 이해하고 지지하게 하려면 우리가 무엇을 해야 하는가?"와 같은 질문을 던져봐야 했다.

이런 경우 조직 세우기 방법을 통해서 회사의 시스템을 유지시켜 줄 수 있는 방법이 재무 구조의 개편인지 아니면 다른 방법인지 살펴볼 수 있다. 또한 직원들의 위치가 어떻게 달라질지, 소비자들의 반응이 어떨지, 시장에서 부딪칠 수 있는 위기가 무엇인지에 관해서도 정보를 얻을 수 있다. 이런 식으로 회사는 값비싼 실수의 대가를 피하면서 힘을 한 군데로 모을 수 있다. 조직 세우기는 위험 없이 여러 가지 해결책을 미리 시험해 보는 데 적합한 실험 방법이다.

다음에 제시하는 점검표는 조직 세우기 세션의 적용 가능 사례를 간단한 질문 형식으로 요약해 본 것이다. 조직 세우기 세션을 하기 위해서는 의뢰인이 다루고자 하는 문제를 해결 중심의 관점에서 더욱 정확하게 구체화할 필요가 있다.

조직 세우기를 적용할 수 있는지 알아보는 점검표

중요한 인사 관련 결정 및 경제적인 결정에 관한 정보 수집

- 후보자 A와 B 중 누가 우리 회사에 더 적합한가?

- 어떻게 해야 팀 구조가 우리 조직체 안에서 제 기능을 할 수 있는가? 어떤 식으로 팀을 구성해야 프로젝트가 매끄럽게 진행될 수 있는가?

- XY 회사와 협력해서 일할 수 있는가?

- 우리가 생산품을 변경하고자 할 때 외국의 자매 회사를 신뢰할 수 있는가?

- 회사 안에 능력과 책임감의 범위가 명료하게 정의 내려져 있는가?

- Y 부서에서 일하는 사람들의 숫자가 적합한가?

조직체(연합, 경쟁 등)의 내적 긴장 관계 알아보기

- 납품과 구매 사이에 어떤 문제가 있는가?

- 왜 계발 부서는 회사 내에서 그처럼 입지가 약한가?

- 영업 관리자의 자리가 그처럼 불안한 이유는 무엇인가?

- 회사 내에서 정보의 흐름을 막고 있는 것이 무엇인가?

- B 부서의 사람들이 빈번하게 이직을 하는 이유가 무엇인가?

- 왜 모든 사람들이 품질 관리가 안 된다고 불평하는가?

회사 내에서 리더십의 문제를 점검하고 최대한 끌어올리기

● 회사 안에서 새 경영자의 위치는 어디인가?

● 지점장들 간의 협력을 증진시키려면 어떻게 해야 하는가?

● 어떻게 하면 진취적인 리더들을 더 나은 방식으로 통합할 수 있는가?

● 리더십 구조를 명료하게 하려면 어떻게 해야 하는가?

● 주주들의 이익이 우리 회사의 문화에 어떤 영향을 끼치는가?

어느 부서에 어떤 지원이 필요한지 알아보기

● 우리 회사 제품이 Z 시장에서 성공하지 못하는 요인은 무엇인가?

● 어떻게 하면 우리 회사의 핵심 기술을 강화할 수 있는가?

● A와 B 사이에 내부 처리 절차를 개선하려면 어떻게 해야 하는가?

● X 생산품의 판매가 둔화된 이면에 무엇이 있는가?

● 소비자들에게 더 가까이 다가가려면 어떤 부분을 개선해야 하는가?

● 어떻게 하면 우리의 목표를 다시 세울 수 있는가?

조직 문화 계발하기

● 어떤 역할이 회사의 가치와 비전, 목표로서 기능하고 있는가?

● 직원들은 회사의 경영 방침을 어떻게 바라보고 있는가?

● 공식적으로 회사를 운영하는 사람은 누구이고, 비공식적인 실세는 누구인가?

● 어떻게 하면 우리 팀이 화합을 이룰 수 있는가?

● 신입 사원들과 고참 직원들 사이의 갈등 원인이 무엇인가?

● 회사 내에서 신뢰와 신의는 어떤 상태인가?

● 신입 사원들은 회사에 호감을 가지고 있는가?

외부에서 온 컨설턴트로서 맞는 자리를 찾기

● 컨설턴트로서 이 회사에서 나의 자리는 어디인가?

● 컨설팅을 방해하는 요소는 무엇인가?

● 나는 이 회사에서 허락된 일 외에까지 관여해도 되는가? 내 임무가 무엇인지 정
확하게 정의되어 있는가?

● 회사가 나의 의견을 받아들이게 하려면 어떻게 해야 하는가?

● 어떻게 하면 컨설팅을 잘할 수 있는가?

개인적인 목적 성취하기

● 개인적으로 가지고 있는 나의 직업적 목표를 이루기 위해 무엇이 필요한가?

● 회사 내에서 내가 차지하고 있는 자리가 적절한가?

● 회사를 옮기는 것에 대해서 고려해 봐야 하는가? 아니면 창업을 생각해 봐야 하
는가?

● 개인적인 목적과 직업적인 목적이 조화를 위루기 위해서 필요한 것은 무엇인가?

● 어떻게 하면 성공적이고 공정하게 갈등을 중재할 수 있는가?

조직 세우기
세션을 위한 기술

세션에 임하는 올바른 태도

조직 세우기를 진행하는 트레이너나 코치에게는 어떤 기술이 필요한가? 어떤 배경 지식이나 이해가 조직 세우기를 이끄는 데 도움이 되는가? 사실 조직 세우기 세션 자체는 상당히 단순해 보인다. 이 점이 다른 방법들과 달리 조직 세우기만이 가지고 있는 흥미로운 부분이기도 하다. 조직 세우기는 마치 예술 작품과도 같이 고도로 집중된 형태, 상징적인 형태로 현실을 묘사해 내기 때문에 우리는 조직 세우기를 통해서 복합적인 관계들을 한눈에 볼 수 있다.

좌뇌에 의존해서 순전히 논리적·분석적으로만 과정을 파악하는 관찰자는 이런저런 형태로 배치되어 있는 겉모습만 볼 수 있고 일정한 톤으로 규격화된 소리만 들을 수 있다. 그러한 관찰자는 정말로 무슨 일이 벌어지고 있는지는 알 수 없다. 직관적이고 감성적 지식을 갖춘 우뇌가 작동하도록 허락하지 않는 한, 어떤 힌트나 실마리도 잡히지 않는다. 그러나 우뇌의 작동을 허락하면, 마치 숲속에 떨어져 있는 나뭇가지 몇 개를 보고 갑자기 숲 전체가 살아있음을 발견하는 것과 같은 경험을 하게 된다. 숲 전체를 넘어 놀랍고 복합적인 생체 시스템을 깨닫고 일종의 경이로움을 경험할 수도 있다.

인간의 조직체에서도 이와 유사한 일이 발생한다. 구성원들의 의도, 그들이 맺고 있는 상호 관계, 그리고 그 모든 것이 끼치는 미묘한 영향은 미술이나 조각에서처럼 우뇌가 직관적인 작용을 할 수 있도록 허용할 때만 우리 앞에 드러난다.

코치는 내적 경험과 외적 경험을 모두 필요로 한다

겉으로는 간단해 보이는 것도 실제로는 많은 트레이닝 기술과 경험이 필요하다. 예술이나 스포츠도 마찬가지다. 예술의 달인을 보고 처음에는 "나도 저 정도는 할 수 있어"라고 생각하기 쉽다. 그러나 직접 해보면 이러한 생각이 잘못이라는 걸 바로 알 수 있다. 어느 유명한 조각가가 어떻게 밋밋한 돌을 가지고 그토록 놀라운 작품을 만들어낼 수 있느냐는 질문을 받고 이렇게 대답을 했다. "간단합니다. 나는 단지 저 조각상에 속하지 않은 부분들을 쳐내기만 할 뿐이에요."

정말로 간단하지 않은가! 물론 조직 세우기에서 쓰는 도구들을 활용하는 법을 익혀야 하지만, 이보다 더 중요한 것은 특정한 내적 태도를 유지할 수 있는 기술을 익히는 것이다. 다음과 같은 중국의 옛 이야기를 보면 우리는 기술의 완벽성과 내적인 태도 사이에 어떤 차이가 있는지 이해할 수 있다.

누구한테도 꺾여본 적이 없는 중국 최고의 궁수가 있었다. 어느 날 그는 활 실력이 대단한 늙은 궁수 한 사람이 산 속에 은둔하고 있다는 소문을 듣게 되었다. 그 늙은 궁수와 겨뤄보고 싶은 마음에 그는 산 속의 은둔자를 찾아 나섰다. 노인은 다정하게 젊은 궁수를 맞이해 주었다. 그러나 젊은 궁수는 곧바로 노인 앞에서 자기 실력을 뽐내고 싶었다. 그는 50미터 앞에 있는 나무 위에 접시만한 과녁을 걸어놓고, 쭉 편 팔 위에는 물이 가득 든 찻잔을 올려놓더니 연달아 화살 세 개를 쏘았다. 세 개의 화살은 모두 과녁을 뚫었고, 팔 위에 올려놓은 찻잔에서는 물 한 방울 쏟아지지 않았다. 그 광경을 지켜보던 노인이 젊은 궁수를 향해 미소를 지었다.

"활을 잘 쏘는구면. 팔도 견고하고. 그런데 자네는 팔을 견고하게 지탱할 수 있는 것이 자네 활 솜씨 덕분이라고 믿는 건가?"

노인은 젊은 방문객을 데리고 몇백 미터 위쪽의 깎아지른 듯한 절벽으로 올라갔다. 노인은 절벽 가장자리 바깥으로 튀어나온 바위 위로 성큼 올라섰다. 겨우 발끝으로 몸 전체를 지탱하고 선 노인의 모습은 고요하고 편안했다. 그는 마치 낭떠러지 위의 공기중에 붕 떠 있는 것처럼 보였다.

"이리로 오게나!"

그가 젊은 궁수를 불렀다.

"활을 가지고 오게나. 여기 내 옆에 서서 아까 하던 속임수를 한 번 더 보여주겠나?"

젊은 궁수는 온몸이 움츠러들어 마치 사지가 마비되기라도 한 듯 한 발자국도 움직일 수 없었다. 공포로 벌벌 떨고 있는 젊은 궁수의 온몸으로 식은땀이 흘러내렸다. 그는 아무리 활 솜씨가 뛰어나도 그

것으로 팔을 견고하게 지탱시킬 수 있는 것은 아니라는 걸 비로소 깨
달았다.

기술만으로는 충분하지 않다

만일 기술만으로 충분치 않다면 뭐가 더 필요하다는 말인가? 위의
이야기에서처럼 극단적이지는 않지만 조직 세우기 코치 역시 늙은
궁수처럼 내적인 고요함과 중심 그리고 견고한 팔이 필요하다. 어떤
의도(기대되는 결과)도 가지고 있지 않을 때, 그래서 세션의 영향이
과녁을 관통할 수 있도록 할 때에만 우리는 조직체 안의 보이지 않는
긴장 관계를 볼 수 있다.

　버트 헬링거가 설명한 것처럼 코치가 어떤 의도도 갖지 않는다고
해서 "나에게는 모든 게 다 똑같을 뿐이야"라는 식의 태도를 취한다
는 뜻은 아니다. 오히려 세션 안에서 드러나는 것은 어떤 것이든 똑
같이 중요한 의미를 갖는다. 이 점에 대해 버트 헬링거는 이렇게 말
했다. "이런 앎은 텅 빈 내적 태도를 요구한다. 과거의 기대나 내적
움직임을 염두에 두지 않고…… 내면의 중심에 서 있되 모든 관심을
한 곳에 집중하는가 하면 동시에 어디에도 집중해서는 안 된다."

　실제로 가족 세우기나 조직 세우기를 이끄는 코치에게 어디에도
치우치지 않는 태도는 아주 중요하다. 그러한 태도를 가지고 있을 때
만 코치는 어느 한쪽에 기울지 않고 상황 전체를 볼 수 있다. 우리의
경험에 비춰보면 직접 의뢰인이 되어 자신의 가족과 관련된 문제를
다루어보지 않은 코치일수록 다른 사람의 세션을 오해할 소지가 컸
다. 그러므로 조직 세우기 작업을 이끄는 코치들은 먼저 가족 세우기

작업을 통해 개인적인 문제를 해결하고 경험을 쌓는 선행 과정이 반드시 필요하다.

특히 가족 세우기를 통한 개인 작업이 중요한 이유는 비즈니스와 관련해 다루는 특정 주제들이 가족 내의 긴장 관계와 겹치는 부분이 많기 때문이다. 예컨대 회사 경영자가 늘 위험 상황을 간과하는 패턴을 보인다면, 그가 가족 내에서도 유사한 경향을 보이고 있지 않은지 확인해 볼 필요가 있다.(당연히 당사자의 동의를 전제로 하며 적합한 방식으로 다루어야 한다.) 만일 원래 가족 안에 존재하는 긴장 관계가 어느 정도인지 인식하게 된다면, 비즈니스 상황에서 유사한 일이 발생하더라도 좀더 주의 깊게 대처할 수 있을 것이다.

코치의 기술과 경험 못지않게 코치와 참여자들 사이의 공감대 역시 중요하다. 코치와 참여자들이 힘을 모아 노력한 결과가 성공하기 위해서는 공감대 형성이 필수적이다.

조직 세우기의 실제 사례에 들어가기에 앞서

다음 장에서는 조직 세우기의 실제 사례를 다뤄볼 것이다. 실제 사례들을 통해서 독자들은 간접적으로나마 조직 세우기의 효용성을 경험할 수 있을 것이다.

조직 세우기 세션이 하나씩 끝날 때마다 조직 내에 어떤 긴장감이 존재했는지 알게 될 것이다. 즉 조직체의 원칙 중 어떤 법칙이 파괴되었을 때 어떤 문제가 어떤 식으로 드러나고 단계적으로 확대되는지, 그리고 해결책의 이미지가 어떻게 현실에 적용될 수 있는지 살펴보게 된다. 이해를 돕기 위해 첫 번째 사례에서는 각 단계별 내용을 세밀하게 정리해 보고, 그 이후의 사례들에서는 단계별로 간결하고 짤막한 설명만 덧붙일 것이다.

독자들이 전체적인 그림을 그려볼 수 있도록 각 사례에 대한 배경 정보도 상세하게 기술했다. 실제로 현장에서 조직 세우기 세션을 할 때는 이처럼 많은 배경 정보가 필요하지 않다. 복잡한 문제를 해결하는 데 필요한 기본적인 정보만으로 충분하다. 대리인들이 상황에 대한 정보를 필요 이상으로 갖지 않을 때 오히려 자신의 역할에서 오는 느낌을 쉽고 명확하게 얻을 수 있다. 이 과정에서 무엇보다 중요한 것은 의뢰인의 사생활이 반드시 보호되어야 한다는 점이다. 아래에서 제시된 사례들은 실제 세션에서 다룬 사례들이지만 구체적인 내용은 모두 수정되었음을 밝혀둔다.

3

조직 세우기의 실제 사례

의뢰인은 대리인들을 한 사람씩 자리에 세운다. 의뢰인의 내면에는
자신의 조직에 대한 이미지가 새겨져 있다. 마치 무의식이라고 하는 전시장에
걸려있는 그림처럼 우리 모두는 각자가 속해 있는 집단에 대한 이미지를 가지고 있다.
대리인들이 세워진 모습을 통해서 우리는 구성원들 간의 관계를 엿볼 수 있다.
겉으로 드러나지 않지만 실재하고 있는 내적인 관계 혹은
감정적인 관계를 구체적으로 볼 수 있는 것이다.

Organization
Constellations

인재들이 회사를
떠나고 있습니다!

배경 정보

가업형 사업체인 이 중소 기업은 격동의 역사를 보냈다. 약 3천여 명의 직원을 둔 이 회사는 다음에 나오는 세션의 '전직 사장'의 아버지에 의해서 설립되었다. 전직 사장은 모든 직원의 모범이자 귀감이 되어온 사람이었다. 회사의 제품에는 사장의 인격이 그대로 반영되어, 제품 하나하나에 그 회사의 본질이 그대로 담겨 있다고 말할 수 있을 정도였다. 그러다보니 직원들이 사장에게 무한한 신뢰를 보내고 강한 동질감을 갖는 게 당연했다. 사장과 직원들은 수년 동안 말 그대로 동고동락해 온 관계였다. 1980년대 수출 붐이 일어났을 때는 전례 없이 높은 흑자를 기록했고 직원도 늘었을 뿐만 아니라 생산성도 두 배에 달했다. 사장과 경영진은 월급 인상과 상여금 지급으로 직원들의 노고를 격려하고 인정해 주었다.

그러다 달러 환율이 급격하게 떨어지면서 수출이 현저히 주는 어려운 시기가 닥쳐왔다. 경영진은 생산량을 유지해 가능한 한 직원들을 해고하지 않으려고 노력했다. 하지만 얼마 안 돼 각종 비용 상승으로 결국 수많은 직원을 내보내야만 하는 상황이 벌어졌고, 심지어 이사진들조차 그 여파를 피할 수는 없었다. 결국 사장이 자리에서 물러나고 재정 분야에서 탁월한 능력을 인정받는 전문가를 신임 사장으로 영입할 수밖에 없었다.

회사의 규모 축소와 새로운 문제

새로운 경영자는 회사를 기초부터 개편하기 시작했다. 회사의 명칭이 바뀌고, 설립자의 이름은 전면에서 사라졌다. 경영진 대부분도 새 사장이 선출한 젊은 인사들로 바뀌었다. 그뿐 아니라 회사 전반의 규모도 축소되었다. 열 개 직급 중 두 개 직급 전체를 없애면서 생산량을 높이라고 요구했다. 상여금 제도가 없어졌고, 업무 실적에 대한 포상 제도 역시 자취를 감췄다. 이제 직원들이 회사를 위해서 한 특별한 공헌이나 노력은 포상의 대상이 아니라 당연한 일로 여겨졌다.

대대적인 변화로 인한 충격, 실직에 대한 두려움에도 불구하고 직원들은 예전과 같이 업무에 임했다. 회사가 위기에 처했을 때 단합된 마음으로 헤쳐 나온 과거의 경험을 의지삼아 직원들은 갑작스레 닥친 어려운 조건들을 별 불평 없이 받아들이는 듯했다.

결과적으로 새로운 경영자의 노력은 성공적이었다. 원가 절감과 생산 시간의 단축, 재고량의 감소 등으로 얻은 이득은 고스란히 회사의 이익으로 돌아왔다. 인원을 감축했음에도 불구하고 회사는 단기간에 과거와 다름없는 흑자를 기록했다.

하지만 새 경영자가 이루어낸 성공은 새로운 문제들이 불거지면서 빛이 바래기 시작했다. 과거에 이 회사 제품을 자주 구매하던 소비자들이 더 이상 관심을 보이지 않기 시작한 것이다. 분석 결과, 생산 원가가 줄면서 상대적으로 물건의 질 역시 떨어진 것이 원인으로 드러났다. 제품의 질을 향상시키려는 노력이 별다른 효과를 내지 못하자 경영진은 어려움에 부딪치고 말았다. 그 와중에 경영진은 이미 수많은 새로운 프로젝트를 추진하고 있었다. 생산의 일원화를 위해서 계발 과정을 끝마쳤고, 새로운 공장을 두 개나 설립해 놓은 상태였다.

직원들의 높은 이직

시장 조사 결과는 비관적이었지만 신임 사장은 당초에 세운 계획을 그대로 밀고 나갔다. 그러나 위기가 커지면서 회사의 심장이라 할 계발 및 생산 부서에서 대량 이직 사태가 발생했다. 회사의 중추 역할을 하는 고급 기술 인력이 한꺼번에 회사를 그만두자 경영진은 공백을 메우기 위해 높은 급여를 주고 새로운 인재들을 영입했다. 그 말은 곧 새로 입사한 직원들이 오랫동안 근무해 온 경험 많은 직원들보다 더 높은 급여를 받았다는 뜻이다. 결과적으로 더 많은 직원들이 회사를 떠나는 상황이 벌어졌고, 경력 사원들의 경우 실제로 회사를 떠나지 않더라도 심정적으로는 회사를 떠난 것이나 다름없는 마음가짐으로 일에 임했다.

조직체적 관점에서 중재가 시작되다

계발 부서의 책임자였던 P씨에게 사원들의 높은 이직은 상당한 압박으로 작용했다. 그가 담당하던 소프트웨어 엔지니어링 분야는 이 변화의 물결로 심각한 타격을 받고 있었다. 결국 그는 높은 이직과 입사의 악순환을 멈추게 할 수 있는 방법을 고심하다가 우리를 찾아왔다.

P씨는 현재 회사가 처한 상황에 대해 명료한 그림을 얻고 해결책을 찾는 첫 단계로서 조직 세우기 세션을 시도해 보자는 우리의 의견을 받아들였다.

조직 세우기 세션의 시작

코치의 도움으로 P씨는 조직 세우기 세션에서 다루고자 하는 문제를 구체화시켰다. "저는 직원들의 높은 이직 원인이 무엇인지 알고 싶습니다. 그리고 소비자들이 우리 회사 제품에 대해 과거처럼 호감과 관심을 갖게 되기를 바랍니다."

문제를 구체적으로 표현한 뒤 P씨는 워크숍 참석자 중에서 다음에 열거한 사람 혹은 직급을 대신할 대리인 다섯 명을 선택했다.

- **의뢰인의 대리인:** 세션에서는 'P씨'로 지칭함
- **새로 들어온 신임 사장의 대리인:** 세션에서는 '신임 사장'으로 지칭함
- **직원들의 대리인:** 한 사람이 전체를 대신함
- **소비자들의 대리인:** 한 사람이 전체를 대신함
- **생산품의 대리인:** 한 사람이 전체를 대신함

P씨는 대리인들을 모두 선택하고 잠깐 동안 내면의 중심과 교류하는 시간을 가졌다. 그런 뒤 기존에 가지고 있던 감정이나 판단을 내려놓고 그 순간의 느낌에 따라서 대리인들을 한 명 한 명 세우기 시작했다. 대리인들을 모두 자리에 세운 다음, P씨는 앞으로 진행될 모든 과정을 지켜보기 위해서 자리로 돌아와 앉았다.

'내면의 중심과 교류한다'는 것

조직 세우기 세션에서 의뢰인은 대리인들을 한 사람씩 자리에 세운다. 의뢰인의 내면에는 자신의 조직에 대한 이미지가 새겨 있다. 마치 무의식이라고 하는 전시장에 걸려 있는 그림처럼 우리 모두는 각자가 속해 있는 집단(가족일 수도 있고, 회사나 그 외 사람들로 이루어진 모임일 수도 있다)에 대한 이미지를 가지고 있다. 대리인들이 세워진 모습을 통해서 우리는 구성원들 간의 관계성을 엿볼 수 있다. 즉 구성원들 간의 거리와 바라보는 방향 등을 통해 표면적으로는 드러나지 않지만 실재하고 있는 내적인 관계 혹은 감정적인 관계를 구체적으로 볼 수 있다. 이 과정은 침묵 속에서 진행된다. 대리인들은 어떤 사전 정보나 대화 없이 의뢰인이 이끄는 대로 자신을 내맡긴다.

대리인들을 모두 세우고 나면 의뢰인이 할 일은 더 이상 없다. 이제 코치와 대리인들이 그 뒤를 이어받는다.

이제 P씨의 예를 통해서 세션이 어떻게 진행되는지 단계별로 보여줄 것이다. 가장 먼저 처음 조직체가 세워진 모습을 보면 지금 현재 회사가 어떤 상황에 처해 있는지 알 수 있다. 그 다음으로 중재의 과정을 거치게 되고, 최종적으로 해결책의 이미지에 도달하게 된다.

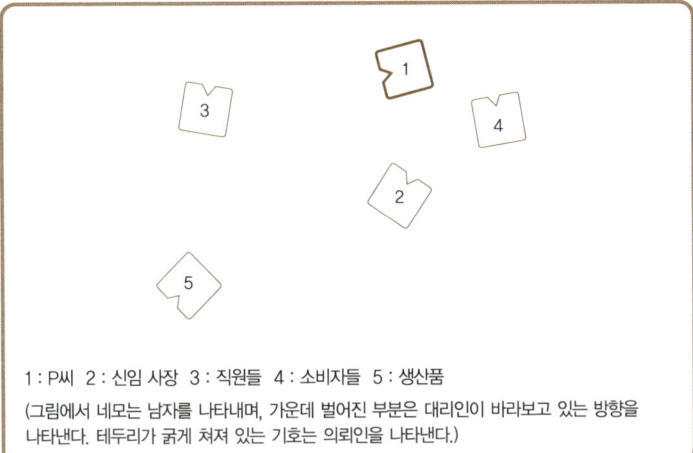

그림 1 현재의 상황

이 그림은 의뢰인이 대리인들을 방 안에 세운 모습이다.

- **P씨(위치 1):** 의뢰인의 대리인은 신임 사장의 맞은편이자 직원들과 소비자들 사이에 서 있다. 그는 직원들을 바라보고 있다.

- **신임 사장(위치 2):** 신임 사장의 대리인은 중심에 자리를 잡고 있다. 그는 소비자들을 바라보고 있다.

- **직원들(위치 3):** 직원들의 대리인은 P씨와 같은 선상에 서 있고 고개를 돌린 채 바깥쪽을 바라보고 있다.

- **소비자들(위치 4):** 소비자들의 대리인은 직원들과 같은 방향을 바라보고 있다.

- **생산품(위치 5):** 생산품의 대리인은 다른 사람들로부터 등을 돌린 채 한쪽 구석에 서 있다.

세션을 이끌어가는 코치는 물론 관찰자로 앉아 있는 워크숍 참석자들은 잠깐 동안 조직체가 세워진 첫 번째 모습을 보면서 각자의 내면에 어떤 느낌이 일어나는지 살펴보는 시간을 갖는다. 마찬가지로 대리인들도 그들이 서 있는 자리에서 내면의 느낌과 교류할 수 있는 시간을 갖는다.

누구라도 특정한 준비나 기술 없이 대리인의 역할을 할 수 있다. 다만 "부단한 실습을 통해서만 완성에 도달할 수 있다"는 말처럼, 대리인의 역할을 자주 경험해 본 사람일수록 세밀한 느낌과 감정의 변화 등을 쉽게 표현할 수 있기는 하다. 일종의 '감각 기르기' 훈련처럼 여러 차례 다른 사람의 대리인으로 서다보면 '지금 이 느낌, 감정 혹은 몸의 변화가 나에게 속한 것인지 아니면 내가 대신하고 있는 대리인에게 속한 것인지' 확연히 구분할 수 있다. 사실상 대리인들의 자세나 표현의 변화를 통해서 대리인들이 온전히 역할 속에 들어가 있음을 알 수 있다. 때로 대리인들은 특정한 방향이나 방식으로 움직이고 싶은 강한 열망을 표현하기도 한다.

코치는 먼저 대리인들에게 "지금 이 자리에 서 있는 느낌이 어떤가요? 지금 상황에 대한 느낌이 어때요? 주변에 있는 사람들에 대한 느낌이 어떤가요? 다른 곳으로 움직이고 싶다는 강한 열망을 느끼나요?" 같은 질문을 던져 좀더 세밀한 정보를 얻을 수 있다. 대리인들의 대답은 현재 조직이 놓여 있는 상황에서 긴장 관계가 어떤지 보는 데 도움이 된다. 먼저 P씨의 대리인에게 질문을 한다.

P씨

코치 _ 지금 느낌이 어떠세요?

P씨 _ 별로 좋지 않아요! 굉장히 긴장이 돼요. 직원들 생각밖에는 나지 않네요. 자꾸 그들에게 시선이 가요. 모두가 다른 방향을 바라

보고 있는 게 불편해요.

직원들

코치_직원들 전체를 대신하는 대리인의 느낌은 어떠세요?

직원들_자꾸 먼 곳으로 시선이 가요. 주변에서 무슨 일이 벌어지고 있는지 알기가 힘드네요. 저 사람(P씨의 대리인을 가리킨다)에게 약간의 교감을 느끼지만, 신임 사장이 서 있는 방향은 차갑게 느껴져요. 지금 제가 바라보고 있는 쪽으로 움직이고 싶은 강한 충동을 느껴요.

신임 사장

코치_당신은 어떠세요?

신임 사장_P씨가 말한 것처럼 저 역시 모두가 다른 방향을 바라보고 있다는 게 꺼림칙하군요.

코치_당신은 지금 누구를 바라보고 있나요?

신임 사장_예, 저는 계속해서 소비자들에게 강하게 끌리고 있어요. 그들은 저에게 아주 중요한 사람들입니다. 지금은 그 외에 더 말하고 싶지 않습니다.

소비자들

코치_소비자들 전체를 상징하는 대리인의 느낌은 어떠세요?

소비자들_저는 지금 먼 데를 바라보고 있어요. 저쪽에 있는 무언가에 관심이 쏠려요.(직원들이 바라보고 있는 곳과 같은 방향을 의미한다.) 지금은 그것밖에는 관심이 없어요.

생산품

코치 _ 생산품 전체를 상징하는 대리인은 느낌이 어떠세요?

생산품 _ 이쪽으로 완전히 떠밀려난 느낌이에요. 도대체 제 등 뒤에서 무슨 일이 벌어지고 있는지 전혀 알 수가 없어요. 그게 저를 굉장히 화나게 만들어요. 무엇보다도 이 회사는 제가 없으면 아무것도 아니거든요! 좀더 바깥쪽으로 멀리 걸어 나가고 싶어요.

코치 _ 느낌에 따라서 움직여보세요.

생산품 전체를 상징하는 대리인이 다른 대리인들로부터 더 멀리 걸어 나간다. 잠시 후 생산품의 대리인이 고개를 끄덕이면서 말한다. "더 편해졌어요!"

이제 자리에 앉아서 세션을 지켜보고 있는 P씨의 반응이 어떤지 그의 느낌을 물어본다.

코치 _ 대리인들의 말을 듣고 난 느낌이 어떠세요? 대리인들의 표현과 당신이 관찰한 내용이 어떤 의미로 다가옵니까?

P씨 _ 이 상황이 낯설지 않습니다. 저의 대리인이 표현한 것처럼 직원들이 상당히 긴장되어 있다는 것을 저도 느낄 수 있습니다. 누구도 다른 사람의 존재에 대해서 인식하고 있지 못한 이 상황이 너무나 끔찍하네요. 회사에서는 이렇게까지 심각하게 느끼지 못했거든요. 소비자들의 대리인과 직원들의 대리인이 바깥쪽을 바라보고 있다는 게 무슨 의미인가요? 그게 너무 이상합니다.

코치 _ 소비자들과 직원들이 무엇을 바라보고 있는지 찾아내는 게 다음 단계에서 할 일입니다. 제 직감이 맞는지 확인해 보도록 하죠.

직원들과 소비자들은 무엇을 바라보고 있는가?

코치가 P씨에게 워크숍에 참여한 사람들 중에서 대리인 한 사람을 더 선택해 달라고 요청한다. 우리는 일단 이 사람을 '소비자들과 직원들이 바라보고 있는 대상'이라고 지칭한다.

P씨는 새로운 대리인을 소비자들과 직원들의 대리인이 바라보고 있는 지점에 세운다. 새로운 대리인의 출현은 세션의 구도 전체에 변화를 가져온다.

두 번째 단계 : 중재

그림 2 중재의 단계

두 번째 단계에서 우리는 해결의 이미지에 도달하기 위해서 몇 단계의 중재 과정을 거친다. 여기에 기술된 내용은 과정과 대화의 주요 부분만을 발췌 정리한 것으로, 실제 세션에서는 두 번째 단계의 완료까지 대략 한 시간 정도가 걸린다.

새로운 대리인(위치 6)이 직원들과 소비자들이 바라보고 있는 방향에 세워지자마자 세 사람이 서로에게 미소를 짓기 시작한다. 새로운 대리인이 들어오고 난 뒤 어떤 변화가 있느냐는 코치의 질문에 소비자들과 직원들은 "저 사람을 보고 있으니 마음이 편해집니다. 그가 누구든 간에 말이에요"라고 말한다.

여기서 코치는 한 가지 가정을 시험해 보기로 한다.

코치_ (직원들의 대리인에게) 새로운 대리인을 보면서 이렇게 말씀해 보십시오. "저희들에게 있어서 당신은 여전히 이 회사의 심장이자 영혼입니다."

직원들의 대리인이 주어진 문장을 표현하고 난 뒤, 그 말이 옳다고 느껴지느냐는 물음에 고개를 끄덕이면서 긍정의 뜻을 보여준다. 마찬가지로 그 말을 듣고 있던 새로운 대리인도 방금 들은 말이 맞다며 고개를 끄덕인다. 그리고 두 사람이 동시에 안도의 긴 숨을 내쉰다. 대리인들의 반응을 통해서 우리는 현재 우리가 하고 있는 중재 과정이 올바른 방향을 향해 가고 있음을 알 수 있다. 또한 새로운 대리인이 전직 사장을 대신하고 있음이 명백해진다.

우리는 새로운 대리인에게 직원들을 보면서 "당신들을 떠날 수밖에 없어서 유감스럽게 생각합니다"라고 말해보라고 요청한다. 직원들이 고개를 끄덕이며 지금 들은 말이 옳다는 걸 간접적으로 표현한다.

'해결의 문구'는 대개 코치가 제시해 주는데, 조직 세우기 작업에서 해결의 국면으로 나아가기 위한 도구 중의 하나이다. 코치가 대리인들에게 특정한 문구를 제시한 뒤 그들의 피드백을 살펴보면, 주어진 문장이 안도감과 긴장 해소에 효과가 있는지 즉각 확인할 수 있다.

소비자들의 대리인은 나중에 세워진 대리인이 전직 사장이라는 사실을 알게 되면서 그에게 호감을 보이는 동시에 생산품에 대해서도 관심을 보이기 시작한다. 코치가 이러한 소비자들의 느낌을 표현해 줄 수 있는 문구를 제시한다. "당신이 그곳에 서 있으니, 당신 회사에서 만드는 제품에 대해 다시금 흥미가 생기기 시작하는군요."

전직 사장을 세션에 포함시키고 난 뒤 전직 사장과 직원들, 소비자들이 '해결의 문구'를 표현하면서 의뢰인이 세웠던 첫 번째 이미지에서 두드러졌던 긴장이 눈에 띌 정도로 해소되는 것을 볼 수 있다.

또 한 가지 흥미로운 사실은 생산품의 대리인이 몸을 좌우로 움직이기 시작했다는 점이다. 그에게 느낌이 어떠냐고 묻자 그는 몸을 돌려서 사람들에게 가까이 다가서고 싶은 욕구가 생겼다고 말한다. 직원들과 소비자들뿐만 아니라 신임 사장 역시 생산품의 얼굴을 볼 수 있었으면 좋겠다고 말한다. 이때가 바로 세션 안에서 새로운 이미지가 모습을 드러내는 순간이다.

그림 3 중재 과정중에 드러난 두 번째 모습

우리는 직원들과 소비자들 그리고 신임 사장에게 원하는 방향으로 몸을 돌려보라고 요청한 뒤, 생산품을 그들이 바라보고 있는 방향에 옮겨 세운다. 그러자 모든 사람들이 생산품을 볼 수 있게 된다. 생산품의 대리인은 존재를 인정받았다는 느낌과 함께 지금 자기가 서 있는 곳이 '맞는 자리' 라고 말한다. 소비자들과 직원들은 호의를 가지고 생산품을 바라보기 시작한다.

전직 사장은 자신이 서 있는 왼쪽에 무언가가 빠져 있는 느낌이 든다고 말한다. 우리는 새로운 대리인을 선택한 뒤, 그를 전직 사장의 왼쪽에 세운다.(위치 7) 그는 바로 회사가 위기에 처해 있던 당시 해고당한 전직 직원들을 상징하는 대리인이다. 일곱 번째 대리인이 추가되면서 생긴 구도의 변화는 다음 그림과 같은 모습을 하고 있다.

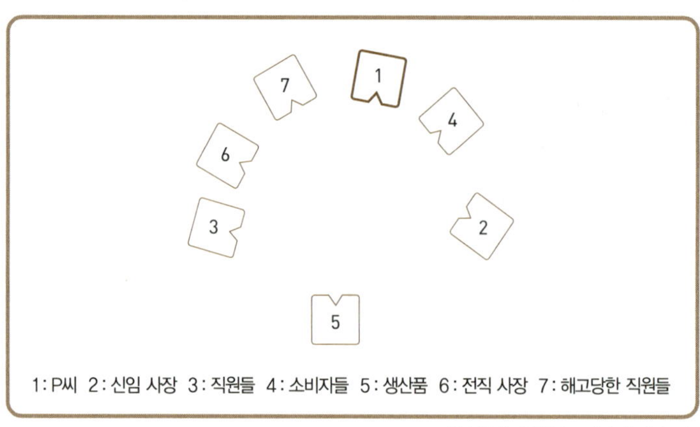

그림 4 중재 과정중에 드러난 세 번째 모습

해고당한 직원들을 세우자 전직 사장은 마음이 훨씬 편해졌다고 말한다. 해고당한 직원들의 얼굴에 전직 사장에 대한 안타까움이 역력하다. 현 직원들과 전직 사장이 해고당한 직원들을 바라보면서 "이

96

회사에는 당신들을 위한 자리가 있습니다. 당신들의 희생이 없었다면 우리는 살아남지 못했을 겁니다"라고 말한다. 자리에 처음 세워졌을 때 해고당한 직원들의 대리인은 마음이 무겁다고 했다. 하지만 이 말을 듣고 나자 마음이 편해지면서 안도감이 느껴진다고 말한다.

그 사이 P씨는 세션 바깥에서 아주 진지하게 변화의 모든 과정을 지켜보고 있다. 코치가 다시 P씨에게 현재의 심정이 어떤지 묻는다.

코치 _ 질문이나 하고 싶은 말이 있습니까?

P씨 _ 눈앞에서 펼쳐진 상황이 저에게 많은 것들을 생각하게 만드는군요. 만일 이 상황이 맞다면 우리가 뭔가 크게 잘못한 게 아닌가 하는 생각이 듭니다. 하지만 어째서 이 일이 직원들의 빈번한 이직과 관계가 있다는 겁니까?

코치 _ 지금 우리가 관찰하고 있는 상황이 직원들의 높은 이직, 생산품에 대한 소비자들의 무관심을 이끈 감춰진 원인으로 보입니다.

P씨와 대화를 마친 뒤, 코치가 신임 사장(위치 2)을 향해서 돌아선다. 신임 사장은 눈에 띌 정도로 긴장되고 불안해 보인다. 그는 현재 서 있는 자리가 불편하다면서 여기서 벗어나고 싶다고 말한다. 조직 세우기 세션의 관점에서 볼 때 "이 자리에서 벗어나고 싶다"는 신임 사장의 표현은 "회사를 떠나고 싶다"는 말로 해석될 수 있다.

신임 사장

코치가 느낌에 따라서 움직여도 좋다고 하자 신임 사장은 몸을 돌리더니 일곱 명이 서 있는 원형의 장場 밖으로 걸어 나간다. 그런 뒤 어느 곳으로 가야 할지 망설이다가 다시 몸을 돌려서 원래 서 있던 자리로 되돌아온다.

코치_ 느낌이 어떻습니까? 회사로부터 멀리 가고 싶은가요?

신임 사장_ 처음에는 그랬어요. 하지만 그렇게 하는 게 옳지 않다는 생각이 들었습니다. 무언가 정리할 게 남아 있다는 느낌이 듭니다. 전직 사장을 보고 있으면 몸이 심하게 경직되는 것 같아요.

코치_ 전직 사장을 바라보면서 이렇게 말씀하십시오. "과거에 저는 당신을 얕본 적이 있었습니다. 제가 당신보다 훨씬 능력이 있다고 생각했기 때문입니다. 하지만 지금은 당신이 이루어놓은 평생의 업적을 인정할 수 있습니다. 제가 이 회사에 들어오기 오래 전부터 당신은 회사를 경영해 왔습니다. 그리고 당신은 저를 신뢰해 주셨습니다. 이제 저는 당신의 그 점을 존경합니다." 이 말을 하는 동안 당신의 내면에서 어떤 느낌이 일어나는지 잘 살펴보십시오. 당신이 하는 말이 옳게 느껴지는지 그렇지 않은지 살펴보라는 뜻입니다.

신임 사장이 주어진 문구를 표현하고 길게 안도의 한숨을 내쉰다.

신임 사장_ 아주 좋아요! 뭔가 빠져 있다는 느낌이 바로 그거였군요. 방금 전까지 몸을 굳게 만들던 긴장감이 서서히 사라지고 있어요.

전직 사장

신임 사장의 말을 듣고 난 전직 사장에게 다음과 같은 문구가 주어진다. "나는 여전히 자네를 믿고 있네. 직원들이 회사 일에 적극 참여할 수 있도록 장을 마련한다면 상황이 다시 호전되리라 믿네."

이 말을 하고 난 뒤 전직 사장이 신임 사장을 가만히 쳐다보더니 방금 전 자신이 한 말의 의미를 강조하려는 듯 "그래, 그 말이 맞아!"라고 힘주어 말한다. 신임 사장은 전직 사장의 말을 마음으로 받아들인다. 그는 전직 사장에게 인정을 받고 있다는 확신이 들고 자신의 위치에 대한 긴장감도 사라졌다고 말한다.

한편 직원들의 대리인은 한참 동안 불안한 태도를 보인다.

직원들

코치 _ 직원들은 지금 어떻습니까?

직원들 _ (직원들의 대리인은 신임 사장을 가리키면서 선언이라도 하듯 격앙된 목소리로 말한다.) 그걸로 충분하지 않습니다. 신임 사장이 정리해야 할 게 아직 더 남아 있어요. 그렇게 쉽게 해결할 수 있는 게 아닙니다. (직원들의 말에 따라서 전직 사장과 직원들이 신임 사장을 마주볼 수 있도록 위치를 바꾼다.)

코치 _ (손으로 신임 사장을 가리키며 전직 사장에게 말한다.) 신임 사장을 보면서 말씀하세요. 직원들을 가리키면서 "이 사람들은 나와 함께 일한 직원들이네. 나와 함께 동고동락해 온 사람들이지. 그러니 자네도 이들의 노고를 인정해 주어야 하네"라고 말씀하십시오.

신임 사장을 보면서 주어진 문구를 말하는 전직 사장의 대리인의 목소리에 힘이 담겨 있다.

코치 _ (신임 사장 쪽으로 돌아선 뒤) 직원들에게 말씀하십시오. "죄송합니다! 제가 여러분의 노고를 충분히 존중하지 못했습니다. 이제야 여러분이 회사를 위해서 해온 일이 무엇이었는지 알겠습니다."

신임 사장의 대리인이 주어진 문구를 표현하면서 고개를 끄덕인다.

신임 사장이 한 말에 직원들이 즉각 동의를 표시한다. 신임 사장의 말을 들은 직원들의 대리인이 이렇게 자신의 느낌을 표현한다. "그가 한 말이 제 마음에 와 닿습니다. 좀 전까지 느꼈던 긴장감이 사라지고 있어요." 이 과정을 거치고 난 뒤에야 직원들의 대리인은 아무런 원망 없이 신임 사장의 옆에 설 수 있게 된다.

조직 세우기의 마지막 단계: 해결의 이미지

전직 사장(위치 6)은 해결의 이미지에서 왼쪽 조금 떨어진 곳에 세워진다. 해고당한 직원들의 대리인(위치 7)에게 맞는 자리를 찾기 위해서 몇 차례 자리 이동 과정을 거친다. 여러 차례 시도 끝에 해고당한 직원들은 전직 사장 곁에 서 있을 때가 가장 좋다고 말한다. 그들과 조금 떨어진 곳에 신임 사장(위치 2)을 세우고, P씨(위치 1)와 직원들(위치 3)의 자리를 찾아준다. 생산품(위치 5)은 모든 사람들이 볼 수 있는 곳에 자리를 잡아 세운다. 소비자들(위치 4)은 사장과 직원들을 볼 수 있으면서 동시에 생산품을 제대로 바라볼 수 있는 곳에 자리를 잡고 선다.

전직 사장에게 적합한 자리가 주어지자 조직 내에서 그가 얼마나 큰 비중을 차지하고 있는지 알 수 있다. 그뿐 아니라 신임 사장 역시 그러한 전직 사장의 역량을 인정할 수 있게 된다. 전직 직원들 역시

그림 5 해결책에 도달한 모습

여전히 이 회사에 소속되어 있다고 확인받고 그들의 노고도 인정받는다. 결과적으로 현재의 직원들은 신임 사장 쪽으로 돌아설 수 있게 되고 그와의 협력을 다짐하게 된다. 이제 모두가 생산품의 모습을 볼 수 있고, 소비자들 역시 회사의 제품에 대해서 새로운 관심을 가지고 바라보게 된다.

위의 그림에서 볼 수 있는 것처럼 모든 사람이 생산품을 바라보면서 일에 대한 내적 동기가 생기는 것을 느끼고, 아울러 회사의 운영에 있어서 소비자들이 얼마나 중요한지 새삼 인식하게 된다.

P씨

이 시점에서 우리는 P씨의 대리인을 자리에서 나오게 하고 의뢰인을 그 자리에 세운다. 그렇게 해결된 이미지 안에 직접 선 의뢰인은 처음에 자신이 세운 구도와 새로 만들어진 구도 사이의 차이점을 직접 확인하는 시간을 갖는다.

코치 _ 잠깐 동안 그 자리에 서서 우리가 찾아낸 이 구도가 당신에게도 옳다는 느낌이 드는지 살펴보세요.

P씨 _ (미소를 지으면서 말한다.) 마침내 모든 게 정리가 된 것 같습니다.

코치 _ 정리가 되었다는 게 무슨 뜻인가요?

P씨 _ 그러니까 제 말은 지금 이 자리에 서니까 모든 게 명료해졌다는 뜻입니다. 모든 사람이 제 시야에 들어와요. 이 구도가 마음에 듭니다!

코치 _ 소비자들을 대신하는 대리인을 한번 보세요. 소비자들과 생산품의 관계가 어떻다고 생각하십니까?

P씨 _ 이 자리에서 제가 보는 모습은 상당히 긍정적입니다.

코치 _ 이제 현재 회사에서 일하고 있는 직원들을 한번 보십시오. 그들의 모습은 어떤가요? 그들이 회사에 계속 머무를까요? 아니면 여전히 회사를 떠나고 싶어한다고 생각하세요?

P씨 _ 직원들한테서 강한 지지와 후원을 느낍니다.

P씨는 마치 해결의 이미지를 가슴속에 새기려는 듯 한동안 그 자리에 서 있다. 잠시 후 코치는 세션을 종료한다.

세션이 끝나고 마지막 단계는 대리인들을 역할에서 나오도록 하는 것이다. P씨는 대리인들에게 도와주어서 고맙다는 인사를 한다. 그는 그들을 한 사람 한 사람 대리인 명칭이 아닌 실제 이름으로 부르면서 고마움을 표현한다.

세션이 진행되는 동안 주된 대리인들이 들려주는 피드백은 세션의 방향을 결정짓는 중요한 역할을 한다. 그리고 세션 내에서 대화체로 진행되는 '해결의 문구' 들은 상황에 맞는 진실을 담고 있을 때만 효력을 발휘한다. 이 말은 곧 대리인들이 주어진 문구를 표현한 뒤 그 말이 옳다고 느낄 때 긴장 관계가 해소되고 해결책의 이미지가 구체적으로 드러나게 된다는 뜻이다.

코치는 해결책을 위한 특정한 문구의 효과를 곧바로 느낄 수 있다. 하지만 때로 대리인들의 반응을 통해서 그 효과를 확인할 때도 많다. 만일 대리인들에게 기대되는 반응을 얻지 못할 경우 코치는 그 문구를 포기해야 한다. 이처럼 조직 세우기 작업은 코치와 대리인들의 협력을 통해서 진행된다.

위의 사례에서 우리는 모두에게 가장 적합한 해결책을 찾아낼 수 있었다. 이제 결론적으로, 조직 내에 존재하는 긴장 관계와 조직체적 법칙이 파괴되었을 때 일어나는 상황 그리고 이 최종 해결책의 실제 적용 방법 등에 대해서 살펴보자.

긴장 관계

신임 사장은 회사의 재무 구조를 개편하는 과정에서 전직 사장이 이루어낸 성과와 노고를 인정하지 않았다. 오히려 그는 전직 사장의 업적을 깔보고, 자기가 전직 사장보다 뛰어나다고 생각했다. 현 직원들은 무의식적으로 전직 사장과 해고당한 동료 직원들을 '따르고' 싶어했다. 즉 전직 사장과 해고당한 동료 직원들에 대한 신의를 지키기 위해 회사를 떠나고자 했다. 결과적으로 직원들의 에너지는 정체되었고, 업무에 대한 열의도 떨어질 수밖에 없었다. "왠지 그들이 몸만 있을 뿐 실재하지 않는 것 같습니다"라고 스스로도 표현한 것처럼 P

씨는 그러한 에너지의 부재를 강하게 감지할 수 있었다.

소비자들은 '회사의 정신'이 사라지는 것을 안타까워하고 있었다. 고객들에게 '회사의 정신'은 전직 사장과 관련된 것이다. 결과적으로 제품에 대한 소비자들의 관심이 줄어들기 시작했다. 상황이 이렇다보니 비즈니스의 기본인 생산품은 뒷전으로 밀려날 수밖에 없었다.

조직체적 법칙의 파괴

위의 사례에서 어떤 조직체적 법칙들이 파괴되었는지 살펴보자. 우선 '주기와 받기 사이의 균형'이 왜곡되었다. 신임 사장이 회사를 위해 힘써온 직원들의 노고를 제대로 인정하지 않음으로써 주기와 받기 사이의 균형이 심각하게 훼손되었다. 신임 사장이 직원들에게 바라는 요구는 늘어났지만, 그들의 노고에 대한 보상은 충분히 이루어지지 않았다.

'소속의 권리' 역시 부정되었다. 전직 사장과 해고당한 직원들의 존재가 인정받지 못함으로써 조직체의 구성원으로서 가진 소속의 권리 역시 파괴되었다. 비록 그들이 회사를 떠났다 하더라도 회사에 기여한 그들의 공로는 기억되고 인정받아야만 한다. 가족체를 예로 들어 설명해 보자. 만일 가족 중의 누군가가 사고로 가족체를 떠나게 되었다 하더라도 그가 가족의 구성원이었다는 사실은 변하지 않는다. 설사 가족 사진에서 그의 모습을 지워버린다고 해도 그가 가족에게 속해 있다는 사실까지 지워버릴 수는 없다. 회사에 소속되었던 사람들이 해고를 당하거나 사고로 사망하더라도 조직체 안에 그들을 위한 자리가 마련되어야 한다. 이것은 물리적인 의미의 직책이나 자리를 말하는 게 아니다. 그들이 회사에 공헌한 바가 조직체 내에서 인정되고 기억되어야 한다는 뜻이다. 이러한 태도는 조직체 운영에서 아주 중요한 요소이다. 이 사례에서는 소속의 권리가 파괴된 것이 더 큰 무게로 작용했는데, 그것은 해고당한 직원들이 회사를 살리기 위해 희생이 되었기 때문이다.

'서열의 법칙'도 지켜지지 않았다. 기존의 많은 직원들이 새로 입사한 직원들이나 신임 사장보다 더 오래 이 회사에서 일을 해왔음에도 존중받지 못했다. 신임 사장은 기존 직원들의 지지를 얻기 위해 맨 뒷자리에서 리더 역할을 했어야 했다. 신임 사장은 서열상으로는 조직체에서 가장 높은 자리를 차지하고 있지만, 근속 연수로 따져보면 가장 나중 자리를 차지한다. 그러므로 그는 뒷자리에서 직원들을 이끌어가야 했다.

해결책의 실제 적용

조직 세우기 세션이 끝난 뒤, 우리는 신임 사장과 계발 부서의 책임자 P씨를 만나 회사의 위기를 해소할 수 있는 방법과 과거의 상황에서 무엇을 배울 수 있는지 상의했다. P씨는 이미 자신감과 에너지가 충만해 있었다. 우리는 신임 사장에게 회사의 명칭을 다시 바꾸되 창업자의 이름을 따서 짓는 게 좋다고 제안했다. 또한 임원들과 소비자들에게 이 회사의 창업자와 그 창업자의 아들인 전직 사장의 위상을 각인시킬 필요가 있다고 덧붙였다. 신임 사장은 우리의 제안을 받아들였고, 창업자의 사진이 들어 있는 새로운 회사 홍보물을 제작했다.

다음 단계로 직원들은 여러 개의 프로젝트 팀을 구성했고, 그들의 노고는 그에 합당한 존중을 받았다. 계발과 생산, 영업 사이에서 조정 업무를 맡은 팀들은 품질 향상을 위한 문제 해결에 주력할 수 있었다. 또한 회사와 소비자 사이의 지속적인 관계를 위한 고객 서비스 팀이 꾸려졌고, 결과적으로 소비자들의 만족도가 크게 높아졌다. 그러자 고개를 돌렸던 소비자들이 돌아오고, 직원들의 높은 이직률도 감소했다.

이곳에는 제가
설 곳이 없어요

배경 정보

20년 전, 공동으로 광고 대행사를 설립한 두 사람은 계속해서 성공가도를 달렸다. A는 폭넓은 인간 관계를 장점으로 고객들이 무엇을 필요로 하는지 구체적으로 파악하여 그것을 기반으로 다양한 비즈니스 노하우를 펼쳤다. B는 주로 창의적이고 예술적인 분야를 담당했다. 그의 혁신적인 아이디어와 미래 지향적인 사고는 회사 발전에 크게 이바지했다.

그렇게 성공적으로 운영해 오던 회사는 A가 개인적인 사정으로 회사를 떠나면서 변화가 생겼다. B는 A가 그만두는 것을 안타까워했지만, 어쩔 수 없이 혼자서 회사를 경영하기로 결정했다. 그는 A가 해오던 일까지 맡을 수밖에 없었다. B가 독자적인 경영을 결심한 데에는 직원들에 대한 의무감도 한몫했다. 지난 20년 동안 회사는 50명

가량의 직원을 더 고용했고, 이제 직원들은 65명에 달했다. 그들 중 몇 명은 A를 따라서 회사를 그만두었지만, 대부분은 B 곁에 남아 맡은 일을 열심히 해주었다. 덕분에 회사의 재정은 안정적이었다. 고정 고객도 늘면서 사업은 여전히 번창했고, 업무 환경도 과거와 다를 바 없이 만족스러웠다.

하지만 사업의 번창과 달리 B는 회사 경영에서 무엇보다 중요시하던 창의적이고 미래 지향적인 측면에 대한 관심을 잃어갔다. 그러면서 경영에 관심을 쏟는 정도도 점차 약해졌다. 업무 환경과 재무 상황에도 변화가 일어났다. 고정 고객의 숫자가 줄고 수입은 적자로 돌아섰으며, 급기야 위기 대책반이 꾸려지기에 이르렀다.

젊은 경영자의 영입

사장은 과거 A와 같은 경영 능력을 가진 사람이 없는 한 회사가 오래 지속되기 어렵다는 생각을 하게 되었다. 결국 그는 전에 A가 하던 일을 맡아줄 새로운 경영자를 영입하기로 결정했다. 역량 있고 활동적인 젊은 경영자가 발탁되었다. 그는 회사의 재정 상황과 의사 진행 절차, 스케줄, 프로젝트 계발 등 모든 것이 뒤죽박죽이어서 당혹스런 가운데서도 열정적으로 일에 몰두했다. 그는 전면적인 정리 작업을 감행했고, 짧은 시간 안에 업무 체계를 바로잡고 조직 내의 질서도 확립시켰다. 빠져나가던 옛 고객들도 발길을 되돌리기 시작했다. 직원들은 회사의 위기를 막아준 그에게 고마워했다.

하지만 이 젊은 경영자가 직원들의 지지에 고무되어 마치 자기만이 회사에 전적인 책임을 지닌 사람처럼 행동하기 시작하면서 상황에 변화가 일어났다. 그는 창업자이자 윗사람인 사장과 논의도 하지 않고 결정을 내리기 시작했다. 직원들은 이를 달갑게 여기지 않았다. 조직 내에 질서는 확립되었지만, 누가 사장인지 분명치가 않았다. 누구를 위해서 일을 해야 할지 알 수가 없었다. 회사 경영에 직접 참여하고 있지는 않지만 기존의 경영자가 여전히 회사의 소유주이자 사장이었기 때문에 직원들의 감정은 불편할 수밖에 없었다.

이런 상황이 계속되면서 새로운 경영자는 직원들의 협력을 구하기가 어려워졌다. 직원들의 반감이 커질수록 새 경영자의 좌절과 불쾌감도 커져갔다. 직원들과 고객들이 그에게 보이던 호감은 눈에 띄게 사라졌다. 위기가 다시 찾아왔다. 굵직한 거래들이 취소되는가 하면, 회사가 약해진 틈을 타 경쟁 회사들이 반사 이득을 취하기 시작했다. 모든 게 엉망이었다. 건강상의 문제도 젊은 경영자의 괴로움을 가중시켰다. 그는 자주 복부 통증에 시달렸다.

조직체적 접근을 통한 중재

새로운 경영자인 W씨가 회사의 위기 상황을 어떻게 하면 극복할 수 있을지 조언을 얻기 위해 우리를 찾아왔다. 그는 직원들을 관리하기가 너무 어렵다며 이렇게 토로했다. "그들은 저한테 굉장히 적대적이에요. 심지어 제가 내린 결정을 거부하기까지 합니다. 도대체 이해할 수가 없어요. 제가 처음 회사에 들어가 어질러져 있던 일들을 깔끔히 정리해 줬을 때는 뛸 듯이 기뻐하더니 말이에요."

그는 어떻게 하면 직원들과 다시 원만하게 일을 해나갈 수 있을지 알고 싶어했다. 덧붙여 자신의 주치의가 현재 그를 짓누르는 압박감에서 벗어나야 건강을 회복할 수 있다고 충고했다고 했다. 검진 결과 복부 통증은 스트레스로 인한 것이라고 했다. 실제로 그는 회사 일로 극도의 스트레스에 시달리고 있었다. 그가 스트레스를 받을 만한 일은 그것 말고는 아무것도 없었다.

우리는 첫 번째 단계로 W씨에게 조직 세우기 세션을 권유했다. 회사에서 그가 처한 상황이 어떤지 중립적인 대리인들을 통해서 살펴보자고 제안했다. 세션을 해보면 스트레스를 유발하는 배경을 좀더 확실하게 알 수 있을 뿐만 아니라 어떤 해결책이 가능한지도 알아볼 수 있다고 알려주었다. 그는 단지 스트레스와 연관된 증상만 제거할 수 있으면 된다고 했다. 그리고 직원들과의 문제를 해소할 수 있는 방법만 알면 된다는 말도 덧붙였다. 그러면서도 우리가 제안하는 방법을 시도해 볼 마음은 있다고 했다.

조직 세우기 세션

조직 세우기 세션은 먼저 다루고자 하는 문제를 구체화시키는 작업에서부터 시작한다.

W씨 _ 예전처럼 직원들과 고객들에게 지지를 얻을 수 있는 방법을 찾고 싶습니다.

코치 _ 어떤 결과가 나타나면 우리 시도가 성공했는지, 당신이 바라는 바가 이루어졌는지 알아차릴 수 있을까요?

W씨 _ 가장 먼저는 배 아픈 게 사라지게 된다면요. 아침 출근길에 나를 이끌던 그 열정이 다시 살아났을 때도 그렇고요. 그렇게 됐다는

건 직원들이 다시 운명을 같이하기로 했다는 말이 될 테니까요. 그러면 고객들에게도 더 편안하게 접근해서 우리 회사에 다시 관심을 갖도록 할 수 있겠지요.

W씨가 세미나 참석자 중에서 대리인들을 선택한 뒤, 그의 내적인 느낌에 따라서 한 사람씩 자리를 찾아서 세우기 시작한다.

● **의뢰인의 대리인:** 세션에서는 'W씨'로 지칭함

● **회사에 남아 있는 창업자이자 소유주:** '사장'이라 지칭함

● **직원들의 대리인:** 한 사람이 전체를 대신함

● **고객들의 대리인:** 한 사람이 전체를 대신함

● **경쟁 업체들의 대리인:** 다른 광고대행사들로 한 사람이 전체를 대신함

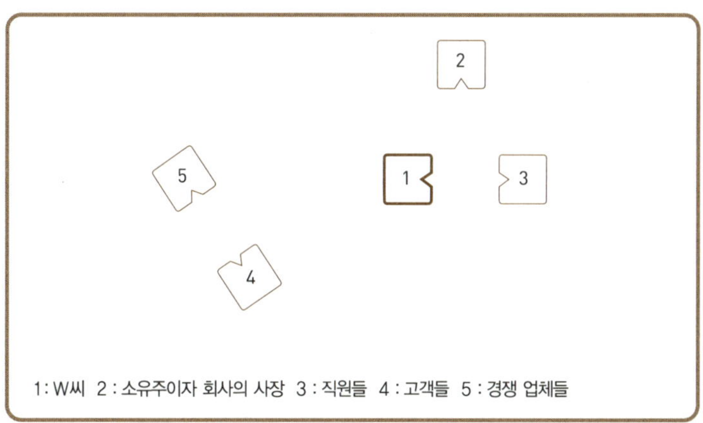

그림 1 현재의 상황

먼저 W씨의 대리인에게 현재의 느낌이 어떤지 물어본다.

W씨

W씨의 대리인은 직원들을 바라보며 서 있다. 소유주이자 사장은 한쪽에 비켜서 있다. W씨 뒤에는 고객들과 경쟁 업체들이 서로 얼굴을 마주한 채 서 있다.

코치_ 지금 W씨의 대리인은 느낌이 어떻습니까?

W씨_ 기운이 없고 무릎이 떨려요. 직원들한테만 시선이 고정되어 있습니다. 다른 사람들은 안 보이고 오직 직원들만 눈에 들어와요. 직원들이 저를 적대시하는 것 같습니다. 저한테 뭔가를 원하고 있는 것 같아요. 등 뒤쪽 어딘가에 고객들이 서 있다는 느낌이 들기는 하지만 등 뒤에 뭐가 있는지도 모르겠고, 사실 관심도 없습니다. 그리고 저쪽에 서 있는 사장을 힐끔힐끔 쳐다보게 되네요.

코치_ 사장에 대한 느낌이 어떤지 설명해 줄 수 있나요?

W씨_ 예, 뭐랄까 존경심은 들지 않아요. '시대에 뒤떨어진 사람'이라는 표현이 떠오르는군요. 제가 저 사람보다 훨씬 우월하다는 느낌이 들어요.

직원들

코치_ 직원들의 대리인은 어떠세요?

직원들_ 저는 그냥 저 사람(W씨)을 바라보고 있을 뿐이에요. 저는 힘 있고 약간 반항적인 사람입니다. 곁눈질로 사장님을 볼 수 있습니다. 사장님을 보면 미안한 마음이 드네요. 뭔가를 필요로 하고 계신 것 같은데…… 고객들 역시 곁눈질로 볼 수 있을 뿐이에요. 고객들 쪽으로 몸을 돌리고 싶지만, 저 사람(W씨를 가리킨다)이 너무 강해서 눈을 뗄 수가 없어요.

고객들

코치 _ 고객들의 대리인은 어떠세요?

고객들 _ 경쟁사들 쪽으로 자꾸 시선이 갑니다. 그쪽에서 저를 강하게 끌어당기는 것 같아요. 다른 쪽에는 별로 관심이 가지 않아요.

경쟁 업체들

코치 _ 경쟁 업체들은 어떠세요? 꽤 만족스러워 보이는군요.

경쟁 업체들 _ 글쎄요, 제가 마치 고객들을 향해 던져진 미끼 같은 느낌이 드네요. 저는 굉장히 매력적인 사람이기도 해요. 게다가 아주 강력한 사람이라고 생각되네요. 한 가지 분명한 것은 제 관심이 바로 저쪽(고객들을 가리킨다)에 있다는 겁니다. 나머지 사람들은 저랑 상관도 없고 흥미를 끌지도 않습니다.

사장

코치 _ 당신은 어떠세요?

사장 _ 글쎄, 여기서 일어나고 있는 모든 일이 그냥 저를 스쳐 지나가고 있는 것 같군요. 일종의 체념 상태인 것 같기도 하고요.

코치 _ 당신은 지금 어디를 바라보고 계세요?

사장 _ 어딘가 먼 곳을 바라보고 있습니다. W씨와 직원들 사이의 빈 공간을 바라보고 있는 것 같아요.

코치 _ 그 외 또 어떤 느낌이 드나요?

사장 _ 저 사람(W씨)을 보면 약간 불쾌해져요. 어쩌면 속으로 그를 비난하고 있는 게 아닐까 싶기도 하고요. 직원들과는 교감을 느끼는데, 아주 좋은 느낌입니다.

코치가 자리에 앉아서 세션을 지켜보고 있는 W씨에게 묻고 싶은 말이나 하고 싶은 말이 있는지 물어본다.

W씨_ 지금 이 상황이 바로 제가 회사에서 부딪치고 있는 상황이에요. 모든 게 뒤죽박죽이고 혼란스러워요. 도대체 사장님이 어디를 바라보고 있는지 알고 싶습니다. 사장님이 직원들과 저 사이의 갈등에 별 관심이 없다는 것도 사실과 거의 맞네요.

중재의 단계

세션의 두 번째 국면은 공동 운영 체제로 일하다가 중간에 회사를 떠난 창업자(앞서 A로 지칭되었음)의 대리인을 세우는 것으로 시작되었다. W씨가 이 대리인을 선택한 뒤 자리(위치 6)에 세웠다. A의 대리인을 세워 짧게라도 그와 사장 사이의 관계를 다룰 필요가 있었다. 일종의 정리 과정을 거치고 나자 회사에 남아 있던 현 사장은 비로소 A와의 이별을 받아들일 수 있을 것 같다고 말했다. 그리고 이제 자신과 W씨 두 사람의 관계에서 자기 몫의 책임을 나누어 질 준비가 되었다는 말도 덧붙였다. 즉 기존과는 다른 방식으로 역할과 책임을 정립할 준비가 되었다는 말이었다. 또 처음으로 고객과 직원의 존재를 제대로 인식할 수 있게 되었다고도 했다.
중재 과정이 진행되는 동안 W씨의 대리인은 사장에 대한 자신의 오만한 태도를 점차 인식하기 시작했다. 여러 단계에 걸친 해소 과정 끝에 비로소 W씨는 그 자신도 인정할 수 있고 사장 역시 동의할 수 있는 해결의 문구를 언어로 표현할 수 있었다. 그 문구는 "저는 당신보다 제가 더 우월하다고 생각했습니다. 그러다보니 당신이 이 회사의 창업자이자 저의 상사라는 사실을 잊어버렸습니다. 정말로 죄송합니다"라는 것이었다.

이 문구는 긍정의 효과를 가져왔을 뿐만 아니라 해결책에 이르는 시간도 단축시켜 주었다. 이 문구를 말하고 난 뒤, W씨의 대리인은 자신감을 갖고 직원들과 고객들을 마주볼 수 있게 되었다.

W씨와 직원들 사이에도 정리해야 할 문제가 있었다. 몇 차례의 대화를 주고받으면서 양쪽은 서로 도우며 일할 수 있는 새로운 기반을 다질 수 있었다. 여러 차례에 걸친 중재 과정을 거쳐 W씨와 직원들은 실질적인 협력 관계에 이를 수 있었다. 또 직원들이 사장에 대해 가지고 있던 '구원자 증후군 helper syndrome' 도 사라졌다.

코치는 여기서 '회사의 설립 목적'을 나타내는 새로운 대리인을 한 명 더 세웠다.(위치 7) 설립 목적의 대리인이 세워지자 직원들이 가지고 있던 "사장님을 구해야 한다"는 강박적인 느낌도 완전히 사라졌다. 이제 그들은 사장을 도와주어야 할 대상이 아닌 회사의 운영자로서 대할 수 있게 되었다. 사장을 자신들에게 명확한 목표를 제공하는 사람으로 대할 수 있게 된 것이다.

하나하나씩 상황이 명료하게 정리되고 모두가 제자리를 찾아가자 고객들은 회사를 향해 다시금 호감을 갖기 시작했다. 경쟁업체들에 대한 흥미도 상당 부분 떨어져나갔다. 그러자 경쟁업체들의 대리인은 고객들의 관심을 다시 끌어와야 한다는 강한 욕망을 피력했다.

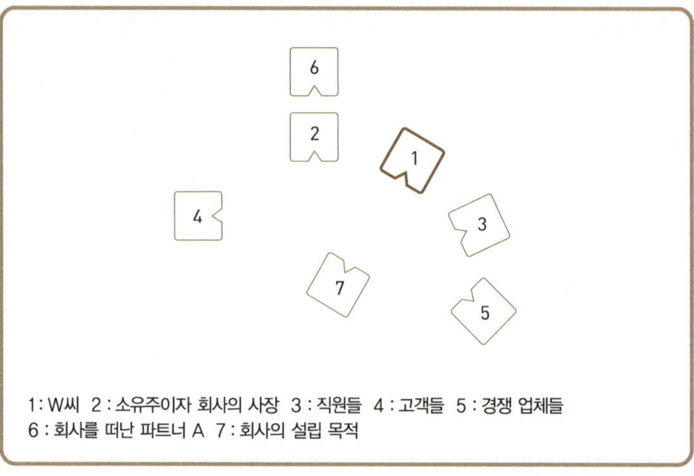

그림 2 해결책에 도달한 모습

해결의 이미지

회사를 떠난 A에게 새로운 자리가 주어졌다.(위치 6) 세션이 진행되는 동안 그에게 가장 적합한 자리는 현 사장의 뒤였다. 그는 사장의 등 뒤에 서서 과거 동료였던 그를 지지해 주고 싶다고 말한다. 이처럼 두 사람이 파트너로서 구축했던 협력 관계가 상징적으로 표현된다.

사장(위치 2)이 안도감을 느끼는 모습이 역력하다. 그는 어쩔 수 없이 회사를 떠나야 했던 파트너 A의 자리를 마련하고 그들이 함께 해온 역사를 현재 그가 해야 할 역할의 초석으로 삼을 수 있게 된다. 해결책을 찾은 최종 단계에서 사장은 마침내 모든 사람을 볼 수 있어서 기쁘고 다른 사람들도 모두 자신을 보고 있어 만족스럽다고 말한다. 특히 사장은 회사의 설립 목적의 대리인과 눈이 마주쳤을 때 다시금 도전 욕구를 느낀다는 말을 한다. 그럼에도 여전히 시선은 먼 산을 바라보는 경향이 있다고 덧붙인다.

조직 세우기에서 "먼 산을 바라보고 있다"고 표현할 때에는 그 배경이 조직에 있을 수도 있지만 경우에 따라서는 가족 안에 있을 때도 있다. 여기서 코치는 다시 한 번 회사와의 관계성에 그 원인이 있는지 찾아보았지만, 조직 안에서는 그 원인을 찾지 못했다. 이런 경우에는 그 근본적인 배경이 조직체 이전에 존재했던 집단, 즉 가족체 안에 있다고 봐야 한다.

직원들(위치 3)은 W씨보다 자신들이 더 강하다는 느낌이 사라졌다고 말한다. 그들은 W씨의 옆자리가 자신들에게 적합한 자리이긴 하지만, 약간의 거리를 두고 서 있는 게 좋다고 덧붙인다. 그렇게 함으로써 사장을 동정심에서가 아니라 말 그대로 사장으로서 바라볼 수 있다는 것이다. 또 직원들은 회사의 설립 목적을 바라볼 때마다 일에 대한 내적 동기가 분명해지는 느낌이 든다고 말한다.

고객들(위치 4)은 자신들이 존중받고 있다는 느낌과 함께 회사가 그들의 존재를 중요하게 받아들이고 있다는 느낌이 든다고 말한다. 그리고 의뢰인의 회사 쪽으로 돌아서고 싶은 열망이 강해졌고, 그만큼 경쟁업체들에 대한 관심이 줄어들긴 하지만, 그렇다고 경쟁업체들이 시야에서 멀어지는 것은 원하지 않는다고 덧붙인다.

경쟁업체들(위치 5)과 고객들 사이의 연관성은 약해진 모습이다. 경쟁업체들의 대리인은 뒤로 밀리는 기분이 들지만 여전히 고객들의 시야에서 완전히 사라진 것은 아니며 스스로의 존재감을 느낄 수 있다고 한다.

'회사의 설립 목적'(위치 7)은 고객들과 가까이 서 있는 게 가장 좋다고 말한다. 아울러 하루 빨리 회사가 '재도약' 했으면 하는 마음이 든다고 이야기한다.

W씨는 사장과 직원들 사이에서 이처럼 편안한 느낌이 들 수 있다는 사실에 놀라워한다. 그가 사장에 대해 느꼈던 우월감이나 오만함은 존경심으로 변한다. 이제 그는 직원들에게 거부당하지 않고 그들 무리 속에 포함된 느낌, 받아들여진 느낌이 든다고 토로한다. 하지만 그 역시도 여전히 직원들과 약간의 거리를 두고 싶어한다. "천천히 직원들의 속마음을 알아봐야 할 것 같은데요."

W씨는 새로이 소속감을 느낄 수 있어 무엇보다 기쁘다면서 조직체의 화합이 자기에게 힘을 준다는 사실을 깨닫는다. 직원들의 지지가 그에게 고객들과 설립 목적을 향해서 나아갈 수 있도록 도와줄 것이라는 사실도 알게 된다. 경쟁업체들을 쳐다봐도 고개를 돌리고 싶다는 마음이 들지 않는다면서, "경쟁업체들을 등 뒤에 두는 것보다 제가 볼 수 있는 자리에 두는 게 나아요"라고 말한다.

이제 대리인이 나가고 의뢰인인 W씨가 해결책에 이른 최종 이미지 속에 세워진다. 그 자리에 선 느낌이 어떤지 그리고 처음에 그가 세운 조직체의 모습과 지금의 모습이 어떻게 다른지 느껴볼 수 있는 시간이 그에게 주어진다.

코치 _ 지금 서 있는 새로운 자리가 어떠세요?

W씨 _ 낯설어요. 더 이상 저 혼자 우뚝 서 있는 게 아니라 남들과 같은 줄에 서 있는 느낌이에요. (그가 잠시 호흡을 고르기 위한 시간을 갖는다.) 하지만 이렇게 서니까 어깨 위에 지고 있던 짐을 벗어버리는 것 같아 좋습니다.

코치 _ 다시 한 번 직원들을 보세요. 그리고 회사에서 그들과 함께 늘 해오던 업무를 다시 함께 해나간다고 생각해 보세요.

W씨 _ (직원들의 눈을 바라본다.) 지지와 협조의 분위기가 느껴집니다. 이런 관계를 계속 유지할 수 있다면 잘될 것 같군요.

코치 _ 자, 고객들의 눈을 한번 보세요. (W씨와 고객들의 대리인이 서로를 마주보더니 미소를 짓는다.)

코치 _ 자, 뭐 이상한 점이 있나요?

W씨 _ 아니요, 아주 좋습니다.

코치 _ 그러면 여기서 마무리 짓겠습니다.

세션이 종료된다.

긴장 관계

이 젊은 경영자 W씨의 어깨 위에는 회사를 위기에서 구해야 한다는 엄청난 기대감이 무거운 짐처럼 올려져 있었다. 짐이 산더미처럼 무거웠지만 그는 이 막중한 임무를 받아들였다. 그가 이러한 무리한 선택을 한 데에는 어쩌면 그의 성격이나 가족체에서 습득한 역할이 작용했을 수도 있다. 가족 세우기를 통해서 자신의 개인적인 성향이나 가족체적 영향 관계를 탐구해 본다면 이러한 부분을 더 깊이 찾아낼 수 있을 것이다.

사장은 과거의 비즈니스 파트너와 완전한 결별을 하지 못한 상태였다. 조직 세우기 세션에서 그가 이별을 완료하는 쪽으로 한 발 더 걸음을 내딛으면서, 그는 비로소 과거의 파트너를 완전히 떠나보낼 수 있었다. 그리고 모든 에너지를 회사에 쏟아 부을 수 있었다. 그럼에도 사장의 에너지의 한 부분은 여전히 회사가 아닌 다른 곳에 가 있었다. 그것이 바로 그가 구체적인 상황에서 벗어나 자꾸만 시선을 먼 곳에 두는 이유이기도 했다. W씨와 마찬가지로 이러한 면은 회사와는 무관한 가족체에서 그 원인을 찾을 수 있다. 따라서 가족 세우기를 통해 이 문제를 중점적으로 다루어볼 필요가 있다.

조직체적 법칙의 파괴

새로운 경영 관리자인 W씨는 자기한테는 자격이 주어지지 않은 자리에 발을 내밀었다. 가장 늦게 조직체에 참여했으면서 제일 높은 자리에 앉으려 했고, 회사의 우두머리(사장)의 위치를 차지하려는 오만함을 보였다. 그로 인해 조직체 안에 존재하는 '서열의 법칙' 중 가장 기본적인 원칙이 파괴되었다. 또한 자기보다 더 오랫동안 회사에서 근무해 온 직원들도 존중하지 않았다. "먼저 온 사람이 나중에 온 사람보다 우선이다"라는 서열상의 우선 순위 법칙을 파괴한 것이다.

직원들은 자신들의 역할과 사장의 위치에 혼돈을 느낄 수밖에 없었다. 그들이 W씨를 향해서 "당신은 사장님에게 미안한 마음을 가져야 합니다"라고 말한 데서도 그 마음 상태를 알 수 있다. W씨와의 관계에서 직원들은 상사로서 그의 역할을 인정하지 않는 방식으로 그의 부적합한 역할에 대한 불편한 감정을 나타냈다.

세션 이후 W씨의 회사에는 많은 변화가 일어났다. 커뮤니케이션의 경로가 명확히 그어지면서 회사는 다시 번창하기 시작했고, W씨의 건강도 빠르게 좋아졌다.

함께 성장하기 위해서
필요한 게 뭡니까?

배경 정보

소비재를 생산하는 꽤 큰 규모의 한 독일계 회사가 몇 년 동안 사업
이 번창하면서 회사 규모를 확장하기로 마음먹었다. 회사는 이미 규
모가 작은 여러 경쟁 업체들을 사들였지만 가장 큰 라이벌은 프랑스
계 회사였다. 오랜 협상 끝에 회사는 마침내 프랑스계 경쟁 업체를
매입할 수 있었다. 이제 종전보다 더 커진 회사는 독일식 이름을 내
걸고 확대 경영에 돌입하게 되었다. 프랑스 회사의 이름은 부수적으
로만 언급되었다.

"바뀐 건 아무것도 없습니다. 여러분은 지금까지 해왔던 대로 일하
면 됩니다." 회사의 최고 경영자는 직원들, 특히 프랑스 쪽 직원들에
게 그렇게 힘주어 말했다. 독일인 경영진은 합병이 완료되는 대로 종
전처럼 정상적인 업무가 진행되길 바랐고, 모든 것이 순조롭게 움직

이는 것처럼 보였다. 시장에서의 반응도 긍정적이었고, 회사의 주식 역시 상승세를 탔다.

끊이지 않는 논쟁

그러나 얼마 지나지 않아 한쪽에서 심각한 문제가 발생했다. IT 시스템 전체를 표준화시켜야 했는데 경영진은 프랑스 회사 출신 직원들이 독일식 기준과 처리 방식을 따라줄 것을 기대했다.

"문제없습니다. 당연히 우리가 협력해야지요." 프랑스인 관리자들은 긍정적인 반응을 보였다. 독일 본사에서 IT 기술자들로 구성된 팀이 프로젝트를 시작하기 위해 프랑스인 동료들과 프랑스를 방문했다. 첫 번째 회의에서 양쪽은 만족스럽게 회의를 끝마친 것처럼 보였다. 프랑스인들은 우호적이었지만 능동적으로 나서지는 않았다. 독일인들은 프랑스인들의 문화와 정서에 익숙하지 않았기 때문에 별다른 거부나 논쟁을 일으키지 않는 프랑스인들의 태도를 동의의 표현으로 여겼다.

며칠 후 회의에서 논의한 내용을 실제에 적용하기 시작하자 프랑스인들이 갑자기 찬물을 끼얹고 나섰다. 그들은 1차 회의 때 이미 동의한 독일 시스템의 수용을 단호하게 거부했다. 그들은 독일식 시스템이 프랑스 쪽과 호환이 안 되기 때문에 프로젝트를 수행할 수 없다고 주장했다. 독일인 기술자들은 돌변한 상황에 당황스러워했다. "하지만 당신들도 동의하지 않았습니까? 이미 다 따져보았고 결정이 난 사항인데 지금 와서 무슨 소리를 하는 겁니까?"

독일인 기술자들의 주장에 프랑스인 기술자들도 지지 않았다. "그런 식으로는 일할 수가 없습니다." 프랑스인 기술자들은 독일 시스템이 유연성이 없어 문제가 생겼을 때 해결하기가 곤란하다고 주장했다.

경영진은 프랑스인 기술자들의 주장에 아랑곳하지 않고 프로젝트를 밀어붙였다. 프랑스인 기술자들이 크게 반발했지만 경영진은 압력과 제재, 명령으로 그들을 몰아붙였고, 그 후 끊이지 않는 논쟁으로 업무에 타격이 가해지면서 여러 가지 손실이 발생했다. 상황이 이렇게 되자 독일 회사의 사장은 양쪽의 갈등이 자신들이 원하는 방식으로는 해결될 수 없음을 깨닫고 우리에게 자문을 요청했다.

조직체적 접근을 통한 중재

우리는 먼저 조직체와 관련된 문제를 논의하기 위해 독일 쪽 중역 중한 사람인 B 박사를 만났다. "어디에 문제가 있다고 생각하느냐?"는 우리의 질문에 그는 단지 고개를 갸웃거릴 뿐이었다.

"우리가 당신들을 찾아온 이유가 그거 아니겠습니까? 우리 쪽 입장에서 보자면 우리가 할 수 있는 일은 다 해봤다고 생각합니다. 프랑스 쪽 기술자들이 독일 IT 시스템으로 작업할 수 있도록 재교육도 시켰어요. 그런데도 저쪽 기술자들은 여전히 반발이 심하니, 거기에 대해선 우리도 뭐라고 설명할 방법이 없습니다."

문제의 원인을 더욱 구체화하기 위해서 우리는 조직 세우기 세션을 제안했다. B 박사는 이런 작업에 익숙하지 않지만 새로운 접근법을 시도해 보고 싶다고 했다. 여기엔 다른 방법들에 비하면 조직 세우기 방법이 시간이나 비용 면에서 저렴한 측면도 작용했다.

조직 세우기 세션

B 박사는 조직 세우기에서 다루어보고 싶은 문제를 이렇게 표현했다. "저의 목적은 원만한 업무 관계를 만들어내는 것입니다. 프랑스 쪽 직원들과 독일 쪽 직원들이 긴장감 없이 서로 조화로운 관계를 이어갔으면 좋겠어요. 지금 벌어지고 있는 갈등의 실체가 무엇인지도 정확하게 알고 싶습니다."

세션에 필요한 정보를 충분히 얻은 다음, 코치는 B 박사에게 세미나에 참석한 사람들 중에서 대리인들을 선택하고 자신의 느낌에 따라 그들을 한 사람씩 세우라고 요청했다.

- **의뢰인의 대리인:** B 박사라고 지칭함
- **프랑스 쪽 직원들의 대리인:** 한 사람이 전체를 대신함
- **독일 쪽 직원들의 대리인:** 한 사람이 전체를 대신함
- **합병되기 전의 프랑스 회사:** 한 사람이 대신함
- **공동의 목표:** 한 사람이 대신함

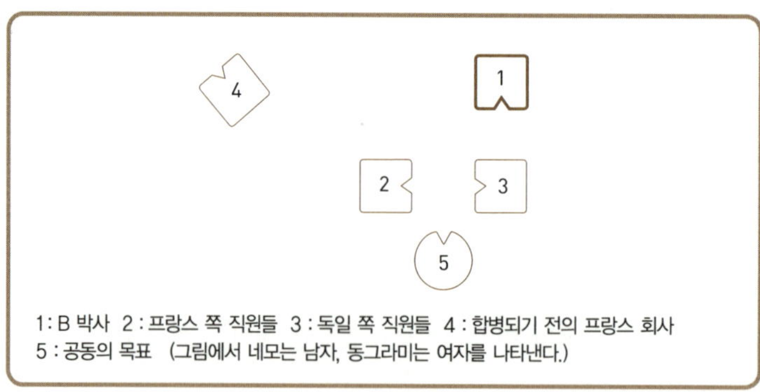

그림 1 현재의 상황

B 박사

B 박사는 독일 쪽 직원들을 바라보고 있다. 독일 쪽 직원들은 프랑스 쪽 직원들을 바라보고 있다. 공동의 목표는 B 박사로부터 조금 떨어진 곳, 프랑스 쪽 직원들과 독일 쪽 직원들 사이에 서 있다. 합병되기 전의 프랑스 회사는 왼쪽 먼 곳에 떨어져 있고 고개는 바깥을 향해 있다.

코치 _ 지금 B 박사의 대리인은 느낌이 어떤가요?

B박사 _ 독일 쪽 직원들과 공동의 목표의 존재감은 확실한데, 프랑스 쪽 직원들에 대해서는 조바심과 함께 짜증스러움이 올라오네요. 공동의 목표가 저를 보고 있지 않은데, 당장 고개를 돌려서 저를 바라봐야 한다고 생각합니다! 제 오른쪽에 서 있는 사람(합병되기 전의 프랑스 회사)이 누구인지 모르겠네요. 솔직히 저 사람이 누구의 대리인으로 세워졌는지 기억나지 않아요.

프랑스 쪽 직원들

프랑스 쪽 직원들의 대리인은 독일 쪽 직원들의 대리인과 정면으로 마주보고 서 있다.

코치 _ 지금 어떠세요? 서 계신 모습이 별로 편해 보이지 않는군요.

프랑스 쪽 직원들 _ 여기 서 있는데 몸이 완전히 뒤틀려 있는 것 같아요. 감정도 뒤죽박죽이에요. 몸을 자꾸 왼쪽으로 돌리고 싶은 강한 충동을 느껴요. 그 느낌이 아주 강해요.

코치 _ 느낌에 따라서 움직여보세요.

프랑스 쪽 직원들의 대리인이 왼쪽으로 돌아서더니 B 박사를 정면으로 마주본다. 이 자리가 맞다는 듯 고개를 끄덕인다.

프랑스 쪽 직원들_예, 이게 맞습니다. 뭔가 이쪽에서 해결해야 할 문제가 있는 것 같아요. 앞에 서 있는 사람(B 박사의 대리인을 가리킨다)을 보면 극도로 분노가 치밉니다.

코치가 대리인에게 현재의 감정을 몸짓이나 문장으로 표현해 보라고 요청하자 그는 주저하면서 바깥에서 세션을 지켜보고 있는 의뢰인 B 박사에게 고개를 돌린다. B 박사의 옆모습을 응시하면서 프랑스 쪽 직원들의 대리인이 미안해하는 얼굴로 말한다. "글쎄, 상황이 좀 거칠어질 수도 있을 것 같은데요."

우리는 프랑스 쪽 직원들의 대리인으로서 그 느낌을 있는 그대로 표현해 보라고 요청한다. 잠시 후 대리인이 서 있는 자세에 변화가 오는가 싶더니 모멸감에 찬 어조로 버럭 소리를 지른다. "집어치워! 당신 마음대로 해!" 말을 마친 대리인은 소리가 다 들릴 정도로 크게 숨을 내쉰다.

코치_아하! 그게 바로 문제였군요.

B 박사의 대리인은 이 갑작스런 상황에 상당히 자극을 받은 것처럼 보인다. 잠시 후 코치가 프랑스 쪽 직원들에게 더 하고 싶은 말이 있느냐고 묻는다.

프랑스 쪽 직원들_ 제 등 뒤 대각선 방향으로 누군가(합병되기 전의 프랑스 회사) 서 있는 것 같습니다. 뭔가 무겁고 심각하다는 느낌이 들어요. 공동의 목표 역시 사람을 가만히 내버려두지 않고 밀어붙이는 성향이 있는 것 같아요. 마치 동료들과 저 사이에 끼어들고 싶어 하는 것처럼 말이에요.

독일 쪽 직원들

코치_ 독일 쪽 직원들은 어떠세요? 처음에 섰을 때의 느낌은 어땠고, 프랑스 쪽 직원들이 당신한테서 등을 돌리고 난 뒤의 느낌은 어떠세요?

독일 쪽 직원들_ 처음에 프랑스 쪽 직원들과 우리가 마주보고 서 있었을 때는 굉장히 불편했어요. 제가 비난을 받고 있다는 느낌과 함께 이런 생각도 들었어요. "이봐, 자네가 사람을 잘못 골랐어!" 하는. 프랑스 쪽 직원들이 돌아서니까 안도감이 들어요. 제 오른쪽에 서 있는 사람(B 박사)이 저를 지지해 주고 있는 것 같은데, 사실 저는 그 사람에게 상당히 비판적이에요. 공동의 목표는 너무 강압적이고 너무 가깝게 서 있는 것 같아요. 바깥쪽을 바라보고 있는 대리인한테는 별다른 느낌이 없어요.

합병되기 전의 프랑스 회사

합병되기 전의 프랑스 회사의 대리인은 고개를 떨어뜨린 채 다른 사람들로부터 멀리 떨어져 있다. 그는 다른 방향을 향해 서 있다.

코치_ 다른 사람들로부터 멀리 떨어져 있는 기분이 어떠세요?

합병되기 전의 프랑스 회사_길을 잃어버린 것 같아요. 실망한 것 같기도 하고 체념한 것 같기도 해요.

코치_다른 자리로 가고 싶은 마음이 있나요?

합병되기 전의 프랑스 회사_예, 돌아서고 싶어요.

코치_일단 잠깐만 그 상태로 머물러 계세요.

공동의 목표

공동의 목표를 나타내는 대리인은 독일 쪽 직원들과 프랑스 쪽 직원들에게서 그다지 멀리 떨어지지 않은 곳, 두 사람 사이에 서 있다.

코치_공동의 목표를 나타내는 대리인은 느낌이 어떤가요?

공동의 목표_이 자리는 제 자리가 아니에요. 여기서는 주변에 있는 사람의 눈을 전혀 바라볼 수가 없어요. 곁눈질로라도 누군가를 바라보려면 굉장한 노력이 필요해요. 거리가 너무나 가까워서 뒤로 좀 물러났으면 좋겠어요.

코치_원하는 대로 움직여보세요.

공동의 목표를 나타내는 대리인이 뒤로 몇 걸음을 떼놓더니 길게 한숨을 내쉬면서 말한다. "이제야 숨을 쉴 수가 있네요."

B 박사

코치가 세션을 지켜보고 있는 의뢰인 B 박사에게 질문을 던진다.

코치_이 상황에 대해서 뭐라고 하고 싶은 말이 있나요?

B 박사_ 지금 제 두 눈으로 보고 있는 이 상황이 가슴에 와 닿습니다. 하지만 여전히 프랑스 쪽 직원들의 반응은 잘 이해되지 않아요.

코치_ 당신이 원래 프랑스 회사의 대리인을 어디에 세웠는지 그리고 프랑스 회사의 대리인이 뭐라고 말했는지 기억한다면, 지금 회사에서 일어나는 갈등의 원인을 알 수 있을 것 같은데요. 합병되기 전의 프랑스 회사는 당연히 받았어야 할 대접을 받지 못했습니다. 존재를 제대로 인정받지 못했다고 말할 수도 있겠네요. 그런 일은 회사에 큰 영향을 끼치게 됩니다.

중재의 단계

먼저 코치는 합병되기 전의 프랑스 회사의 대리인에게 전체를 볼 수 있도록 돌아서 보라고 요청한다. 합병되기 전의 프랑스 회사는 몸을 돌려세운 뒤 안도감을 느끼는 것처럼 보인다. 그 다음으로 코치는 B 박사를 합병되기 전의 프랑스 회사를 볼 수 있도록 돌려세운다. 또한 프랑스 쪽 직원들과 독일 쪽 직원들도 돌려세운다. 그런 뒤 코치가 서로의 존재를 인정하는 문구를 각자에게 제시한다. B 박사는 합병되기 전의 프랑스 회사를 향해서 이렇게 말한다. "당신이 없었다면 새로 합병한 우리 회사는 오늘에 이르지 못했을 겁니다."

그런 다음 코치가 B 박사에게 프랑스 회사를 향해서 허리를 굽혀서 인사를 하라고 요청한다. 반절 인사는 해결의 과정을 가속화하고, 그들이 지고 있는 짐의 일부를 내려놓게 하는 효과가 있다. 독일 쪽과 프랑스 쪽 직원들 역시 유사한 방법으로 프랑스 회사에 존경심을 표현한다.

중재가 진행되는 동안, 의뢰인인 B 박사는 합병 이후 프랑스 쪽 직원들의 요구에 거의 관심을 기울이지 않았다는 사실을 깨닫게 된다. 여기서 이 문제와 관련해 장시간의 문제 해결 과정이 진행된다. 이 부분이 해결되지 않은 상태에서는 B 박사가 제시하는 어떠한 약속도 프랑스 쪽 직원들이 받아들이지 않을 게 뻔했기 때문이다. B 박사가 나중에 사용한 해결의 문구인 "미안합니다. 우리가 당신들을 무시하고 당신들의 요구에 귀 기울이지 않았습니다. 하지만 이제부터는 달라질 겁니다"라는 말이 무게감을 얻기 위해서는 우선 B 박사가 그들의 존재부터 인정하는 과정을 거쳐야 한다.

프랑스 쪽 직원들은 독일 쪽 직원들의 맞은편에 서 있다. 앞에서 기술된 중재 과정이 끝나고, 양측은 서로를 바라보기가 한결 쉬워졌다고 말한다. 프랑스 쪽 직원들의 대리인이 독일 쪽 직원들에게 다음과 같이 말한다. "우리가 당신을 적대적으로 대해야 할 이유가 없습니다. 만일 당신이 우리가 서 있는 방향으로 한두 걸음 다가올 수 있다면, 둘이 함께 좋은 팀을 만들 수 있을 거라고 생각합니다."

이제 독일 쪽 직원들은 B 박사와 얼굴을 마주 대한 상태로 세워진다. 독일 쪽 직원들의 대리인은 B 박사를 비난하는 듯한 태도는 누그러졌지만 여전히 그를 향해 힐난하는 마음을 표현하고 싶어한다. "당신은 우리를 곤혹스럽게 만들었습니다. 회사의 간부로서 당신은 프랑스 쪽 직원들과 우리가 화합할 수 있도록 도와주어야 했는데, 오히려 모든 문제를 우리 몫으로 떠넘기고 말았습니다."

이 말을 하고 난 독일 쪽 직원들은 분노가 누그러지면서 이제야 B 박사의 이야기를 들을 준비가 되었다고 말한다. B 박사가 "미안합니다. 내가 부주의했습니다. 모두가 우리 간부들의 책임입니다"라고 말한다.

　마침내 독일 쪽 직원들과 프랑스 쪽 직원들이 공동의 목표를 바라볼 수 있게 된다. 공동의 목표를 나타내는 대리인이 상기된 목소리로 현재의 심정을 표현한다. "이만하면 충분해요. 저는 이제 더 이상 뒷줄에 서 있지 않겠습니다. 이제는 내가 속해 있는 자리에 서고 싶습니다." 양측의 직원들은 이제 함께 공동의 목표를 이루기 위해서 도전해 보고 싶은 의욕이 생겼다고 말한다.

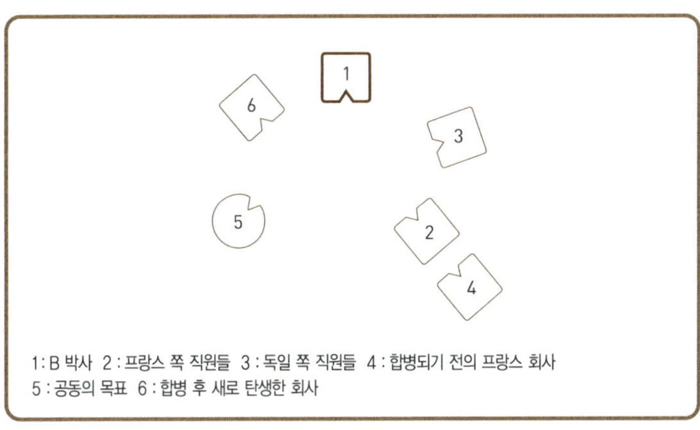

그림 2 해결책에 도달한 모습

해결의 이미지

B 박사(위치 1)의 경우 전체를 바라볼 수 있는 위치에 있어야 한다. 자리를 바꾸고 난 뒤 B 박사는 오른쪽에 마치 무언가 빠져 있는 것 같은 '텅 비어 있는' 느낌이 든다고 말한다. 코치는 합병 후 새로 탄생한 회사의 대리인을 세워본다.(위치 6) 대리인이 세워지자마자 B 박사가 말한다. "바로 그겁니다."

독일 쪽 직원들(위치 3)은 B 박사의 왼쪽 옆자리가 가장 잘 맞는 자리이지만 약간의 거리를 두는 게 좋다고 덧붙인다. 프랑스 쪽 직원들(위치 2)은 독일 쪽 직원들의 왼쪽에 세워진다. 그 자리에서 그들은 독일인 동료들과 B 박사 그리고 회사 전체와 교류할 수 있다. 무엇보다도 중요한 것은 합병되기 전의 프랑스 회사가 프랑스 쪽 직원들에게 힘을 실어줄 수 있도록 그들의 등 뒤에 세워져야 한다는 사실이다.

합병되기 전의 프랑스 회사(위치 4)의 대리인은 현재의 느낌이 어떠냐는 물음에 이렇게 대답한다. "지금은 아주 좋아요. 약간 뒤로 물러서고 싶은 느낌이 들긴 해요. 하지만 새로운 회사에서 제가 충분히 배려받고 있다는 느낌이 듭니다."

프랑스 쪽 직원들에게는 합병되기 전의 프랑스 회사의 존재가 여전히 중요하게 작용하므로 가까운 자리에 둘을 세워야만 한다. 프랑스 쪽 직원들에게는 자신들의 요구가 무시당했다는 사실이 큰 상처로 남아 있는 까닭에 새로운 경영진을 신뢰하기까지 시간이 더 걸릴 수 있기 때문이다. 그래서 프랑스 쪽 직원들은 합병되기 전의 프랑스 회사가 등 뒤에서 자리를 잡고 서 있어주기를 원한다.

공동의 목표(위치 5)의 대리인에게 맞는 자리를 찾는 일은 그다지 어렵지 않다. 공동의 목표에게 가장 중요한 점은 전체를 볼 수 있어야 한다는 것과 전체가 공동의 목표를 볼 수 있어야 한다는 것이다.

끝으로 코치는 B 박사의 대리인을 자리에서 나오게 한 뒤 의뢰인을 그곳에 세운다. B 박사는 그 자리에서 처음 조직체를 세웠을 때와 지금의 느낌이 어떻게 다른지 살펴보는 시간을 갖는다. 그가 주변에 서 있는 사람들을 하나하나 둘러보기 시작한다. 그의 오른쪽에 서 있는 합병 후 새로 탄생한 회사로부터 충분히 지지를 받고 있다는 느낌이 그의 얼굴에 역력하다. B 박사는 오랫동안 프랑스 쪽 직원들을 뚫어지게 쳐다보더니 믿을 수 없다는 표정으로 고개를 흔든다. "믿을 수가 없군요. 대리인의 표정이 저렇게 편안해 보이다니. 이런, 당장 회사로 돌아가서 프랑스 쪽 직원들의 표정이 정말로 저런지 확인해 봐야 할 것 같은데요. 여기서 보이는 모습과 실제의 모습이 정말로 똑같은지 보지 않고는 못 믿겠네요."

B 박사의 말에 묻어나는 회의적인 느낌을 감지한 코치는 그의 대리인이 세션을 통해서 경험한 과정을 현재 서 있는 자리에서 잘 한번 이해해 보라고 조언한다. 대리인들은 실제로 그 사건에 연관된 사람들, 곧 그들이 대신하고 있는 사람들보다 훨씬 빨리 세션 안에서 일어나는 변화의 과정을 이해한다. 회사에서 벌어지고 있는 문제에 직접 얽혀 있지 않기 때문에 훨씬 더 자유롭게 반응할 수 있는 것이다.

코치 _ 꽤 비판적이군요. 괜찮다면 단계를 하나 더 추가해 볼까요? (B 박사가 코치의 제안에 동의한다.)

코치는 의뢰인에게 프랑스 쪽 직원들을 마주보라고 요청한다. 그런 다음 직원들을 향해서 이렇게 말해보라고 제안한다. "당신들에게 일어난 일에 대해서 미안하게 생각합니다. 이제부터라도 힘닿는 대로 당신들의 뒤를 받쳐주겠습니다."

코치 _ 지금 한 말이 옳게 느껴집니까?
B 박사 _ 마음이 아주 편안합니다.

B 박사의 솔직한 마음은 프랑스 쪽 직원들에게도 전해진다. 다음 단계에서 코치는 B 박사를 합병되기 전의 프랑스 회사의 맞은편에 세운다. 그런 다음 다시 한 번 그에게 해결의 문구를 표현해 보라고 제안한다. B 박사는 "당신 회사가 없었다면, 우리의 새로운 회사는 오늘에 이르지 못했을 겁니다"라고 말한 뒤, 합병되기 전의 프랑스 회사를 향해서 정중하게 고개를 숙여 존경심을 표한다. 그런 다음 처음에 서 있던 자리로 되돌아간다.

이번에는 합병 후 새로 탄생한 회사가 프랑스 쪽 직원들과 합병되기 전의 프랑스 회사를 향해서 같은 말을 한 뒤 고개를 숙여 인사한다. B 박사의 얼굴에 안도감과 편안함이 역력하다. 코치는 그에게 혹시 더 하고 싶은 말이 있느냐고 물어본다. "방금 우리가 과거에 빠뜨렸던 아주 중요한 절차를 마무리 지었다는 생각이 듭니다."

대리인들 모두가 역할 밖으로 나온 뒤 세션이 종료된다.

긴장 관계

회사의 확장 과정에서 경영진은 마땅히 겪어야 할 일종의 성장통과도 같은 과정을 간과해 버렸다. 즉 규모 확장 계획에 따른 경제적 측면만 고려했지, 프랑스 쪽 회사와 직원들이 합병 과정에서 겪을 어려움에 대해서는 중요하게 생각지 않았다. 그로 인해서 프랑스 쪽 직원들은 위기감을 느끼고 저항했다. 회사의 경영진을 대표하는 B 박사는 무의식적으로 이에 따른 갈등을 직원들 스스로 해결하라며 그들 어깨 위에 짐을 지워준 셈이었다. 처음에 의뢰인이 세운 조직체의 모습을 보면, 프랑스 쪽 직원들과 독일 쪽 직원들이 서로 마주보고 서 있었다. 이 모습은 대개 맞대결 구도를 의미한다. 프랑스 쪽 직원들의 대리인이 분명한 어조로 "이 갈등은 다른 사람들이 해결해야 한다"고 말한 것은 문제를 해결해야 할 당사자가 프랑스나 독일 쪽 직원들이 아닌 독일 쪽 경영진이라는 뜻을 담고 있다.

조직체적 법칙의 파괴

회사가 이름을 바꾸면서 프랑스 회사의 고유한 정체성과 역사가 제대로 인정받지 못했다. 나아가 조직 구성원으로서 직원들이 가져야 할 소속의 권리와 프랑스인으로서의 정서를 유지할 권리도 존중받지 못했다. 또 의도된 것은 아니지만 독일인들, 특히 프랑스에서 공동 프로젝트에 참여한 IT 전문가들은 서열의 법칙, 곧 먼저 온 사람(프랑스인들)이 나중에 온 사람(독일인들)보다 우선이라는 조직체적 법칙을 파괴하고 말았다.

해결책의 실제 적용

이제 프랑스 회사의 이름은 합병 회사의 로고 두 번째 줄에 새겨지게 되었다. 비록 동등한 파트너는 아니지만 그 존재가 인정받게 된 것이다. 자신들의 일에 대한 내부적인 처리 과정도 프랑스인들에게 주도권이 주어졌다. 흥미로운 것은 얼마간 시간이 지난 뒤 독일식 IT 시스템이 아무런 어려움 없이 프랑스 회사에 정착되었다는 사실이다.

또 직원들이 합병 과정을 거부감 없이 받아들일 수 있도록 실제적인 트레이닝 프로그램에 팀워크와 커뮤니케이션을 위한 프로그램이 포함되었다. 그 안에는 독일 쪽 직원들과 프랑스 쪽 직원들이 서로의 문화를 좀더 깊이 있게 이해할 수 있는 프로그램도 있었다. 그뿐 아니라 관리자들과 경영진들이 서로의 경영 방식을 익힐 수 있도록 특별 코칭 프로그램도 제공되었다.

합병 회사의 경우, 합병을 주도한 회사는 상대적으로 약한 파트너에게 더 큰 관심을 기울여야 한다. 그렇지 않으면 갈등이 일어났을 때 양쪽 모두 상대방의 부정적인 측면만 부각시켜 과민하게 대응할 수 있다. 서로 다른 문화권 사이에서 합병이 이루어졌을 경우, 양측이 시야를 넓힐 수 있는 방법을 익히는 게 중요하다.

애쓴 만큼
보상을 받고 싶어요

배경 정보

중소기업 규모의 한 가업형 회사가 세 개의 자회사를 거느리고 있었다. 그 중 두 개의 회사(A와 B)는 흑자를 냈지만, 다른 한 회사(C)는 제품의 품질도 좋고 시장 상황도 좋은데 계속해서 적자를 기록했다. A와 B사의 경영자들은 미래가 불확실한 C사를 살리기 위해 자신들의 이익을 계속해서 희생하고 싶지 않았다.

이 상황이 특별히 격한 감정을 불러온 이유는 경영자 셋이 친형제들이기 때문이었다. 아버지이자 회사의 창업자가 퇴진하고 난 뒤 세 아들은 세 개의 자회사를 나누어 갖고 하나씩 경영하게 되었다. 세 사람이 개인적으로 만나거나 접촉하는 경우는 아주 드물었다. 대개 일과 관련된 회의가 있을 때만 만났는데, 그때마다 셋째아들에게 비난이 쏟아졌다. 그가 맡은 C사의 생산 손실이 막대했기 때문에 그 책임을 묻는 것이었다. 결국 세 형제는 C사의 문제를 해결하기 위해 비즈니스 컨설턴트를 고용했다.

손실을 유발하는 분야의 구조 조정

컨설턴트는 C사가 가진 문제의 경제적 측면과 조직적 측면에 관한 다양한 연구와 분석을 내놓고, 사업 구조를 조정하는 방법까지 제시했다. 세 명의 경영자는 컨설턴트가 분석한 내용에 동의하며 구조 조정 방법을 받아들이기로 했다. 컨설턴트의 도움으로 세 사람은 이 회사의 문제를 개념화하고 조직을 재정비하기 시작했다. 조직의 서열도 바꾸고 판매 강화를 위한 방법들도 시행했다. C사의 직원들은 이 세 경영자의 낙관론에 고무되어 새로운 열정을 가지고 일에 임했다.

모든 것이 잘 진행되는 것 같았지만 눈에 보이는 성과는 없었다. 소비자들도 약간의 관심을 보이는 정도에 그쳤다. 특이한 점은 전반적인 측면에서 컨설팅을 했음에도 불구하고 C사가 별다른 성과를 보이지 않자 세 형제들도 더 이상 뭘 해보려 하지 않고 곧 예전의 업무로 돌아갔다는 것이다. C사를 포기하자는 의견도 받아들여지지 않았다. 그럴 경우 셋째아들의 회사가 없어지는 것은 물론, 세 아들의 관리 하에 회사가 지속되기를 바랐던 선친의 뜻을 저버리게 되기 때문이었다.

우리는 셋째아들과 개인적으로 친분이 있는 지인에게서 회사를 조직체적인 측면에서 자문해 달라는 요청을 받았다. 우리는 먼저 셋째아들을 가족 세우기 워크숍에 참여시키기로 했다. 이와 같은 문제에서는 가족 내의 얽힘 관계를 먼저 알아보는 것이 중요하다는 판단에

서였다. 가족 세우기 워크숍을 통해 셋째아들이 무의식 깊은 곳에서 가족 가운데 제대로 존중받지 못하고 잊힌 사람을 대신하고 있다는 사실이 밝혀졌다. 셋째아들이 대신하고 있는 사람은, 확실한 증거가 없는 상태에서 고발을 당해 고통을 겪었던 사람으로, 그로 인해 그의 자녀들도 부당한 취급을 받아야만 했다. 결국 그는 가족 사이에서 입에 올려서는 안 되는 존재가 되었고, 가족 구성원으로서 소속권을 박탈당한 꼴이 되었다.

우리는 가족 내의 얽힘 관계에서 가족 중 누군가는 제외당한 어떤 사람을 '대신' 하는 것을 종종 보아왔다. 이것은 곧 제외당한 가족 구성원을 '대신하는 사람' 이 보상의 한 방법으로서 스스로 고통을 당한다든지 제외당한 사람과 일치감을 보여주는 행위를 무의식적으로 하게 된다는 뜻이다.

가족 세우기 세션을 통해 내적인 변화를 겪고 난 셋째아들 S씨는 좀더 자신감에 찬 모습을 보였다. S씨는 가족 세우기 세션을 통해 큰 도움을 받은 방법으로 회사 문제도 해결하고 싶어했다. 두 형제도 여기에 동의는 했지만, 이 역시 무용지물로 끝나고 말 것이라며 큰 기대는 하지 않았다.

조직체적 접근을 통한 중재

S씨와의 만남에서 우리는 다음과 같은 필요한 정보를 수집했다.

- 누가, 언제 회사를 설립했는가?
- 언제 자회사들이 만들어졌는가?

● 직원들이 한꺼번에 사직하거나 해고된 적이 있는가?

● 존중받지 못하거나 잊힌 사람 또는 영역이 있는가?

모든 것이 별 문제가 없어 보였다. 그가 경영하고 있는 C사는 오랫동안 본사에 소속되어 있었다. 창업자인 아버지가 이 회사를 인수했고, 처음에는 모든 게 무난하게 굴러가는 듯했지만 제2차 세계대전 이후 하락세를 보이기 시작했다. 다른 자회사들이 상승세를 탈 때도 이 회사만은 하락 곡선을 회복하지 못했다.

우리는 이 회사의 인수 과정을 좀더 자세히 물었고, 결국 회사가 가진 문제의 뿌리가 멀리 1930년대에 3형제의 아버지가 유태인 사장 한테서 이 회사를 인수하던 때에서 비롯된다는 것을 알게 되었다. '아리안 우월주의'가 판치던 당시 나치들이 한 유태인 가족에게 실제 가치보다 훨씬 낮은 가격으로 사업체의 매각을 강요했던 것이다. 그 후 이 유태인 가족의 소식을 들은 사람은 아무도 없었다. 사업이 번창하면서 누구도 이 사건을 중요하게 생각하지 않았고, 기존 직원들도 이 회사에 그대로 남아 있었다. 이런 사실을 들려주면서 S씨는 깊은 생각에 잠기는 듯했다.

조직 세우기 세션

S씨의 조직 세우기 세션은 회사와 직접적인 관련이 없는 중립적인 대리인들의 도움을 얻어 진행되었다. S씨는 조직 세우기 세션을 통해 다루고 싶은 문제를 다음과 같이 표현했다.

"우리 회사는 분명한 이유도 없이 이윤을 창출하지 못하고 있습니다. 제가 바라는 것은 우리 회사가 만드는 훌륭한 생산품이 시장에서 경쟁력을 갖고 성공하는 것입니다. 또 이렇게 이윤을 내지 못하는 배경에 어떤 힘이 작용하고 있는지 알고 싶습니다."

우리는 S씨에게 세미나에 참여한 사람들 중에서 대리인들을 선택하고, 내면의 느낌에 따라서 한 사람씩 자리에 세우라고 요청했다.

- **의뢰인 자신:** 자회사 C의 경영자. 세션에서는 S씨로 지칭함
- **그의 아버지:** 사망, 회사의 창업자
- **큰형:** 자회사 A의 경영자
- **둘째형:** 자회사 B의 경영자
- **시장:** 한 사람이 전체를 대신함
- **소비자들:** 한 사람이 전체를 대신함

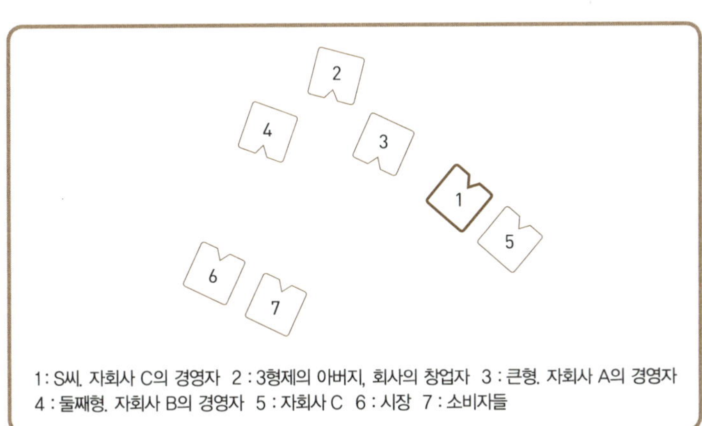

그림 1 현재의 상황

S씨는 다른 사람들에게서 등을 돌린 채 자회사 C 곁에 서 있다. S씨와 자회사 C는 둘 다 먼 곳을 바라보고 있다. S씨의 두 형은 동생에

게 거리를 둔 채 나란히 서 있다. 그들은 시장과 소비자들의 대리인을 바라보고 있다. 시장과 소비자들의 대리인 역시 나란히 서서 두 형제를 바라보고 있다. 이미 사망한 회사의 창업자는 S씨의 두 형들 뒤에 가깝게 서 있다.

S씨

코치 _ 지금 S씨의 대리인은 느낌이 어떠세요?

S씨 _ 힘이 하나도 없고 조금 지치네요. 어깨가 무너져 내리는 것 같은 느낌도 듭니다. 지금 바라보고 있는 곳 외에는 다른 곳을 볼 수가 없어요. 곁눈질로 겨우 자회사 C를 볼 수 있을 뿐입니다. 그렇다고는 해도 자회사 C와 크게 교류하고 있다는 느낌은 없어요. 자회사 C가 굉장히 나약해 보여요. 한 가지 느낌이 더 있는데 말로 표현하기가 상당히 어려워요. 뭐랄까, 일종의 죄책감 같은 게 있어요. 맞아요, 죄책감을 느끼고 있어요.

코치 _ 그 죄책감을 좀 구체적으로 설명해 줄 수 있습니까?

S씨 _ 자회사 C를 보면 죄책감이 느껴져요.

코치 _ 다른 사람들과의 느낌은 어떻습니까?

S씨 _ 제 관심은 주로 이쪽(그가 바라보고 있는 쪽을 가리킨다)에 있어요. 등 뒤에서 일어나는 일은 그다지 중요하게 여겨지지 않아요.

자회사 C

코치 _ 자회사 C의 대리인은 지금 어떻습니까? 당신은 제대로 서 있을 힘도 없어 보이는군요.

자회사 C _ 맞아요. 마치 바람이 다 빠져버린 풍선 같아요. 기운이 하나도 없어요. 저 역시 S씨가 바라보고 있는 곳에서 눈을 뗄 수가 없네요.

코치_ 그 외에 다른 사람들에 대한 느낌은 어떠세요?

자회사 C_ 시장과 소비자들이 어딘가에 서 있을 텐데, 그렇다고 그들에게 별다른 느낌을 받고 있지는 않아요. 두 형제들과 그들 아버지가 제 어딘가를 바라보고 있는 것 같아요. 이 사람(곁에 서 있는 S씨를 가리킨다)이 옆에 있지만 저에게 아무런 영향도 끼치지 못해요. S씨와 교류하고 있다는 느낌이 전혀 없어요.

코치_ 자리에서 움직이고 싶진 않나요?

자회사 C_ 예, 아래쪽에서 저를 잡아당기는 것 같아요.

코치_ 느낌에 따라서 움직여보세요.

자회사 C의 대리인이 천천히 무릎을 꿇고 앉더니 두 팔을 앞으로 쭉 내민다. 머리를 가슴에 묻은 채 낮은 목소리로 중얼거리듯 말한다. "그렇게 편하지는 않지만 이게 맞다는 생각이 드는군요."

아버지이자 회사의 창업자

세 아들의 아버지이자 회사의 창업자는 첫째와 둘째아들 뒤에 가깝게 서 있다.

코치_ 지금 어떠세요? 상당히 만족스러워 보이는데요.

아버지_ 주변에서 벌어지고 있는 일들을 보면 그렇게 말할 수 없겠지만, 사실 기분이 아주 좋습니다. 제 앞에 서 있는 두 아들이 아주 자랑스러워요. 시장과 소비자들이 호기심에 찬 눈으로 우리 셋을 바라보고 있네요. 하지만 저쪽(S씨와 자회사 C를 가리킨다)을 보면 몸이 움츠러듭니다. 그래서인지 저쪽은 바라보고 싶지가 않아요.

큰형

큰형은 바로 밑의 동생 왼쪽에 서 있고, 등 뒤에 대각선으로 아버지가 서 있다. 그는 소비자들과 시장을 바라보고 있다.

코치_ 큰형의 대리인은 어떠세요?

큰형_ 이 자리가 썩 마음에 들지 않습니다. 관심이 이쪽저쪽으로 나뉘는 것 같아요. 한편으로는 시장과 소비자들을 바라보고 있고, 그들을 바라보면 기분이 좋긴 한데, 그렇다고 그쪽에 전적으로 몰두하기는 어려워요. 막내동생 쪽으로 너무나 강하게 끌리고 있거든요. 그래요, 그 표현이 맞는 것 같습니다. 제가 마치 두 쪽으로 나뉘어 있는 것 같아요. 동생을 도와주어야 한다는 생각이 강하게 듭니다. 아버지가 제 등 뒤에 계신 게 마음에 들지 않아요. 저는 아버지를 보고 싶습니다. 바로 밑의 동생과는 크게 교감을 느낄 수가 없어요.

둘째형

둘째형은 큰형의 오른쪽에 가까이 서 있다. 그는 소비자들과 시장을 바라보고 있다.

코치_ 지금 어떠세요?

둘째형_ 설명하기가 쉽지 않습니다. 저는 아주 크고 힘이 센 사람입니다. 등 뒤에 서 계신 아버지의 존재를 느낄 수 있어요. 시장, 소비자들과는 아주 원만한 관계를 유지하고 있습니다. 저 둘(시장과 소비자들의 대리인을 가리킨다)도 그럴 거라 확신합니다. 큰형과는 별 교감이 없어요. 동생과 자회사 C가 서 있는 쪽을 바라보면 모멸감 같은 것이 느껴집니다. 뭐랄까, 둘을 보고 있으면 '실패'라는 단어가 떠올라요.

시장과 소비자들

코치 _ 시장과 소비자들의 대리인은 어떠세요?

시장 _ 아주 좋습니다. 저쪽, 그러니까 제가 바라보고 있는 방향(두 형제와 아버지를 가리킨다)에서 강한 힘이 느껴집니다. S씨와 자회사 C 에게서는 별 다른 느낌이 없어요. 소비자들이 제 오른쪽에 서 있으니 든든하고 좋습니다.

소비자들 _ 저 역시 시장의 느낌과 비슷해요. 여기 이 자리가 아주 좋아요. 제 오른쪽에서 일어나고 있는 상황에 대해서는 그다지 관심이 가지 않습니다. 저기가 바로 역동의 현장이라는 생각이 듭니다.(두 형제와 아버지가 서 있는 방향을 가리킨다.)

대리인들의 피드백을 1차로 수집한 뒤, 코치는 자리에 앉아서 세션을 지켜보고 있는 S씨에게 느낌이 어떠냐고 물어본다.

코치 _ 저 두 사람(S씨와 자회사 C의 대리인들)이 어디를 바라보고 있는지 짚이는 게 있습니까?

S씨 _ 모르겠습니다. 하지만 지금 이 상황이 저에게 상당한 영향을 끼치고 있는 건 확실하네요. 그 외에 달리 할 말이 없습니다.

중재의 단계

이제 중재를 시작한다. 코치는 의뢰인에게 세미나에 참석한 사람들 중에서 대리인을 한 명 더 선택한 뒤, S씨와 자회사 C가 줄곧 시선을 고정하고 바라보는 곳에 세우라고 요청한다. 그런 다음 새로운 가능성을 타진해 보기로 한다.

코치 _ (새로 세워진 대리인을 가리키면서) 이 사람은 회사(이 회사는 나중에 자회사 C가 되었다)의 전 소유주였던 유태인 사장을 나타냅니다.

그 순간, S씨의 대리인이 유태인 사장에게 가까이 가고 싶은 강렬한 열망을 느낀다고 말한다. 유태인 사장의 대리인이 S씨의 대리인을 꽤 심각한 표정으로 바라본다.

코치 _ (S씨의 대리인에게) 유태인 사장을 보면서 이렇게 말씀하십시오. "나는 당신의 운명 앞에 절을 합니다." 그리고 진정으로 그렇게 하고 싶은 마음이 생긴다면, 저 분 앞에서 절을 하셔도 좋습니다. (S씨의 대리인이 주어진 문구를 말한 뒤 고개를 깊이 숙인다.)

이 모습을 본 아버지와 두 아들의 얼굴에 안도감이 역력하다. 세 사람 역시 유태인 사장에게 절을 하고 싶다고 말한다. 세 사람이 유태인 사장에게 일어난 끔찍한 운명에 대해 존중의 마음을 표현하자, 코치는 아버지와 세 아들을 유태인 사장 앞에 세운다. 그런 다음 아버지에게 유태인 사장을 보면서 다음과 같이 말하라고 요청한다.

“여기 있는 세 사람은 내 자식들이오. 이 세 사람이 내가 평생에 걸쳐서 해온 일을 이어가고 있다오. 이 아이가 막내아들입니다. 이 애가 우리 회사에서 당신이 평생 해온 일(자회사 C를 가리킨다)을 이어서 하는 중이오. 부디 이 점을 당신이 동의해 주었으면 합니다.”

유태인 사장의 대리인이 자회사 C의 대리인을 바라본다. 자회사 C는 중재가 진행되는 동안, 천천히 몸을 일으켜세우더니 지금은 앞을 바라보고 서 있다. 이어서 유태인 사장이 주변을 쭉 둘러보고 나서 고개를 끄덕인다. 방 안에 유태인 사장에 대한 공감대가 넓게 형성되어 있다는 것을 느낄 수 있다. 세미나에 참여한 사람들이 깊은 감동을 받았다는 것도 알 수 있다. 길고 깊은 침묵이 방 안에 흐른다.

여기서 코치는 S씨가 자회사 C를 마주볼 수 있도록 세운다. S씨가 강한 어조로 “이제 모든 일들이 잘될 것 같군요”라고 말한다. S씨와 자회사 C가 동시에 서로에게 다가가더니 악수를 한다.

코치_(S씨에게) 다시 한 번 자회사 C를 보고 이렇게 말씀하세요. “우리가 시작할 때 가슴 아픈 일이 있었지만, 이제 함께 미래를 바라보면서 나아가도록 합시다.”

S씨가 주어진 문구를 말하자 소비자와 시장도 그가 한 말에 즉각 영향을 받는다. 두 사람은 처음으로 호기심 어린 눈으로 S씨와 자회사 C쪽을 바라본다.

마침내 코치는 S씨와 자회사 C를 아버지와 다른 두 형들 앞에 세운 뒤, S씨에게 “이제 저에게도 성공의 길로 나아갈 힘이 생겼습니다. 이 두 사람(소비자들과 시장을 가리킨다)과 함께 자회사 C는 애쓴 만큼 보상을 받게 될 겁니다"라는 문구를 말해보라고 요청한다.

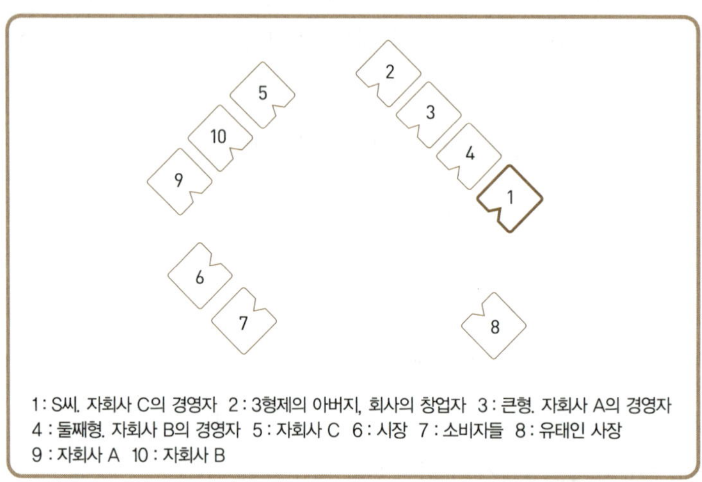

그림 2 해결책에 도달한 모습

S씨(위치 1)가 막내이므로 해결의 이미지에서 맨 끝자리에 서게 된다. S씨는 오른쪽에 서 있는 형들로부터 힘과 지지를 받는다고 말한다. 또 시장과 소비자들이 자기 시야에 들어와 있다는 게 무엇보다 중요하다고 말한다. 시장과 소비자들은 호감을 가지고 S씨를 바라본다. 그리고 의뢰인은 자회사 C가 자회사 A, B(코치는 해결책에 이른 최종 모습을 세울 때 이 두 명의 대리인을 추가로 세웠다)와 어깨를 나란히 하고 서 있는 모습을 보니 기쁘다고 덧붙인다.

회사의 창업자이자 가족의 윗사람인 아버지에게도 서열의 법칙에 따라 적합한 자리가 주어진다.(위치 2) 아들들의 오른쪽 첫 번째 자리에 세워진 아버지는 이 자리가 자기에게 맞는 자리이긴 하지만 막내아들의 등 뒤로 가서 아들에게 힘을 실어주고 싶다고 말한다. 아버지의 말을 들은 막내아들은 고개를 저으며 거부 의사를 보인다. 코치는 아버지에게 이 상황을 받아들이라는 말과 함께 '두 번째로 편안한 자리'에 그를 세운다. 가족 구성원들 간의 관계 문제는 조직 세우기가 아닌 가족 세우기 방법을 통해서 해결점을 찾는 게 바람직하다.

큰형(위치 3)은 형제들 중 첫째이기 때문에 오른쪽 첫 번째 자리에 세워지게 된다. 실제로 이 자리에 서고 난 뒤 큰형의 대리인은 전보다 더 강해진 느낌이 든다고 말한다. 처음에 조직체를 세울 때 의뢰인 S씨는 큰형을 둘째와 자신의 대리인 사이에 세웠다. 가족 세우기적 관점에서 볼 때 이는 큰형이 형제들 간의 서열 중 두 번째를 차지한다는 뜻이다. 가족 내의 실제 서열에 어긋나는 자리에 세워진다는 것은 곧 가족 내에서 그의 자리가 약하다는 것을 의미한다.

3형제 중 특히 큰형의 시야에 유태인 사장이 머물러 있다는 것은 중요한 의미를 갖는다. 큰형을 대신한 대리인의 말을 통해서도 그것을 알 수 있다. 그는 이렇게 말한다. "유태인 사장을 보고 있으니 막내동생이 내 도움을 절실히 필요로 한다는 느낌이 줄어듭니다. 그리고 제가 두 쪽으로 나뉜 것 같은 느낌도 없어지고요. 이 상태가 아주 좋습니다."

둘째형(위치 4)은 형제 간 서열의 원칙에 따라서 두 번째 자리에 세워진다. 그 자리에 섰을 때, 둘째형은 이 상황이 좀 낯설게 느껴진다고 말한다. "처음에 가졌던 힘센 사람이라는 느낌이 사라졌어요. 제 힘이 약간 약해진 것 같기도 한데 어쨌든 기분 좋은 약해짐이라고 말할 수 있어요. 동생에게 가지고 있던 불편함도 사라졌어요. 중요한 것은 제가 약해지기는 했지만 여전히 시장, 소비자와 교류하고 있다는 거예요."

자회사 A(위치 9)와 B(위치 10) 곁에 나란히 서게 된 자회사 C는 등을 똑바로 펴고 힘 있게 설 수 있게 되었다고 말한다. 자회사 C에게 무엇보다 중요한 것은 소비자들과 시장 모두와 시선을 맞추고 있다는 점이다. 소비자들과 시장 역시 호감을 갖고 자회사 C를 바라보고 있다. 시장의 대리인(위치 6)과 소비자들의 대리인(위치 7)은 모든 사람들을 볼 수 있는 위치에 나란히 서 있다. 유태인 사장(위치 8) 역시 회사 내에 자리가 마련된다. 이제 회사와 관계된 모든 사람들이 그를 볼 수 있게 되었다.

세션의 마지막에 이르러 코치는 의뢰인인 S씨를 대리인이 서 있던 자리에 세운다. 해결에 도달한 최종 모습을 직접 경험해 보고 그가 처음에 세운 모습과 어떻게 연관되는지 스스로 인식할 수 있도록 하기 위해서이다. S씨는 잠깐 동안 아무 말도 하지 않고 서 있더니 안도의 한숨을 길게 내쉰다. 고개를 돌려서 그 자리에 서 있는 사람들을 차례로 살펴보다가 시선을 유태인 사장에게 고정시킨 채 한참동안 바라본다.

잠시 후 그가 입을 연다. "여러분 모두에게 감사한 마음을 전하고 싶습니다. 저는 문제가 이쪽에 있을 거라고는 상상도 못해봤어요."

코치_당신을 바라보는 소비자들과 시장의 시선이 어떻습니까?

S씨_(소비자들과 시장의 대리인을 바라보면서) 제 존재를 인식하고 있는 것 같군요. 제가 그들이 필요로 하는 뭔가를 가지고 있다는 느낌과 그들이 제가 필요로 하는 뭔가를 가지고 있다는 느낌이 듭니다. 그런 면에서 우리는 동등합니다. 비즈니스 관계를 맺는 데 이보다 더 훌륭한 기반은 없을 거라는 생각이 드네요. (소비자들과 시장의 대리인이 S씨의 말에 고개를 끄덕인다.)

대리인들이 모두 역할 밖으로 나온 뒤 세션이 종료된다.

긴장 관계

과거에 유태인 사장이 경영하던 회사를 맡고 있는 막내동생은 강제로 사업을 포기해야 했던, 잊힌 유태인 가족을 대신하는 것으로 드러났다. 마치 사업의 손실을 통해서 자기 가족이 저지른 부당한 행위에 대한 값을 지불하고 있는 것처럼 보였다. 유태인 창업자의 비극적인 운명이 존중받고 조직 내에서 그에게 적합한 자리가 주어졌을 때, 비로소 S씨는 든든한 지지를 얻은 느낌이 들면서 미래를 향해 고개를 돌릴 수 있게 되었다.

이 사례는 가업형 기업이라는 특성으로 인해 가족 안에서 비롯된 긴장이 회사라는 조직체에 강한 영향을 끼친 경우였다.

조직체적 법칙의 파괴

이 조직체에 속해 있는 유태인 창업자 가족의 권리는 존중받지 못했다. 그들은 잊히고 부당한 대접을 받았다. 그들의 개인적인 운명은 현재의 회사에 특정한 무게로 작용했다. 그러한 무게는 자회사 C에 영향을 끼쳐 사업의 성공을 가로막았다. 서열의 법칙도 지켜지지 않았다. 즉 먼저 온 사람(첫 번째 사장인 유태인 사장)이 나중에 온 사람(두 번째 사장인 3형제의 아버지)에게 존중받지 못했다. 또한 실제 가치보다 낮은 가격으로 회사를 강매하도록 해 주고받기의 균형이 심각하게 파괴되었다.

해결책의 실제 적용

여기서 가장 중요한 것은 유태인 가족에 대한 상징적인 존중의 표현이다. 그들의 이름과 이야기는 문서로 작성되어 회사 로비에 게시되었다. 또 회사는 유태인 희생자 단체에 기부금을 내는가 하면, 나치 통치 하에 강제 노동에 시달린 사람들을 위해 독일인 사업가들이 설립한 기금에도 가입해 활동하기로 했다.

세 경영자들은 상호 간의 의사소통을 원활히 하기 위해 코칭 과정에 함께 참여하기로 했다. 조직체적 컨설팅의 효과를 평가하기에 이른 감이 있기는 했지만, 첫 번째 중재 이후 6개월이 지난 뒤 자회사 C의 판매량을 분석한 결과 증가 추세를 보이는 것으로 확인됐다.

도대체 누가
사장입니까?

배경 정보

비즈니스 컨설턴트로 성공한 M양은 한 은행으로부터 경영권 승계와 관련해 자문을 해달라는 요청을 받았다. 은행의 이사회는 실제로 은행을 20년간 경영해 온 사장 외에 세 명의 이사들로 구성되어 있었다. 사장은 2년 안으로 퇴직할 계획을 갖고 있었다. 회사 안팎에서 물망에 오른 후계자들의 자질을 검토한 사장은 세 명의 이사 중 한 사람을 그 자리에 앉히기로 결정했다. 이 과정에서 M양은 장시간에 걸쳐 이사들 각자의 희망과 계획, 목표, 관심사 등에 관한 내용을 수집해서 보고했다.

M양은 폭넓고 자유로운 대화를 통해 그와 같은 자료들을 모아, 퇴직을 앞둔 사장과 차기 사장 사이에 신뢰감이 형성되도록 도왔다. 나이 든 사장은 후계자를 결정한 후 더 이상 자신을 사장이라고 내세우

지 않고, 똑같은 동료 중 선임자쯤으로 봐달라며 자신을 낮췄다. 그리고 동등한 입장에서 이사들과 협력적인 업무 관계를 이룰 수 있기를 바란다고 덧붙였다. 이러한 발언은 컨설턴트는 물론 차기 사장을 비롯한 나머지 이사들에게 상당히 놀라운 사건이었다. 사장은 여태까지 전통적인 리더십 스타일로 일을 해왔기 때문이었다.

그 일이 있고 얼마 지나지 않아 나이 든 사장과 새로운 사장이 동등한 입장에서 은행 경영을 시작했다. 전임 사장은 차츰 일상 업무에서 손을 떼기 시작했고, 차기 사장이 내린 업무 결정에 거의 관여하지 않았다.

이러한 와중에 전혀 기대치 않았던 상황이 벌어졌다. 후계자로 결정된 차기 사장에게 많은 권력과 권한이 주어지면서 그의 행동에 급격한 변화가 일어났다. 이사들 가운데서도 정확한 일처리와 높은 신뢰도로 모범을 보이던 차기 사장이 고객들과의 약속을 갑자기 미루는가 하면 아예 취소해 버리곤 했다. 회의에도 늦게 나타나고, 사무실에서 그를 보기도 어려웠다. 전임 사장은 차기 사장의 이 같은 변화를 이해할 수가 없었다. 전임 사장과 차기 사장, 컨설턴트가 여러 차례 모여 이야기를 나누었다. 컨설턴트는 두 사람 사이에서 조정자 역할을 하며 이 문제가 잘 해결될 것이라고 장담했다.

그녀는 차기 사장의 행동이 어떤 결과를 불러올지 분명하다면서 그가 자기 방식으로 모든 일을 처리하도록 내버려두면 안 된다고 전임 사장에게 주장했고, 전임 사장은 현재 일어나고 있는 상황이 매우 염려된다고 그녀에게 속마음을 드러냈다. 그러나 그가 은행을 떠나기로 한 시점이 확정되었기 때문에 새 사람을 찾을 시간적 여유가 없었다. 그가 퇴직할 즈음이면 인수인계가 끝나고 모든 업무가 정상으로 돌아가 있어야 했다. M양은 차기 사장을 과거처럼 믿고 의지할 만한 사람으로 되돌릴 수만 있다면 무엇이든 하고자 했다. 이제 모든 게 그녀의 손에 달려 있었다.

컨설턴트의 임무

M양은 컨설턴트로서 고객의 조직 내부 일에 너무 깊게 연관되어 있었다. 그녀가 가장 먼저 해야 할 일은 자신에게 속하지 않은 권한을 제자리로 돌려놓는 것이었다. 만일 그녀가 제안한 방법이 잘못되기라도 한다면, 그녀는 고객과의 계약도 충족시킬 수 없을 뿐더러 그녀 자신도 컨설턴트로서의 평판에 위기를 맞을 수 있기 때문이었다.

그녀는 거의 매일 전임 사장과 차기 사장이 참여하는 회의를 주관해, 차기 사장을 이해하려고 노력하는 한편 그에게 새로운 동기 부여를 해보려고 안간힘을 썼다. 하지만 그녀가 노력을 하면 할수록 일은 더 걱정스러운 쪽으로 흘러갔고, 차기 사장은 자신의 임무를 가볍게 처리했다. 그는 그녀에게 "당신은 매사에 너무 긴장하고 있군요. 마음을 좀 편히 가져봐요"라고 말할 뿐이었다.

상황이 여기에 이르자 그녀는 더 이상 이런 식으로 일을 하기 어렵다고 판단했다. 이럴 수도 없고 저럴 수도 없는 난감한 상황이었다. 그때 컨설턴트로 일하는 다른 친구로부터 조직체적 접근법을 이용한 코칭을 받아보라는 제안을 받고 그녀가 우리를 찾아왔다.

조직체적 접근법을 통한 중재

M양은 자신의 관점에서 자기가 처해 있는 상황을 설명했다. 그녀는 단지 차기 사장이 최고 결정권자라는 새로운 자리에서 일을 제대로 해낼 수 있는가 하는 것만이 아니라 그 사람의 성격이 변했다는 것이 더 큰 문제라고 설명했다. 그녀는 이런 일이 일어난 배경이 무엇인지 알지 못했고, 우리의 도움을 받아서라도 이 막다른 골목에서 벗어날 수 있는 방법을 알고 싶어했다. 그래서 자기한테 주어진 일을 제대로 끝마치고 싶었다. 그렇게만 된다면 미련 없이 링을 향해 수건을 던질 수 있을 거라고 말했다.

그녀는 문제를 해결하기 위해서는 그 밑바닥에 깔려 있는 긴장 관계를 구체화시켜 볼 필요가 있다는 우리의 견해를 받아들였다. 우선 조직 내에서 차기 사장의 역할과 컨설턴트인 그녀의 역할이 무엇인지 살펴보고, 그 밑바닥에 존재하는 긴장 관계의 양상을 파악할 필요가 있었다.

우리는 은행과 아무 연관이 없는 중립적인 사람들을 대리인으로 세워 조직 세우기 세션을 해보기로 결정했다.

조직 세우기 세션

일단 조직과 관련된 정보를 수집한 뒤 우리는 M양에게 세션에서 다루고자 하는 문제를 가능한 한 정확하게 표현해 달라고 요청했다. 그녀가 제시한 문제는 다음과 같았다. "도대체 뭐가 잘못된 건지 알고 싶어요. 그리고 저에게 주어진 일을 잘 끝마치고 싶어요."

M양은 세미나에 참석한 사람들 중에서 대리인들을 선택한 다음, 느낌에 따라서 한 사람씩 자리를 찾아서 세웠다.

- **M양:** 세션에서는 M양 혹은 컨설턴트로 지칭함
- **전임 사장:** 최고 경영자이자 곧 퇴직을 앞두고 있음
- **차기 사장:** 이사진들 중 한 사람으로 새로운 후계자로 지목되었음
- **이사 A:** 한 사람의 대리인이 대신함
- **이사 B:** 한 사람의 대리인이 대신함
- **은행의 고객들:** 한 사람의 대리인이 고객 전체를 대신함

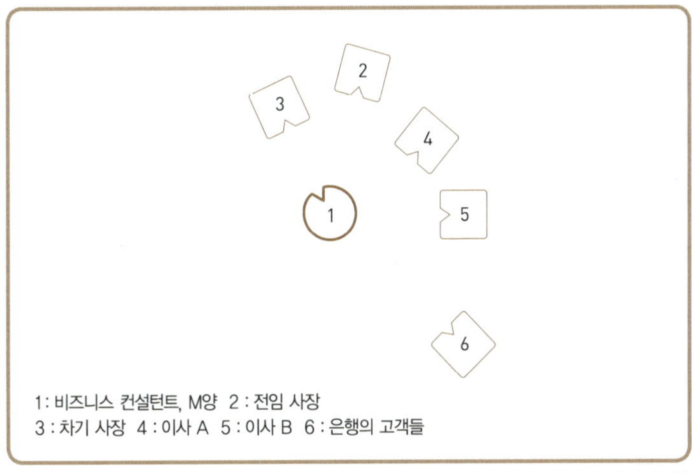

1 : 비즈니스 컨설턴트, M양 2 : 전임 사장
3 : 차기 사장 4 : 이사 A 5 : 이사 B 6 : 은행의 고객들

그림 1 현재의 상황

각각의 대리인으로부터 피드백을 듣기 전에 코치는 먼저 사람들의 반응을 알아보기 위해 질문을 던졌다.

코치_ 조직체가 세워진 모습을 보고, 누가 '장막 뒤에 숨어 있는

실세'라고 생각되십니까? 실제 사장 노릇을 하고 있는 사람이 누구라고 생각합니까? (처음 질문을 받은 대리인들은 의아한 표정으로 코치를 쳐다본다. 그러다 잠시 후 대리인들의 시선이 컨설턴트에게로 모아진다.)

이제 코치는 대리인들의 피드백을 얻기 위해서 현재의 느낌이 어떤지 물어보기 시작한다. 우선 M양의 대리인부터 시작한다.

M양

은행 고객들의 대리인을 제외하고 모든 사람이 가까운 거리에서 M양을 쳐다보고 있다.

코치_M양의 대리인은 지금 느낌이 어떤가요? 모두가 당신을 바라보고 있는데 말이에요.

M양_끔찍해요. 정말로 끔찍해요! 온몸이 뻣뻣하게 긴장되어 있어요. '장막 뒤에 숨어 있는 실세'라는 표현과 관련된 뭔가가 있어요. 차기 사장을 제외하고 모두가 기대에 찬 눈빛으로 저를 바라보고 있는 것 같아요. 차기 사장은 시비 투로 저를 바라보고 있군요. 모두가 저를 에워싸고 있는 것 같아서 뒤로 좀 물러나고 싶은데 발이 땅 속에 묻힌 것처럼 움직일 수가 없어요.

코치_당신은 지금 누구를 바라보고 있나요?

M양_제 눈은 차기 사장을 좇고 있어요. 당장 그에게 가서 그런 식으로 쳐다보지 못하게 멱살을 잡고 흔들어주고 싶어요. 차기 사장을 보면 제 자신이 무기력하게 느껴지기도 하고, 제가 저 사람보다 우월하다는 생각도 들어요. 두 감정이 묘하게 뒤섞여 있어요.

158

코치_ 우리가 이 상황이 비즈니스 관계라는 사실을 알지 못했다면, 가족 안에서 일어난 상황이라고 볼 수도 있었을 겁니다. 담대한 아들을 만들기 위해서 안간힘을 쓰고 있는 어머니의 모습 같은 게 보여요.(둘 다 고개를 끄덕인다.)

전임 사장

중간에 서 있는 전임 사장은 차기 사장과 이사 A의 뒤에 서 있다. 전임 사장은 M양을 바라보고 있다.

코치_ 전임 사장의 대리인은 어떤 느낌이세요?

전임 사장_ 힘이 하나도 없어요. 겨우 제 앞쪽에 있는 M양을 바라볼 정도밖에는 힘이 없습니다. 주변에 서 있는 다른 사람들은 존재감이 전혀 느껴지지 않아요. 오른쪽(차기 사장)을 보면 화가 납니다. 은행 고객들의 존재는 거의 인식이 안 돼요.

차기 사장

코치_ 당신은 지금 어떠세요?

차기 사장_ 힘이 넘치고 뭔가 저항적인 기분이 듭니다. 특히 M양을 바라볼 때 그 느낌이 더 강해져요. "이봐, 해볼 테면 해봐. 나한테는 어림없어" 하는 기분이 드는군요. 맞아요, 그런 느낌이에요. 한 가지 분명한 것은 저는 이 여자에게 지시를 받는 사람이 아니라는 겁니다. 이 여자를 바라보면 즉각 방어막을 치게 돼요. 전임 사장님을 보고 싶은데 곁눈질로밖에는 볼 수가 없네요. 전임 사장님이 제 옆에 서 계시면 좋겠어요. 다른 이사들과는 아무런 교감도 느낄 수가 없어요.

고객들을 볼 수 있지만 제 모든 관심은 오직 한 군데(M양의 대리인을 가리킨다)에 있어요.

이사 A

이사 A는 약간의 거리를 둔 채 차기 사장 옆에 서 있다.

코치 _ 이사 A의 대리인은 지금 어떠세요?

이사 A _ 제 왼쪽(이사 B를 향하여)에 있는 사람에 대해서는 중립적인데, 고객들은 볼 수가 없네요. 저 역시 M양에게 시선이 고정되어 있습니다. 그녀가 좀더 가까이 와줬으면 좋겠습니다. 우리는 지금 그녀의 도움이 절실하게 필요해요. 오른쪽에 차기 사장이 있는데 그를 보면 일종의 불신과 분노 같은 게 느껴집니다. 전임 사장님이 저렇게 멀리 떨어져 있다는 게 마음에 들지 않아요.

이사 B

이사 B의 대리인은 이사 A의 왼쪽에 서 있다. 그는 M양이 서 있는 방향을 바라보고 있다.

이사 B _ 이 사람(이사 A를 가리킨다)이 중요한 내용을 모두 말했기 때문에 더 할 말은 없습니다. 저도 똑같은 생각입니다.

은행의 고객들

먼 곳에 떨어져서 상황을 지켜보고 있는 은행 고객들의 대리인은 몸무게를 한쪽 다리에서 다른 쪽 다리로 옮기는데, 눈에 띌 정도로 불

안한 모습이다. 부루퉁한 표정으로 눈앞에서 벌어지고 있는 상황을
바라보고 있다.

코치 _ 은행의 고객들은 어떠십니까?

은행의 고객들 _ 사람들 시야 밖으로 완전히 밀려나 있는 상태예
요. 사실이에요. 사람들을 모두 볼 수는 있지만, 누구도 저에게 관심
을 주지 않는군요. 제가 왜 여기에 서 있는지 모르겠어요. 이런 상태
가 계속된다면 저는 이곳을 떠나버리게 될 거 같아요.

이 시점에서 코치가 자리에 앉아서 세션을 지켜보고 있는 M양을
향해서 돌아선다.

M양 _ 제가 저의 대리인을 제 의뢰인(전임 사장) 곁에 너무나 가깝
게 세운 게 좀 당황스러웠어요. 저에 대한 차기 사장의 도전적인 태
도며 거기에 제 대리인이 반발하는 태도가 실제 상황과 아주 잘 맞
아떨어지는군요. '가족 내의 상황'이라는 말이 가슴에 와 닿았어요.
두 대리인이 고개를 끄덕이는 모습을 보고 저도 내심 동의하게 되더
군요. 컨설턴트라는 저의 역할과 관련해 좀더 많은 정보를 얻고 싶
어요.

코치 _ 눈앞에 펼쳐진 상황을 보면 비즈니스 관계에 있는 당신 두
사람(M양과 차기 사장을 지칭)이 무의식적으로 업무와 무관한 일에 얽
혀 있는 것처럼 보입니다. 지금 상태에서는 그게 무엇인지 정확하지
는 않습니다. 일단 세션을 계속 진행해 보도록 하지요.

중재의 단계

M양의 대리인은 다른 사람들과 더 많은 거리를 두고 싶지만 두 발이 땅 속에 묻힌 것처럼 움직일 수가 없다며 자신의 상황을 설명한다. 그녀와 전임 사장, 차기 사장, 이사들과의 관계를 명확하게 하는 과정을 통해서 M양의 이 경직된 느낌이 해소된다.

코치는 자신에게 속해 있지 않은 짐을 되돌려주는 상징적인 의식을 진행할 필요를 느끼고, M양에게 실제로 손에 아무 물건이나 들고 그것을 차기 사장에게 돌려주는 행위를 해보라고 요청한다. 대개 이러한 과정은 중재의 단계를 강화시키는 효과가 있다. 이어서 코치는 M양에게 차기 사장을 보면서 이렇게 말해보라고 제안한다. "저는 당신의 컨설턴트 임무를 맡게 되어 기쁩니다. 컨설턴트의 역할 외에 제가 떠맡았던 모든 책임을 당신한테 돌려드립니다."

이 단계를 거치고 난 뒤 M양과 차기 사장의 관계가 명료해진다. 코치는 의뢰인이 처음에 조직체를 세웠던 모습을 기억하고 있다. 그때는 두 사람 사이가 비즈니스 관계라기보다 마치 M양이 차기 사장을 '양육하고' 있는 듯한 모습이었다.

그들의 관계를 명확히 정의하고 서열을 강조하기 위해서 코치는 M양에게 다음의 문구를 말하도록 제안한다. "당신은 차기 사장님이고, 저는 당신의 비즈니스 컨설턴트입니다. 저는 우리 두 사람의 역할에 혼동을 겪었습니다. 죄송합니다."

코치가 해결의 문구를 먼저 말하는 이유는 대리인이 단지 문구를 따라하는 데 그치지 않고 문구의 뜻을 되새길 수 있도록 시간을 주려는 의도를 담고 있다. 해결의 문구를 제시하는 것은 정보를 교환하자는 게 아니다. 부적당하고 무의식적인 감정의 조합을 해소하는 데 목적이 있다. 코치는 대리인들이 보여주는 반응을 통해서 그 문구가 효과적인지 아닌지 가늠해 볼 수 있다.

두 대리인이 서로를 보면서 고개를 끄덕인다. 두 사람 모두 깊은 안도감을 느끼고 있다. 이제 M양은 중립적인 위치인 관찰자 자리로 돌아갈 수 있게 된다. 원형으로 서 있던 모든 사람들이 길게 숨을 내쉬더니 안도감을 나타낸다. 특히 차기 사장한테서 그 모습이 두드러져 보인다. 위치와 역할을 분명히 나누는 과정이 끝나자 차기 사장은 좀더 진지해진 느낌이 든다고 말한다. 저항적인 태도도 사라지고 없다.

다음 단계로 차기 사장과 전임 사장의 대리인들을 서로 마주보게 세운다. 후계자인 차기 사장이 퇴직을 앞둔 전임 사장에게 말한다. "당신은 우리 은행의 정신적인 지주와 같습니다. 당신은 우리 모두에게 언제나 중요한 존재로 남아 있을 것입니다."(이 말을 하면서 그는 다른 두 명의 이사들을 가리킨다.)

이어서 그에게 다음의 문구가 제시된다. "당신은 전임 사장님이고 저는 당신의 자리를 대신할 미래의 사장입니다. 언제든 사장님의 충고가 필요할 때면 찾아뵙도록 하겠습니다."

관계를 명확하게 정의 내리는 이 과정은 전임 사장에게도 긍정적인 영향을 끼친다. "자네는 나의 후계자라네. 하지만 내가 회사에 머물러 있는 동안 나는 여전히 자네의 상사일세. 자네가 미래에 맡게 될 역할을 잘 해나갈 수 있도록 내가 돕겠네."

중재 과정이 끝난 뒤 이사 A와 B의 대리인은 자신들의 시선이 더이상 컨설턴트 M양에게 고정되어 있지 않다고 말한다. 차기 사장에 대한 그들의 불신은 사라지고 없다. 두 사람은 존경심을 가지고 전임 사장을 바라볼 수 있게 되었다.

중재 과정이 진행되는 동안 은행 고객들의 대리인은 마음이 안정되긴 했지만 여전히 비판적인 시각을 보이고 있었다.

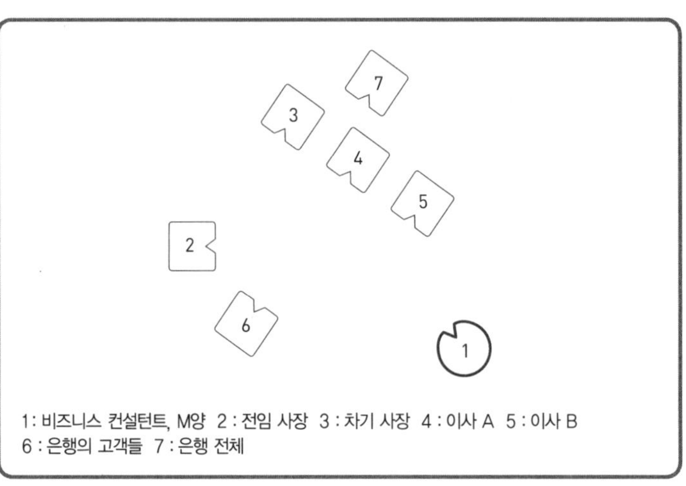

그림 2 해결책에 도달한 모습

M양

M양의 대리인은 이제 컨설턴트라는 역할을 수행하기 위해서 전체를 바라볼 수 있는 자리에 세워진다. 그녀는 모든 사람을 볼 수 있는 위치에 섰지만, 동시에 은행이라는 조직체 바깥에 머물러 있다.

전임 사장

전임 사장은 이제 조직체를 이끌어가야 하는 자리에서 뒤로 한 걸음 물러설 수 있게 되었다. 그리고 그림 2에서 볼 수 있는 것처럼 전체를 볼 수 있는 자리가 바로 그에게 합당한 위치라고 말한다. 그는 전체에서 조금 떨어진 오른쪽 뒤에 세워진다. 차기 사장에게 약간의 거리를 유지하는 게 전임 사장에게는 아주 중요하기 때문이다.

차기 사장

차기 사장은 전임 사장의 왼편에 세워진다. 이 자리에 서자 그는 진지해질 뿐만 아니라 책임감을 느낀다고 말한다. 조금 떨어진 곳에 서 있는 M양의 눈을 마주보면서 "업무적인 관계는 이러한 구도여야 할 것 같군요"라고 말한다.

이사 A와 B

이사 A와 B는 차기 사장의 왼쪽에 세워진다. 그들이 선 자리는 변화가 없었지만, 차기 사장에 대한 느낌이 변했다. 그들이 차기 사장에게 느꼈던 불신과 분노는 사라지고 전임 사장을 바라보는 것도 한결 쉬워졌다고 말한다. 그들은 더 이상 컨설턴트와 가까이 있을 필요를 느끼지 않는다.

은행의 고객들

은행 고객들의 대리인은 모든 사람들이 볼 수 있는 곳에 자리를 잡고 선다. 해결책을 찾고 난 뒤 모두에게 가장 적합한 자리가 주어진다. 하지만 두 명의 이사는 등 뒤에 누군가가 서 있어야만 할 것 같다고 말한다. 누군가 지금 이곳에 빠져 있는 느낌이 든다는 그들의 의견을 따라 코치는 은행 전체를 상징하는 대리인(위치 7)을 추가로 세운다. 등 뒤에 은행의 대리인이 세워지자 두 이사는 마음이 든든하다고 말한다. 이처럼 대리인들이 몸으로 감지하는 상황은 조직체 내에 존재하고 있는 누군가의 부재를 가리키는 경우가 많다.

M양 자신

여기서 코치는 M양의 대리인 대신에 의뢰인에게 그 자리에 가서 서 보라고 요청한다.

코치_M양, 이 새로운 자리가 어떠세요?

M양_낯설어요. 이 자리에 서니까 멀리 벗어나 있는 것 같아요. 하지만 여기에 서니까 전체를 더 잘 볼 수 있네요. (그녀가 비판적인 눈길로 차기 사장의 대리인을 바라본다.)

코치_차기 사장과 당신 사이에 정리할 일이 있다고 생각되세요?

M양_모르겠어요. 하지만 차기 사장에게서 느끼는 이 평화로움을 신뢰할 수가 없어요.

코치_제가 한 가지 방법을 제안해도 될까요?

M양_좋아요.

코치_차기 사장의 얼굴을 바라보고 서세요. 눈길을 피하지 말고 정면으로 바라보면서 이렇게 말을 해봅니다. "당신이 나에게 상처를 입히도록 나는 방관만 하고 있었어요. 내 안에는 여전히 불편한 마음이 남아 있어요. 당신의 컨설턴트인 내가 좀 주춤거리더라도 이해해 주세요."

M양은 힐난조로 주어진 문구를 따라한다. 차기 사장의 대리인의 몸이 즉시 적대적인 태도를 취한다.

코치_방금 전 어떤 일이 벌어졌는지 알아채셨습니까?

M양_당연하죠. 어떻게 눈을 뜨고 있으면서 저런 태도를 놓칠 수

있겠어요?

코치 _ 한 단계 더 나아가 보도록 하죠. 그래도 괜찮겠어요?

M양은 주변을 둘러보더니 "좋아요!" 하면서 고개를 끄덕인다.

코치 _ 잠시 눈을 감아보세요. 이 순간, 당신의 몸에 의식을 모아봅니다. 당신이 어떤 자세로 서 있는지 그리고 그 자세가 편한지 그렇지 않은지 살펴보세요. 불편하다면 자세를 바꿔도 좋습니다. 이제 명료함과 자신감으로 가득하고, 개인적인 감정 없이 지극히 객관적인 느낌을 유지하고 있는 존재의 한 부분을 찾아보세요. 찾으셨습니까?

잠시 후, M양이 고개를 끄덕인다.

코치 _ 이제 당신이 명료함과 자신감으로 가득하고, 개인적인 감정 없이 지극히 객관적인 느낌으로 일을 해서 성공을 거뒀던 때를 과거의 기억 속에서 찾아봅니다. 그때 그 상황을 아주 세밀한 부분까지 구체적으로 기억해 보세요.

M양이 고개를 끄덕이자 코치는 그녀가 오감을 이용해 그 상황을 완벽히 재경험해 볼 수 있도록 도와준다. M양의 표정이나 몸짓 등 비언어적인 표현을 보면 그녀가 과거의 경험을 완벽하게 반복하고 있음을 알 수 있다.

코치 _ 좋습니다. 이제 눈을 뜨고 지금 여기 이 자리로 돌아옵니다.

다시 차기 사장의 얼굴을 바라보세요. 방금 전에 당신이 한 것처럼 명료함과 자신감으로 가득하고, 개인적인 감정 없이 객관적인 느낌으로 일을 해서 성공을 거둔 존재의 한 부분을 느껴봅니다. 그리고 그 상태에서 이렇게 말해봅니다. "당신이 나에게 상처를 입히도록 나는 방관만 하고 있었어요. 내 안에는 여전히 불편한 마음이 남아 있어요. 당신의 컨설턴트인 내가 좀 주춤거리더라도 이해해 주세요."

허리를 편 채 M양이 우호적인, 그러나 감정을 싣지 않은 목소리로 주어진 문장을 말한다. 차기 사장의 태도에서 그가 M양이 말한 내용을 받아들였음을 알 수 있다. M양이 거기에 자신의 생각을 덧붙인다.

M양_일을 하면서 제가 무언가 착각한 것 같아요. 그게 뭔지 정확히 알 수는 없지만, 당신(차기 사장을 가리킴)이나 회사와 관련된 게 아니라 제 개인적인 문제라는 건 확실해요.

코치는 차기 사장의 대리인에게 M양이 한 말을 긍정적으로 받아들였음을 보여주는 표현을 하도록 요청한다. 문구는 다음과 같다. "나 또한 업무와 전혀 상관없는 개인적인 문제와 일을 혼동했습니다. 미안합니다."

M양의 얼굴에 안도감이 퍼진다. 이제 그녀는 머릿속이 명료해졌다고 말한다. 코치는 그녀에게 주변을 한 번 더 둘러보라고 한다. 고객의 회사 바깥에 서서 컨설턴트로서 바라보는 느낌이 어떤지 그리고 그녀 자신의 내적인 상태는 어떤지 살펴보라고 말한다. 잠시 후 대리인들이 역할 밖으로 나오면서 세션이 종료된다.

긴장 관계

전임 사장은 후계자나 다른 이사들과의 관계에서 열등한 자리에 놓여 있었다. "다 같이 이사회에 속해 있다는 점에서 우리는 동등합니다"라는 말을 함으로써 전임 사장은 은행의 사장이라는 자신의 위치를 고수하지 못하고 있었다. 이렇게 그가 자신의 권한을 일찍 포기해 버렸기 때문에, 후계자에게 권한을 이양하는 것이 불가능하게 되었다. 그가 더 이상 가지고 있지 않은 권한을 어떻게 다음 사람에게 넘겨줄 수 있겠는가?

컨설턴트는 진공 상태가 된 리더의 자리에 무의식적으로 들어서고 말았다. 주어진 역할에서 크게 벗어나 조직체의 심장부로 들어선 셈이다. 다시 말해 장막 뒤에 가려진 실세의 위치를 차지하고 말았다. 문서화되지는 않았지만 무언의 동의 속에서 그녀의 역할이 컨설턴트에서 숨어 있는 실세, 곧 사장으로 수정되었다.

차기 사장 역시 숨어 있는 권력자 노릇을 하는 컨설턴트에게 무의식적으로 적대적인 태도를 보였다. 또한 전임 사장이 권한 이양과 관련해 충분한 정보를 전달해 주지 않은 것에 대한 저항감을 반항적인 행위로 표현하기에 이르렀다. 결국 전임 사장과 컨설턴트에게 강한 적대감을 보이며, 컨설턴트의 위치를 상대적으로 약화시키려는 무의식적인 사고 패턴이 형성되었다. 그러한 패턴 때문에 조직체 안의 문제가 겉으로 드러나게 되었다.

조직체적 법칙의 파괴

전임 사장이 더 이상 자신의 위치와 임무에 대한 책임을 지지 않으려
함으로써 조직체 내의 서열이 흐트러졌다. 그 때문에 후계자 및 이사
들과의 관계에서도 그는 의존적이고 약한 위치로 전락할 수밖에 없
었다. 먼저 온 사람이 나중에 온 사람보다 우선한다는 원칙은 물론,
직급상 윗사람이 더 높은 권위를 인정받는다는 원칙도 파괴되었다.
조직체 내의 균형이 그로 인해서 무너지고 말았다. 컨설턴트는 경영
자의 위치를 차지하는 오만한 태도를 취하게 되었고, 이는 조직체 전
체의 질서에 위배되는 행위였다. 결국 조직체 내에서 관계의 '혼돈'
이 발생하게 되었다.

컨설턴트가 자신에게 적합한 자리로 돌아가자 혼돈과 저항은 해소
되었다. 그녀가 서 있어야 할 곳은 조직체의 바깥이다. 이러한 자리
의 변화는 조직체 전체에 안정감을 가져다주는 데 도움이 된다.

해결책의 실제 적용

조직 세우기 세션 후 M양은 그녀를 고용한 의뢰인과 컨설턴트로서
의 역할을 놓고 깊은 논의를 했다. 회사 바깥에서 도움을 주는 전문
가라는 본연의 임무에 분명한 선을 긋게 되면서 그녀의 업무에 새로
운 지침이 정해졌다.

전임 사장과 차기 사장 역시 서로의 역할에 대한 구체적인 동의를
이루어냈다. 전임 사장은 회사를 떠날 때까지 경영자로서의 업무를
충실히 하기로 했고, 퇴직 후에도 회사에서 도움을 청하면 언제나 조

언과 조력을 아끼지 않기로 했다. 조직체적 접근법을 취한 코칭을 통해서 차기 사장은 자신한테 적대적이고 공격적인 면이 있다는 걸 알게 되었다. 이 과정을 통해서 그는 앞으로 조직체를 이끌어갈 사람으로서 시야가 더 넓어졌다고 말했다. M양 역시 코칭을 통해 자신이 어떤 경우에 권위적으로 되는지 발견하게 되었고, 어떨 때 고객의 관계 패턴에 얽혀들게 되는지도 알게 되었다.

제가 지금 어디를 향해
가고 있나요?

배경 정보

S양은 세계적으로 알려진 소프트웨어 회사에서 8년간 일을 해왔다. 소프트웨어 전문가이자 한 팀의 리더로서 그녀는 동료들과 함께 회사의 발전에 크게 이바지하고 있었다. 시장에서 성공한 혁신적인 제품들 대부분이 그녀와 팀원들의 노력으로 만들어진 것들이었다.

S양은 특히 팀 내 젊은 직원들에게 아낌없는 지원을 해주었다. 회사의 미래를 위해서는 이들의 혁신적인 능력이 무엇보다 중요하다고 생각했기 때문이었다. 그런 발상의 하나로 그녀는 젊은 기술자들로 창의적인 소모임을 꾸렸다. 그들은 이 소모임을 통해 시장성 높은 제품을 개발해야 한다는 의무감에서 벗어나 자신만의 아이디어와 비전을 자유롭게 실험해 볼 수 있었다.

경영진과의 마찰

그러나 S양의 이런 시도는 회사로부터 지지를 얻지 못했다. 특히 경영진 쪽의 두 사람이 그녀에게 불만이 많았다. 이들은 그녀가 시간만 낭비할 뿐 생산성이 없는 팀 프로젝트에 매달려 있다고 비판하고, 좀 더 실질적이고 판매 실적도 높일 수 있는 소프트웨어 계발에 주력해야 한다고 목소리를 높였다.

경영진과 S양의 싸움은 갈수록 심해졌다. 그들은 일상 업무를 처리하는 과정에서도 갖가지 마찰을 겪었다. 심지어 경영진에서는 S양과 팀원들이 양질의 제품 계발에 필요한 최소한의 시간마저 빼앗아버렸다. 그러다보니 충분한 계발 과정을 거치지 못한 제품들이 시장에 나가게 되었고, 결과적으로 이들 제품이 시장에서 밀려나기에 이르렀다.

그러자 S양의 관리 아래 있는 고객 센터로 소비자들의 불만이 쏟아져 들어왔다. 그녀가 사장과 벌인 몇 차례의 중재 노력도 별다른 변화를 가져오지 못했다. 그녀는 회사가 판매량만 중시하는 한 자신과 팀이 제대로 역량을 발휘할 수 없고, 결과적으로는 회사의 미래도 어둡게 된다고 강하게 피력했지만, 경영진은 꿈쩍도 하지 않았다. 그녀는 경영진과 대화할 때마다 그들 중 한 사람의 냉소적이고 젠체하는 말투에 크게 상처를 입었다.

S양은 자신의 진로와 함께 이직을 고민하기 시작했다. 그동안 자신이 시장에서 꽤 성공적인 결과를 내왔기 때문에 새 직장을 구하기란 어렵지 않을 거라는 생각이 들었다. 소프트웨어 전문가라는 점 외에도 팀 작업과 기술 혁신에 뛰어난 사람을 필요로 하는 곳은 많았다. 그런 것들이야말로 그녀가 조직 생활에서 무엇보다 중요시해 온 점

이기도 했다. 하지만 전혀 새로운 환경으로 뛰어드는 것에 대한 부담 감도 없지 않아 선뜻 결정을 내릴 수가 없었다.

두 번째로 그녀는 프리랜서로 일하거나 직접 사업체를 시작하는 방법도 생각해 보았다. 회사를 직접 차려서 운영하는 쪽에 마음이 끌렸지만, 경쟁이 치열한 시장 상황을 볼 때 위험 부담이 컸다. 어느 쪽을 선택해야 할지 막막했다.

S양은 몇 년 전 개인적인 문제로 가족 세우기 세미나에 참여한 경험이 있었다. 가족 세우기 세미나가 어려운 상황에서 명료함을 얻는데 도움이 되었던 만큼 조직 세우기를 통해서도 직업과 관련된 딜레마에서 좀더 분명한 결정을 내리고 싶었다.

조직체적 접근법을 통한 중재

단순히 경영진과의 문제를 해결하는 것이 S양의 주된 관심은 아니었다. 그보다는 자신의 미래와 진로에 대한 분명한 그림을 얻고 싶어했다. 그리고 눈앞에 펼쳐진 여러 가지 선택지들을 주의 깊게 살펴볼수 있는 기회를 갖고 싶어했다.

우리는 조직 세우기 세션에 필요한 정보를 수집하고 난 뒤, 특정 조직체 문제를 다룰 때 사용하는 '조직체 문화를 다루는 세션'을 시도해 보기로 결정했다. 조직체 문화를 다루는 세션에서는 조직이나 조직에 관련된 사람뿐만 아니라 조직이 지향하는 가치와 원칙도 세션에 세우게 된다. S양의 문제를 다루는 데 이 방법을 택한 이유는 그녀의 문제가 단순히 개인적인 것에 국한되지 않고 "어떤 가치를 선택할 것인가?" 하는 문제와 관련이 있기 때문이었다.

이런 방법을 처음 시도했던 슈파러와 바르가 폰 키벳은 조직 운영의 원천으로서 기본적인 가치들의 중요성을 주장하면서, 조직 내에서 발생하는 특정한 문제들은 기본적인 가치를 존중하지 않는 데서 기인한다고 강조한다. 이들에 따르면 조직이 제 기능을 조화롭게 수행하려면 무엇보다 세 가지 기본 가치가 존중되어야 한다.

조직의 기본적인 세 가지 가치

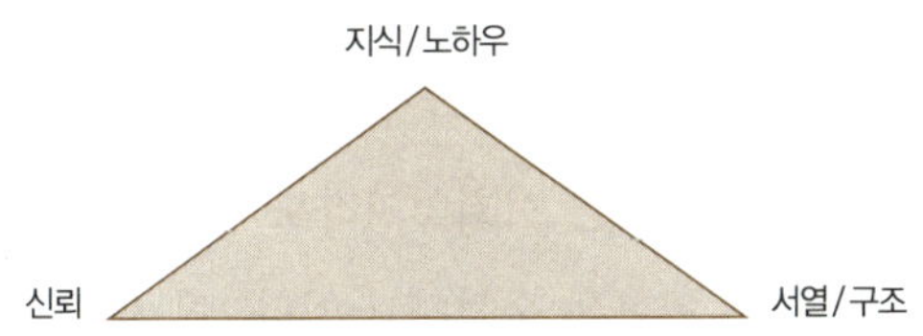

세 가지 가치 중 한 가지만 중시하고, 다른 두 가지를
무시하는 행위는 조직체 내에 불안감을 유발할 수 있다.

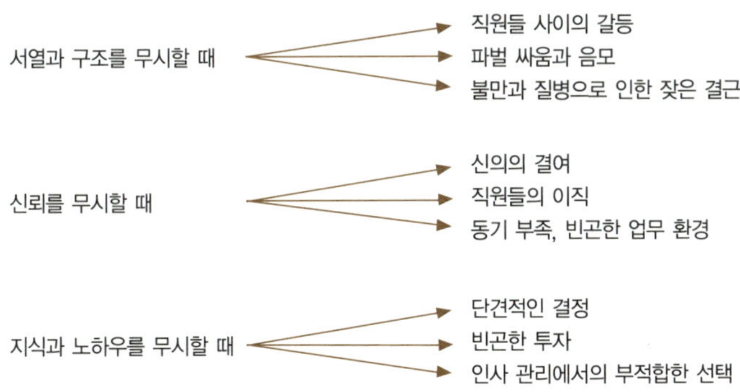

S양이 중요하게 여기는 가치는 신뢰, 개방성, 공감대 형성과 팀원들

간의 협력이었다. 그녀는 경영진 쪽의 두 사람이 생산력 중심의 경영 방식만을 고집하는 것 때문에 어려움을 겪고 있었다. 그녀는 이 두 사람이 생각이 짧고 융통성이 없으며 지나치게 이익만 따진다고 생각했다. 상사들에 대한 이런 불만 때문에 S양은 조직의 이익을 위해 필요한 여러 원칙들의 긍정적인 부분에 대해서도 무의식적으로 거부해 오고 있었다. 그녀는 자신이 중시하는 가치와 스스로를 매우 강하게 동일시를 하고 있어서 구조, 서열, 안전성에서 부정적인 측면밖에 볼 수 없었다.

조직 문화의 균형이 제대로 잡혀 있을 때에는 서열, 신뢰, 지식과 이에 반하는 원칙들이 상호 보완적인 관계를 유지할 수 있다. 개인적인 가치 체계에서도 똑같은 균형의 법칙이 적용된다.

서로 문화와 전통이 다른 사회일지라도 대개는 진, 선, 미가 그들 사회의 근간이 되는 철학을 구성하고 있다. 이 세 가지 요소는 조직 경영이라는 좀더 실제적인 영역에서는 지식과 신뢰와 서열(노하우, 협동 정신, 구조)로 나타난다. 우리가 몸담고 있는 이런 실제적인 영역이 평형과 안정을 유지하려면 이처럼 반대되는 가치들이 서로를 인정할 수 있어야 한다.

프리드리히 니체는 그리스의 신 아폴로와 디오니소스의 예를 들어서 이 같은 주제를 표현했다. 고대 그리스에서는 모든 사람이 신을 경배할 의무가 있었다. 사람들은 자기가 가장 좋아하는 신을 섬길 수 있지만, 동시에 좋아하지 않는 신이라 하더라도 경배해야 할 의무가 있었다. 아무리 이성적이고 자제력을 갖춘 아폴로 숭배자들이라 해도 포도주를 물마시듯 하는 디오니소스와 술에 취해 소란스러운 그의 추종자들을 위해 제물을 바쳐야 했다. 그렇지 않으면 모욕을 당했다고 생각한 디오니소스에게 복수를 당하기 때문이었다. 결국 아폴로를 추종하며 살아가고 싶다면 디오니소스를 위한 춤도 조금씩 추어야만 했다.

이처럼 구조와 서열을 중시하는 사람들은 신뢰와 노하우 혹은 혁신이라는 원칙 역시 존중하는 법을 익혀야 한다. 반면에 신뢰와 혁신의 깃발만 흔들고 싶어하는 S양과 같은 사람도 구조와 서열이라는 원칙과 타협점을 찾아야 한다.

S양에게 개인적인 가치 체계가 균형을 잡을 수 있도록 기회를 주기 위해서 우리는 개인이나 역할을 대신할 대리인들 외에 세 가지 기본 원칙의 대리인을 추가했다. 우리는 이 원칙들을 노하우, 구조, 신뢰라고 부르기로 했다.

조직 세우기 세션

S양은 세션을 통해 다루고자 하는 문제를 이렇게 표현했다. "제가 어디를 향해 가고 있는 걸까요? 이렇게 갈등과 한계에 부딪치면서도 계속 회사를 다녀야 하는지, 아니면 다른 직장을 구해야 하는지, 그것도 아니면 회사를 창업해서 제 방식대로 운영해 보는 게 좋을지 판단이 잘 안 서네요." 잠시 후 S양은 세미나에 참석한 사람들 중에서 다음과 같은 역할의 대리인들을 선택했다.

- 의뢰인의 대리인: 세션에서는 S양이라고 지칭함
- 의뢰인이 일하고 있는 회사: '현재의 회사'라고 지칭함
- 의뢰인이 앞으로 일하게 될 수도 있는 회사: '새로운 회사'라고 지칭함

- **자영업 혹은 창업**: '창업'이라고 지칭함

- **신뢰의 원칙, 공감대, 개방성, 다른 사람들과 함께 일을 잘 해나갈 수 있는 능력**: '신뢰의 원칙'이라고 지칭함

- **지식의 원칙, 명료함, 통찰력, 노하우**: '노하우의 원칙'이라고 지칭함

- **구조의 원칙, 질서, 의무, 협상, 기본적인 생존과 관련된 안정의 추구**: '구조의 원칙'이라고 지칭함

S양은 내면의 이미지에 따라서 대리인들을 세우기 시작했다.

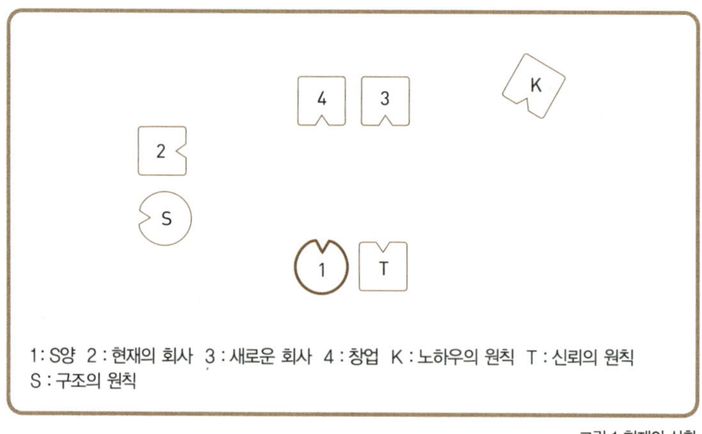

1 : S양 2 : 현재의 회사 3 : 새로운 회사 4 : 창업 K : 노하우의 원칙 T : 신뢰의 원칙
S : 구조의 원칙

그림 1 현재의 상황

새로운 회사와 창업이 S양을 마주보고 서 있다. 둘은 그녀를 바라보고 있다. 노하우의 원칙은 조금 떨어진 곳에 따로 서서 S양을 바라보고 있다. 신뢰의 원칙은 S양이 서 있는 곳 바로 옆에 서 있다. 신뢰의 원칙과 S양은 같은 방향을 바라보고 있다. 현재의 회사는 구조의 원칙 옆에 나란히 서 있지만 다른 방향을 바라보고 있다.

178

S양

코치 _ 지금 S양의 대리인은 어떠세요?

S양_저 자신에 대한 확신이 없고 내적인 갈등에 시달리고 있어요. 어느 쪽을 바라봐야 할지 모르겠어요. 제 오른쪽에 서 있는 사람에게 굉장히 친밀감이 느껴져요. 왼쪽은 죽어 있는 것 같아요. 제 앞쪽에서 저를 보고 있는 네 개의 눈에서 시선을 뗄 수가 없어요. 왼쪽에서 긴장감이 느껴지는데 아무래도 현재의 회사 대리인 때문인 것 같아요. 노하우의 원칙에 대해서는 별다른 느낌이 없어요. 그런데도 이쪽(구조의 원칙을 지칭한다.)을 보면 비애나 분노, 반발심이 생기고 감정이 뒤죽박죽돼요.

코치 _ 신뢰의 원칙이 당신과 아주 가깝게 서 있는데 어떠세요? 불편하세요, 아니면 편하세요?

S양_ 말씀드렸듯이 친밀감이 느껴져요. 마치 옆에 있는 사람과 착 달라붙어 있는 느낌이에요. 둘이 용접이 된 것 같다고나 할까?

신뢰의 원칙

코치 _ 신뢰의 원칙은 어떠세요?

신뢰의 원칙_제 자신이 아주 강력하고 중요한 존재라는 느낌이 들어요. 그녀(S양의 대리인을 가리킨다)에게 가장 크게 힘이 되는 사람이 저예요. 하지만 너무 가까이 있는 것 같아 불편하네요. 조금 떨어졌으면 좋겠어요. 그런데 제가 멀리 떨어져 있으면 그녀가 주저앉을 것 같아서 발길이 떨어지지 않아요. 다른 사람들에게는 전혀 관심이 가지 않는데, 단 한 사람, 우리에게 등을 돌리고 있는 대리인(구조의 원칙을 지칭한다)에게는 신경이 좀 쓰여요. 제 모든 관심은 오로지 여기

(S양을 손으로 가리키며)에 있어요. 저 사람(구조의 원칙의 대리인을 바라
보며)은 저에게 위협적인 존재에요. 그나마 저 사람의 얼굴이 아닌
뒷모습을 보고 있는 게 얼마나 다행인지 몰라요.

구조의 원칙

코치 _ 구조의 원칙은 지금 어떻습니까?

구조의 원칙 _ 이 자리에 계속 서 있자니 점점 화가 치밀어 올라요.
저를 한쪽으로 밀어버린다고 해서 문제가 해결되지 않을 거라고 말
하고 싶어요. 사실 저 없이는 아무런 진전도 되지 않아요!

코치 _ 다른 곳으로 자리를 옮기고 싶은 마음이 있나요?

구조의 원칙 _ 네. 돌아서고 싶어요.

코치 _ 그렇게 하세요. (대리인이 돌아선다.) 어떤 변화가 있으세요?

구조의 원칙 _ 기분이 훨씬 낫습니다.

코치 _ 주변에 있는 사람들 중에 누구에게 관심이 갑니까?

구조의 원칙 _ 현재의 회사와 교감을 느낄 수 있어요. 마치 친형제
처럼 느껴집니다.

현재의 회사

코치 _ 당신의 느낌은 어떠세요?

현재의 회사 _ 저는 한쪽으로 밀려난 채 방치되어 있어요. 도대체
제가 어떤 느낌을 가져야 할까요? 저는 계속해서 S양을 쳐다보고 있
지만 그녀는 저를 보려고 하지 않아요. 노하우의 원칙과 구조의 원칙
과는 교감을 느낄 수 있어요. 저쪽에 서 있는 두 사람(S양과 신뢰의 원
칙을 가리킨다)의 관계에는 신경 쓰고 싶지 않아요.

코치_신경 쓰고 싶지 않다는 게 어떤 의미인가요?

현재의 회사_S양에게 이렇게 말해주고 싶어요. "그게 당신이 원하는 바라면, 나는 더 이상 당신과 일을 해야 할 필요성이 없어"라고 말이에요.

새로운 회사와 창업

코치_여기 서 있는 두 사람은 어떠세요? 둘 다 S양을 바라보고 있는데요.

새로운 회사_저는 이 자리가 편하지 않아요. 좀더 뒤쪽으로 가고 싶어요. 이쪽(S양 쪽을 손으로 가리킨다)을 보고 있으면, S양과 신뢰의 연합체밖에는 보이지 않아요. 저 두 사람에 대한 느낌은 현재의 회사가 말한 것과 같아요. 저들에게 아무런 관심도 없어요! 제 오른쪽(창업)에 경쟁자가 서 있는데 그다지 나쁘지 않아요. 하지만 조금 떨어져 있고 싶은 생각도 있어요. 노하우의 원칙과 구조의 원칙에게 관심이 가지만 그 둘은 너무 멀리 떨어져 있어요.

창업_저 역시 새로운 회사가 말한 것과 비슷한 느낌이에요. 저 두 사람(S양과 신뢰)이 저렇게 서 있는 한 저도 아무런 관심이 없어요. 저 역시 더 뒤로 물러서고 싶어요.

노하우의 원칙

코치_노하우의 원칙은 어떠세요?

노하우의 원칙_뭔가 분명한 느낌을 갖기 어려워요. 굳이 표현하자면 이 자리에 서 있는 게 썩 좋은 것도 아니고 나쁜 것도 아니라고 할 수 있어요.

코치_다른 대리인들에 대한 느낌은 어떠세요?

노하우의 원칙_부러움! 저는 신뢰의 원칙이 부러워요. 저 자리가 바로 제가 있고 싶은 곳이거든요. 반드시 저렇게 가깝게 서 있지 않더라도 S양과 가까운 곳에 서 있을 수만 있다면 좋겠어요. 도대체 제가 없이 S양이 뭘 할 수 있겠어요?

코치가 자리에 앉아서 세션을 지켜보고 있는 S양에게 질문이나 하고 싶은 말이 있느냐고 물어본다.

S양_지금 여기서 일어나고 있는 상황이 놀랍기만 해요. 현재의 회사가 보여주는 태도는 실제와 너무나 똑같아요. 회사는 현실에서도 지금 보는 것과 같은 태도를 취하고 있어요. 물론 공개적으로 저런 태도를 보이지는 않지요. 제가 회사를 그만두고 싶어하는 이유 중 하나도 저런 태도 때문이에요. 이제야 상황이 명료하게 보이는군요. 처음에 세워진 모습은 저에게 많은 정보를 주었어요. 이제 제가 알고 싶은 것은 어떻게 해야 이 연결 고리(신뢰의 원칙의 대리인을 가리키며)에서 자유로워질 수 있느냐는 거예요. 그리고 이 과정이 앞으로 제가 결정을 내리는 데 어떤 도움이 될 수 있는지도. 아직까지는 해답을 본 것 같지는 않아요.

코치는 S양에게 세션이 끝날 때까지 그 질문을 미뤄두라고 요청한다. 해결책과 관련해 이 시점에서 코치가 할 수 있는 일은 기껏해야 추측하는 것뿐이다. 첫 번째 상황에서 우선 갈등의 기본적인 구조를 명확하게 하는 작업이 필요하다. 그래야 다음 단계로 옮겨갈 수 있다.

중재의 단계

중재 과정이 진행되는 동안 S양의 대리인은 처음으로 구조의 원칙과 그에 따른 가치들에 존경심을 표현할 수 있게 되었다. S양은 마치 용접되어 달라붙은 듯한 느낌이 들 정도로 지나치게 동일시했던 신뢰의 원칙에 대해서도 그런 마음이 조금 줄어든 것 같다고 말했다. 그 순간 신뢰의 원칙은 S양으로부터 조금 떨어진 자리로 옮겨갔다.

다음 단계에서 S양이 현재의 회사와 노하우의 원칙의 존재를 인정하는 과정이 진행되었다. 그녀는 구조와 서열이라는 기초 없이 신뢰와 개방성은 존재할 수 없다는 사실을 이해하게 되었다. 그녀가 노하우의 원칙을 향해서 다음과 같이 말한다.

"저는 언제나 당신에게 의존해 왔습니다. 당신의 도움으로 많은 일을 이룰 수 있었다는 사실을 잊고 있었습니다. 이제 저는 제 일에 있어 당신이 얼마나 중요한 역할을 해왔는지 알 수 있습니다."

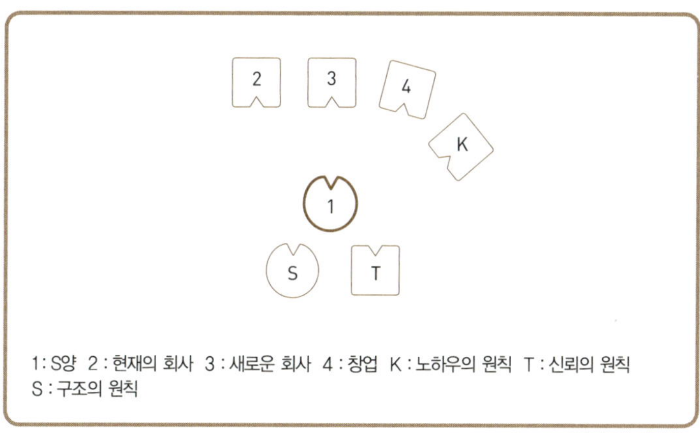

1 : S양 2 : 현재의 회사 3 : 새로운 회사 4 : 창업 K : 노하우의 원칙 T : 신뢰의 원칙
S : 구조의 원칙

그림 2 해결책에 도달한 모습

이 말을 하고 난 뒤 S양의 대리인이 안도감과 함께 좀 자유로워진 모습을 보인다. 코치가 신뢰의 원칙과 구조의 원칙 대리인들을 S양의 등 뒤에 세운다. 그 둘 역시 다른 원칙들 못지않게 그녀에게 힘의 원천으로 역할을 해줄 수 있다. 그러자 "제 등 뒤에서 느껴지는 지지가 저에게 큰 힘을 주는군요. 게다가 왼쪽에서 느껴지던 죽은 것 같은 느낌도 사라지고 없어요"라고 S양의 대리인이 말한다.

신뢰와 구조의 원칙 대리인들도 목소리에 힘을 주어 "우리는 둘이 함께 있을 때 당신에게 힘이 될 수 있습니다"라고 말한다. 그들은 다른 원칙들과 마찬가지로 자신들도 중요하다는 점을 강조한다. 노하우의 원칙은 S양이 자신을 잘 볼 수 있는 위치가 가장 좋은 자리인 것 같다고 말한다.

현재의 회사, 새로운 회사 그리고 창업은 S양으로부터 조금 떨어진 맞은편에 세워진다. 그녀와 똑같은 거리에 세워지면서 셋 모두 중요하다는 것을 알 수 있다. 이렇게 S양으로부터 같은 거리에 세 가지 선택지를 세워놓음으로써 그녀가 셋 중에 하나를 선택하기 전에 좀더 신중하고 분명한, 전문가적인 관점에서 각자의 장점과 단점을 비교해 볼 수 있게 된다.

마침내 S양의 대리인이 서 있던 자리에 의뢰인인 S양을 세워본다. 자리에 서자 그녀가 고개를 끄덕이더니 "기분이 좋아요. 등 뒤에서 지지해 주는 힘을 느낄 수 있어요. 노하우의 원칙을 오른쪽에 두고 있으니 든든하네요"라고 말한다.

코치는 그녀에게 한 가지 실험을 해보고 싶다고 제안하고, 그녀는 흔쾌히 받아들인다. 코치가 S양에게 구조의 원칙과 신뢰의 원칙에게 등을 살짝 기댄 채 그들에게서 전해지는 힘을 느껴보고, 그 상태에서 세 가지 원칙들을 정면으로 바라보라고 요청한다.

S양_(놀라움에 찬 미소를 띤 채) 등 뒤에서 지지해 주는 힘이 느껴져요. 사물을 바라보는 마음이 순식간에 바뀌어버리네요. 저 둘(새로운 회사와 창업을 지칭한다)에게 더 이상 호감이 가지 않아요. 물론 둘이 가능성으로 남아 있기는 하지만 그다지 중요하게 생각되진 않아요. 그리고 현재의 회사에 대해서도 전처럼 거부감이 없어요. 그런데 한 가지 질문이 있어요. 오늘 이 세션이 끝나고 회사로 돌아갔을 때 또 다시 똑같은 구덩이에 빠지지 않으려면 제가 어떻게 해야 할까요? 지금 이 순간은 모든 게 명료하게 보이는데 말이에요.

조직체적 접근법을 취한 코칭

코치는 그녀에게 조직체적 접근법을 통한 코칭을 제안한다. 조직 내의 기본적인 원칙들의 가치와 관련해 그녀가 찾아낸 새로운 균형이 자리를 잡는 데 도움이 되리라고 생각했기 때문이다.

대개 한 가지 원칙의 가치만 고집하는 경우는 한 개인의 가족체와 깊은 연관성을 가지고 있다. 코칭 과정을 통해 그 사람이 부모 중 한 사람에게만 강한 신의를 느끼는지, 부모 중 한 사람의 원래 가족에서 중요시하는 가치를 따르려 하는지 알아볼 수 있다. 한 가지 원칙만을 중요시하는 태도는 부모 중에서 한 사람의 가치 규범은 준수하되 다른 한 사람의 것은 거부한다는 의미를 담고 있다. 이런 관계가 무의식에 그대로 남아 있는 한, 그는 자신만의 가치 체계를 계발하지 못한 채 평생 부모 중 한 사람의 가치 체계 틀 안에 갇히고 만다.

만일 이러한 무의식이 한 개인의 삶에 지배적인 영향을 끼친다면 세션을 통한 해결의 이미지가 오랫동안 효과를 발휘하기는 힘들다.

대리인들이 모두 역할 밖으로 나오고 난 뒤 세션이 종료된다.

긴장 관계

S양은 신뢰와 개방성 그리고 혁신에 지나치게 큰 비중을 두고 있었다. 이러한 가치들과 지나친 동일시를 하고 있었던 까닭에 그녀는 서열의 원칙을 장애물로 볼 수밖에 없었다. 결과적으로 서열의 원칙에 대해서는 저항과 거부감을 드러냈다. 더 구체적으로 말하자면 그녀가 거부하고 있던 것은 서열의 원칙이 아니라 좁은 소견과 완고함, 이익 중심적인 태도와 같은 부정적인 요소들이었다. 그녀는 회사 경영자들을 이러한 부정적인 요소들을 대신하는 사람들로 보았고, 결국 그들과의 싸움을 선택하게 된 것이다.

상사들과의 갈등을 이기지 못한 그녀에게 남은 선택이란 회사를 그만두고 새로운 일자리를 찾는 것뿐이었다. 이처럼 균형을 유지하지 못한 채 한쪽으로 기울어진 것은 그녀가 지식이나 노하우의 가치를 거부했기 때문이다. 나중에 그녀는 어린 시절부터 자신이 '뭐든 빨리 익히는 아이'였으며 성장기에도 마찬가지였다고 덧붙였다. 어쩌면 이것이 그녀가 단 한 번도 노하우의 가치에 관심을 두지 않았던 이유일 수 있다고 추측해 볼 수 있다.

이제 그녀는 구조와 서열의 원칙을 삶의 기본 원칙의 하나로 인정하면서 좀더 넓고 균형 잡힌 가치 체계를 형성할 수 있게 되었다. 또한 개인적인 성장의 토대로서 전문가적인 노하우가 얼마나 중요한지도 알게 되었다.

조직체적 법칙의 파괴

구조와 생존, 의무와 서열(현재 회사의 경영자들을 의미한다)의 대리인들이 S양에게 거부당하자 그들 역시 그녀에 대해서 부정적인 태도를 취했다. 그에 대한 반발로 그녀 역시 경영자들을 소견이 좁고 돈만 따지는 사람들로 대하게 되었다. 회사의 생존을 위해 일하는 사람들은 조직 내에서 그에 합당한 존경을 받아야 한다. 또 회사 내에서 서열상 가장 높은 자리에 있는 사람들 역시 존중을 받아야 한다. 상사들에 대한 S양의 태도는 결국 서열의 법칙을 무시하는 행동이었고, 그로 인해 회사 내에서 그녀의 자리는 약해지고 말았다.

해결책의 실제 적용

우리는 S양에게 조직 세우기 세션을 통해 새로 깨달은 대로 상사에게 접근해 보라고 제안했다. 얼마 뒤 S양은 자신을 차갑게 대하던 경영자가 매우 협조적인 태도를 보인다고 알려줬다. 그녀는 그들을 대하는 자신의 태도가 변하면서 그들의 모습도 달라진 것 같다고 덧붙였다. 또 전에는 간과했던 예산 계획이나 신속한 상품 계발 같은 문제가 왜 중요한지 이해할 수 있게 되었다고 말했다. 그리고 그런 가치의 중요성을 인정한다고 해서 그녀가 중시하는 가치 체계와 갈등을 빚는 일은 벌어지지 않았다. 염두에 두었던 새로운 직장에 대한 생각도 사라졌다.

조직 세우기에 관한 질문과 대답

"단 한번의 조직 세우기 세션으로 조직 안에서 겪고 있는 문제를 해결할 수 있습니까?"

"1,2년 후에 목적이 바뀌었다면 또다시 세션을 해야 하나요?"

"개인의 사생활을 드러내지 않고 대략만 얘기해 줘도 세션을 진행할 수 있나요?"

Organization
Constellations

문제에서 해결로
열쇠를 돌리다

누구에게나 열려 있는 세미나나 공개 강의에서 참여자들이 던진 질문은 상당히 흥미롭고 중요한 것들이다. 그 질문들은 우리에게 문제의 해결을 조직 내에서 찾을 수 있도록 도와준다. 여기에서는 사람들이 자주 묻는 질문과 그에 대한 답변을 살펴볼 것이다.

단 한 번의 세션으로

:: 단 한 번의 조직 세우기 세션으로 조직 안에서 겪고 있는 문제를 해결할 수 있습니까?

조직 세우기 세션은 마법의 알약이 아닙니다. 오히려 그것은 문을 열 수 있는 열쇠와 같습니다. 물론 문을 여는 것만으로는 충분치 않습니다. 문을 열자마자 시선을 다른 방향으로 돌려버리고 문이 다시 닫히도록 내버려둔다면 열쇠를 가지고 있어봐야 아무 소용이 없습니다. 다시 열쇠로 문을 열고 방 안을 들여다봐야 합니다.

해결의 이미지는 열린 문을 통해서 방 안을 들여다보는 것과 같습니다. 상황을 있는 그대로 바라볼 수 있고, 무엇이 어떻게 되어야 할지도 살펴볼 수 있습니다. 물론 한 번 보는 것만으로는 목표에 도달했다고 할 수 없습니다. 다만 해결의 이미지를 통해서 목적지가 좀더 명확하게 표현된 그림을 한 장 얻게 되는 것입니다. 그리고 이 새로운 이미지를 마음속에 새기고 일상의 일터로 돌아가게 됩니다.

이제 당신은 매일 반복되는 생활에서 익숙한 문제들을 구분할 수 있고, 다른 관점에서 문제를 바라보게 됩니다. 그리고 더 이상 불편한 상황과 자신을 동일시하지 않습니다. 그런 동일시가 문제를 어떤 식으로 몰고 갈지 분명히 알기 때문입니다.

조직 세우기 세션에서 당신은 문제를 염두에 두고 느낌에 따라서 대리인들을 자리에 세웁니다. 이 첫 번째 모습에서 당신은 현재의 상황을 있는 그대로 볼 수 있습니다. 제삼자의 입장에서 자신이 속한 조직체의 모습을 보면서 더욱 명확하게 상황을 파악할 수 있습니다.

최종 모습, 즉 해결책의 그림을 통해서는 문제를 어떻게 하면 효율적으로 해결해 갈 수 있는지 알게 되고, 상황을 다루는 데 필요한 힘도 얻을 수 있습니다. 사실 해결의 이미지는 아주 실제적인 비전을 제시해 줍니다. 그것을 가지고 당신은 현재 벌어지는 상황과 가장 이상적인 모습 사이의 간격을 좁힐 수 있습니다.

이 내용을 좀 구체적으로 살펴보겠습니다. 당신이 이제 계발 부서와 생산 부서 사이에 치열한 경쟁과 긴장이 존재해 왔음을 알게 되었다고 합시다. 어쩌면 조직 세우기 세션을 하기 전부터 그들 사이에 그와 같은 경쟁과 긴장이 있지 않은지 의심했을지도 모릅니다. 이제 당신은 처음 조직체가 세워진 모습과 대리인들에게서 얻은 피드백을 통해 상황이 명료하게 펼쳐지는 것을 보게 됩니다. 그리고 계발 부서와 생산 부서가 공동의 목표를 계속 가지고 있는 한 서로 협력해서 좋은 결과를 낼 거라는 해결의 이미지도 보게 됩니다.

세션이 끝난 뒤 그 해결책이 회사 안에서 구체적인 모습으로 드러날 때까지 가만히 앉아서 기다릴 필요는 없습니다. 당신이 경험한 과정을 훨씬 빨리 현실화시킬 수 있는 여러 가지 방법이 존재하기 때문입니다. 위와 같은 경우라면, 계발 부서와 생산 부서가 서로 만나서 현실적인 문제와 지향하는 목표 등에 대해 솔직하게 의견을 주고받는 창구를 만드는 것이 한 방법이 될 수 있습니다.

코치는 그들이 어려움을 극복해 나아가도록 적절한 도움을 줄 수 있고, 그들은 공동의 목표를 향해서 함께 협력하며 일할 수 있는 길을 찾기 시작합니다. 이러한 변화는 전염성이 강해서 양쪽의 다른 직원들도 이내 새로운 물결의 효과를 느끼기 시작합니다. 이제 그들은 더 이상 서로를 적대시하지 않습니다. 양측을 가르고 갈등의 골을 깊게 하던 경계선은 이제 같은 목적을 향해 달리는 협력선으로 바뀝니다.

급변하는 산업의 경우

:: 저는 IT 분야에서 일하고 있습니다. 오늘날 가장 급격히 변화하는 산업 중 하나인데 이런 영역에서도 조직 세우기 방법을 적용할 수 있나요?

그렇게 급격히 변화하는 조직체의 구조를 오랜 시간에 걸쳐 발전해 온 조직체의 구조와 비교할 수는 없습니다. IT 분야의 빠르고 급격한 변화는 사람들에게 오랫동안 생각해 보고 나서 일을 결정하기보다는 '뭘 해도 괜찮아' 하는 기분으로 일을 하게 만드는 면이 있습니다. 또 IT 종사자들은 같은 회사에서 근무하더라도 독립적으로 일을 하기 때문에 서로 간의 교류가 부족합니다. 그들은 고객의 욕구를 완벽하게 충족시켜 줘야 할 뿐 아니라, 고객의 취향에 따라 그때그때 융통성 있게 대처할 필요도 있습니다. 그러다보니 회사의 성공을 위해서라면 사람들과의 교류를 언제라도 포기할 수 있어야 합니다.

업무에 대한 요구라면 언제 어디서고 어떤 목적이든 상관없이 주어지는 대로 모두 해결을 해야 하는 구조가 IT 분야 같은 조직체의 모습입니다. 그러다 보니 전통적인 방식의 조직의 모습을 기대하기란 거의 불가능합니다. 업무라는 측면에서는 실질적이고 효율적일지 모르지만, 사람들의 모임으로서 조직의 형태는 없는 셈입니다. 다시 말해 회사의 구성 요소와 형태가 매일매일 바뀐다는 뜻입니다. 효율적이지만 확실한 모습이 없는 조직, 그 모습은 마치 중심점이 없는 초점과도 같습니다.

그러나 아무리 급격히 변화를 거듭하는 조직체라 하더라도 특정한 법칙의 영향을 받기는 마찬가지입니다. 다만 이런 회사를 대상으로 한 조직 세우기는 직원들의 개인적인 업무와 관련된 문제를 다룰 때만 의미가 있습니다. 실제로 많은 IT 종사자들과 작업해 보았는데, 그때도 세션을 통해서 다루는 문제는 회사나 팀과 관련된 것이 아니라 "이 회사가 정말로 나에게 맞는 곳일까?" "직업을 선택할 때 나에게 가장 중요한 요소는 무엇일까?" 같은 개인적인 주제였습니다.

조직이 끊임없이 변화를 거듭하는 상황이다 보니 회사에 대한 애

착이나 소속감은 당연히 약할 수밖에 없습니다. 회사에 소속되어 있다고는 하지만 구성원들 상호간의 인간적인 교류가 결여된 상태에서 구성원 개개인은 독립된 '개인들'일 뿐입니다. 당연히 다음과 같은 의문이 생길 수밖에 없습니다. "나는 대체 어디에서 소속감을 경험해 볼 수 있을까? 내가 사람들과의 교류를 느껴본 적이 있기나 한 걸까? 아니면 완전히 외떨어져 한 프로젝트에서 다른 프로젝트로 끊임없이 이동만 반복하고 있는 것일까? 프로젝트를 진행하는 동안 잠시 머무는 거처들처럼 조직 내의 인간 관계도 임의적인 것은 아닐까?"

우리는 이러한 주제와 관련된 문제를 바르가 폰 키벳과 슈파러에 의해 계발된 '조직체적 구조를 다루는 세션'을 통해 많이 다루었습니다. 이 방법을 통해서 의뢰인은 목표로 가는 길을 막는 장애물이 무엇인지 명확하게 인식할 수 있습니다. 목표에 이르기 위해서 그가 가지고 있는 어떤 자질을 더욱 부각시켜야 하는지 알게 됩니다. 의뢰인의 문제가 내적 갈등과 관련되어 있을 경우, 우리는 한 가지 퍼스낼리티의 여러 측면을 나타내는 대리인들을 세우는 '내적 조직 세우기'를 시도해 볼 수 있습니다. 내적 조직 세우기란 흔히 '마이크로 시스템micro system이라고 불리는 하위 인성 집단을 다룬 작업'을 지칭합니다.

퍼스낼리티란 흔히 '인성'이라고 표현됩니다. 우리는 여러 개의 퍼스낼리티를 가지고 있습니다. 마치 상황에 맞게 바꾸어 입을 수 있는 여러 종류의 옷이 옷장에 걸려 있는 것과 같습니다. 회사에 출근할 때 입는 옷이 있는가 하면, 파티에 갈 때 입는 옷도 있고, 초등학교 동창생들을 만날 때 입는 옷도 있습니다. 다시 말해서 회사에서는 '리더십 있는 과장'이라는 인성을 사용하고, 상점에서 물건을 살 때

는 '꼼꼼한 소비자' 라는 인성을 사용하며, 배우자에게는 '좋은 남편'
이나 '자상한 부인' 이라는 인성을 사용합니다. 그리고 이 각각의 인
성은 몇 가지 하위 인성들을 거느리고 있습니다. 이 하위 인성들은
마치 주요 인성이 거느리고 있는 부하 직원들과 같습니다. 당신이 어
떤 프로젝트를 진행하고자 할 때, 성공을 거두려면 이 하위 인성들의
도움을 받아야 합니다. 이러한 하위 인성들을 우리는 '내적인 팀' 또
는 '내적 조직체' 라고 부릅니다.

이 퍼스널리티와 내적 조직체(마이크로 시스템)에 대해서는 뒤에서
자세하게 다룰 것입니다.

불필요한 갈등의 예방

**: : 우리가 공개 세미나에서 본 것과 같은 조직 세우기 세션을 회사 안에서 직접
해볼 수 있나요?**

물론 가능합니다. 하지만 공개 세미나 때와는 다른 조건이 필요합
니다. 공개 세미나에서는 참여자들이 회사의 업무로부터 어느 정도
거리를 두게 됩니다. 또 참여자 대부분이 서로에 대해서 잘 알지도
못합니다. 참여자들이 당신의 회사 생활과 관련된 아무런 지식도 없
다는 뜻입니다. 직장 안에서는 사람들과의 관계를 신경 쓰게 되기 때
문에 여기에서처럼 자신의 느낌을 거리낌 없이 표현하기가 어렵습니
다. 당신이 몸담고 있는 부서에서 조직 세우기 세션을 한다고 할 경
우, 상사와 관련된 어떤 내용은 표현하기가 힘들 수 있습니다. 세션
이 진행되는 동안 대리인으로서 감지한, 직장 상사와 관련된 느낌이

나 생각을 솔직하게 말했다가 오히려 불이익을 받을지도 모른다는 두려움을 가질 수 있기 때문입니다.

이처럼 불필요한 갈등이 생기지 않도록 하기 위해서 회사 안에서 조직 세우기 세션을 할 때는 공개 세미나 때와는 다른 방법을 사용합니다. 실제 문제와 관련된 개인들을 다루기보다는 특정 주제를 다루는 겁니다.

이것이 불가능할 경우에는 여러 명의 대리인을 한 사람 자리에 번갈아 세워 더욱 크고 완성도 높은 그림을 얻을 수도 있습니다. 대리인들의 반응을 통해서 혹시라도 세션을 이용해 개인적인 호감이나 악의를 표현하고 있는지의 여부를 즉각 확인할 수 있습니다. 다른 사람에게 해를 끼치고 싶지 않다는 생각에 의도적으로 조화로운 조직체의 모습을 세운다거나, 자신에게 불리한 상황을 피하고 싶어서 의식적으로 특정 형태의 조직체 모습을 세우려 든다면, 아무런 에너지도 없는 텅 빈 이미지만 얻게 될 것입니다. 혹은 대리인들이 감각적 인식을 통해서 얻은 정보를 말하기보다 자신들의 생각이나 주장을 표현하려고 들 때도 에너지가 전혀 없는 텅 빈 이미지만 얻게 됩니다.

흥미로운 것은 그런 그림은 실제로 아무런 영향력도 발휘하지 못한다는 것입니다. 대리인들은 단지 어깨를 들썩일 뿐 아무런 느낌도 받지 못합니다. 회사 안에서 진행하는 세션에서 이런 상황이 발생하면 우리는 방법을 바꾸거나 일 대 일 세션으로 작업을 합니다.

직감이 하는 말

:: 당신은 조직 세우기 세션을 해보면 목표가 분명해진다고 했습니다. 그 말은

사람들은 자신의 목표가 분명하고, 그 목표에 이르기 위해 가능한 모든 일을 하고 있다고 믿습니다. 하지만 실제로는 그렇지 못합니다. 목표로 향하는 길 위에는 언제나 하나 이상의 장애물이 있게 마련입니다. "이것이 목표를 이루는 데 도움이 되나?" 하고 질문하는 이유가 여기에 있습니다. 만일 모든 게 계획대로 순조롭게 진행된다면 굳이 이런 질문을 던질 이유가 없겠지요. 그러나 마음속에 이런 질문이 든다면 그것은 곧 당신이 장애물에 직면해 있다는 뜻입니다. 그것은 시장의 상황일 수도 있고, 회사 안의 일일 수도 있고, 당신의 성격과 관련된 문제일 수도 있습니다.

목표를 향한 첫 번째 걸음은 당신의 관심을 장애물에서 해결책으로 옮겨놓는 것입니다. 그런 뒤에 우리는 당신에게 어떤 결과를 얻고 싶은지, 목표에 도달했다면 어떻게 그 사실을 알 수 있는지, 구체적으로 어떤 방식으로 확인해 볼 수 있는지 물어봅니다. 이러한 질문을 던지는 이유는 아무리 양적으로 측정이 가능한 목표일지라도 거기에는 반드시 질적인 측면이 들어 있기 때문입니다.

우리가 목표를 이루고자 열의를 기울이는 것은 이런 질적인 요소 때문입니다. 예컨대 사업가가 "우리는 판매 실적을 ○○퍼센트 끌어올려 시장을 선도하고 싶다"라고 말할 때도 그는 측정 가능한 양적인 성과만을 말하는 게 아니라 주관적인 욕망까지 담아서 말하고 있습니다. 그에게 동기를 준 것은 내적인 그림이자 느낌입니다. 몇 퍼센트인가 하는 수치가 아닙니다.

당신의 회사가 시장을 선도하는지 아닌지 어떻게 알 수 있습니까? 정보란 경쟁 업체와 비교해서 나온 수치에서만 얻어지는 게 아닙니다. 당신의 느낌 역시 정보에 포함됩니다. 장부에 적힌 숫자 못지않게 당신의 '육감'이나 '직감' 역시 회사가 실제로 시장을 선도하고 있는지 아니면 잠깐의 호황을 누리는 것에 불과한지 말해줄 수 있다는 뜻입니다. 주변의 환경도 상황을 반영해 줍니다.

'직감'이라는 상징적인 표현을 쓸 때 우리는 무의식적으로 조직체적 의식을 언급하고 있습니다. 조직체적 의식이란 집단이나 조직체에 소속된 사람들 모두가 공유하고 있는 집단 의식을 뜻합니다.

이러한 '직감'을 구체적으로 알아차릴 수 있다면, 우리는 조직 세우기를 시작할 수 있습니다. 우선 당신 자신과 당신의 목표, 시장, 소비자들과 직원들 전체를 나타내는 대리인들을 세워봅니다. 대리인들을 모두 세운 뒤 살펴보니 당신 자신의 대리인이 경쟁 업체들 쪽을 바라보느라 목표 쪽은 소홀히 한다고 가정해 보죠. 이런 상황에서 필요한 움직임은 불 보듯 뻔합니다. 혹은 당신과 함께 일하고 있는 프로젝트 팀을 세운 뒤 다른 대리인들과의 관계성을 살펴볼 수도 있습니다. 어쩌면 그들이 목표를 향해 움직이는 과정에서 서로를 어떤 식으로 방해하고 있는지 보게 될 수도 있습니다.

만약 당신의 문제가 내적인 갈등과 관련되었다는 인상을 받게 된다면, 우리는 당신의 성격, 즉 퍼스낼리티의 여러 측면을 나타내는 내적인 팀의 구성원들을 세워볼 수 있습니다. 여러 퍼스낼리티 중 상대적으로 약한 부분이 목표에 도달하고 싶어하는데, 그보다 더 강한 부분이 그것을 방해하고 있다는 걸 발견하게 될 수도 있습니다. 내면에서는 누가, 외부적으로는 누가 목표를 바라보고 있는지, 누가 목표에 도달하고자 하고 누가 그렇지 않은지 알게 된다면 앞으로 나아가기가 한결 쉬워집니다.

다른 컨설팅 방법의 보완적인 수단

조직 세우기는 다른 방법론들과의 조합을 통해 훨씬 더 효율적으로 사용할 수 있습니다. 그리고 컨설팅 초기 단계에서 사용하는 것이 가장 효과가 큽니다. 자칫 못 보고 지나칠 수 있는 조직 내부의 긴장 관계에 대한 값진 통찰을 조직 세우기 세션을 통해 얻을 수 있기 때문입니다. 회사 안의 어떤 힘이 방해를 받고 있는지 정확하게 인식하지 못한 상태에서 컨설팅이 시작되면, 이후 구조를 조정하는 과정에서 잘못된 방향으로 나아갈 수 있습니다.

당신이 인사 분야의 변화를 기대하든 유통망의 원활한 관리를 기대하든, 우리의 경험에 따르면 제일 먼저 조직 세우기 세션부터 하는 것이 바람직합니다. 이 방법을 통해서 당신이 다루려는 문제와 관련해 회사의 실제 모습을 좀더 확실하게 볼 수 있습니다. 만약 당신이 회사의 문제를 해결하기 위해서 다른 방법을 사용하고 있다면 그것까지도 조직 세우기 작업 안에 포함시킬 수 있습니다.

혹시 회사 상황에 대한 분석이 이미 끝났거나 변화가 진행중일 경우에는, 조직 세우기를 통해 그와 유사한 조직체 그림을 볼 수 있습니다. 당신은 이 그림을 보면서 회사에 대해 전보다 더 많은 걸 알게 될 것입니다. 무엇이 조직체를 조화롭게 만들어주는지, 무엇이 조직체를 강하게 만들어주는지, 무엇이 조직체를 약화시키고 방해하는지 혹은 긴장을 유발하는지 분명하게 알 수 있습니다. 그런 뒤 다음 단계로 무엇을 선택할지 결정하면 됩니다.

조직체적 얽힘 관계를 나타내는 신호

:: 우리 회사는 개인들과 부서들 간의 경쟁 때문에 갈등이 자주 빚어집니다. 과연 조직 세우기로 이런 상황도 해결할 수 있을까요?

경쟁과 파벌 싸움으로 회사에 파괴적인 결과가 생겨나고 있다면, 이는 회사 내에 조직체적 얽힘 관계가 있다는 뜻입니다. 이는 조직 세우기를 통해서 다룰 수 있는 가장 전형적인 유형 가운데 하나입니다. 조직 세우기를 해보면 무슨 일이 일어나고 있는지 아주 구체적으로 살펴볼 수 있습니다. 대개 주기와 받기 사이의 균형이 깨지거나 소속의 권리를 가진 구성원이 조직 안에서 제외당할 때 조직체적 법칙이 훼손되면서, 결국은 문제가 불거지게 됩니다.

조직체 내에서 괴롭힘이라는 문제에 연관된 사람들을 보면 그 원인이 가족에서 기인하는 경우가 많습니다. 그가 희생자 역할을 하든지 가해자 역할을 하든지 말입니다. 이럴 경우에는 당사자의 가족 세우기 세션을 제안합니다. 물론 이는 그가 문제의 원인이 가족적 배경에서 비롯되었다는 사실을 인식하고 해결책을 찾아보겠다는 의지가 있을 때만 가능합니다.

후임자 선택

:: 우리 회사 내 한 부서의 최고 관리자가 퇴직을 앞두고 있습니다. 그래서 지금 회사는 내부 사람을 승진시킬지 외부 인물을 영입해 올지 결정을 내려야 할 시점에 있습니다. 과연 조직 세우기로 이 문제를 다루어볼 수 있나요?

이 질문은 단순한 인사 결정에 관한 문제가 아닙니다. 공석이 될 자리의 후임자를 내부에서 물색할지 외부에서 영입할지 확신이 없다는 것은 곧 조직적 양심이라는 부분이 작용하기 때문입니다. 이 양심이란 조직체의 균형과 관련되어 있습니다. 누군가의 소속의 권리가 위험에 처해 있을 때 양심은 자동으로 비상벨을 울리기 시작합니다. 회사 안에 그 자리로 승진할 권리를 가진 사람이 있는데, 그 권리를 무시하면 조직체가 거대한 소용돌이에 휘말릴 수도 있습니다. 따라서 어떤 사람을 후임자로 선택할지 정하기 전에 먼저 조직 세우기 세션을 통해 현 상황과 관련된 사실들을 점검해 볼 필요가 있습니다.

이제 이 질문의 다른 측면을 살펴보도록 하죠. 조직 세우기 방법으로 어떤 사람이 후임자로 적합한지 다루어보면 인사 결정 과정에서 도움을 얻을 수 있습니다. 조직 세우기 방법은 여태까지 사용되었던 방법들, 이성적이고 일차원적인 방법들의 범위를 보완하고 확장시켜 줍니다. 조직체적 접근법에는 '조직체적 의식'이라는 중요한 차원이 포함되어 있습니다. 이것을 살펴보면 후임자가 누구냐에 따라 회사 안의 인적 관계가 어떻게 달라질지 알 수 있습니다. 인적 관계가 어떠한지는 협력 관계를 유지해야 하는 비즈니스 세계에서 무엇보다 중요한 요소입니다.

인사 담당자들은 능력도 출중하고 경력도 빼어난 인물을 뽑았음에도 그가 회사에 부적합한 사람으로 판명되는 경험을 해본 적이 있을 겁니다. 후임자로 물망에 오른 사람들을 상대로 조직 세우기를 해보면 누가 그 자리에 적합한 인물인지 사전에 가늠해 볼 수 있습니다. 구체적으로 말하면, 후임 물망에 오른 사람들을 그 회사의 사장과 동료들 또 그의 밑에서 일하게 될 직원들 간의 관계 속에 세워보는 것입니다. 실제 세션에 들어가 보면 조직의 동료들과 직원들, 경영진들이 아주 놀라울 정도로 분명한 반응을 보입니다. "아니, 그 사람은 이곳에 맞지 않아요!" 하는 경우가 있는가 하면, 대리인들이 미소를 지으면서 따뜻하게 맞아줄 때도 있습니다. 중요한 것은 인사 관련 부서의 관리자는 후임자로 누가 적합한지를 살피는 세션에 참여해서는 안 된다는 점입니다. 그뿐 아니라 정보에 대한 평가가 완료될 때까지 세션의 결과를 알게 해서도 안 됩니다. 우리는 인사와 관련된 조직 세우기 작업에서 업무에 적합하다고 긍정적인 평가를 받은 사람이 실제로도 그렇다는 사실을 알게 되었습니다.

구조 조정 문제

: : 우리는 회사의 경영을 합리화하고 현재의 서열 체계를 평준화하고자 합니다. 조직 세우기 세션이 이러한 구조 조정 과정에 도움이 될까요?

조직 세우기 세션으로 회사의 경영을 합리화할 수는 없습니다. 단지 특정 문제와 관련해 현재의 상황이 어떤지 보여줄 수 있을 뿐입니다. 만일 어떤 방법이 구조 조정에 효율적인지 알고자 한다면, 우리는 먼저 조직체적인 관점에서 회사 안의 개인이나 집단의 권리가 훼손당한 경우가 없는지 살펴보라는 말씀을 드리고 싶습니다.

서열의 평준화를 이야기하든 경영 합리화를 이야기하든, 결과는 대개 업무 능력이 떨어져 있다는 것입니다. 직원들을 해고하기 전에 먼저 주기와 받기 사이의 균형이라는 조직체적 질문을 던져볼 필요가 있습니다.

회사의 생존을 위해서 해고가 불가피한 상황인가 아니면 주주들과 같은 특정 집단의 이익만을 고려한 것인가에 따라서 해고에 따른 영향의 크기가 달라집니다. 만일 후자라면, 회사는 이를 일종의 경고 사인으로 받아들여야 합니다. 한 집단의 이익을 위해서 다른 집단이 일방적으로 희생을 당한다면 회사 전체가 균형을 잃고 심각한 위기에 빠질 수 있기 때문입니다. 위기란 소속의 권리를 박탈당하고 조직 밖으로 쫓겨나 고통을 받는 사람들이 겪게 되는 결말과 같습니다. 물론 이보다 더 극적일 수도 있습니다.

조직체적 양심은 균형의 왜곡에 대한 합당한 보상을 요구합니다. 말하자면 훼손된 권리와 파괴된 균형에 정확히 비례하는 액수에 이자의 이자까지 친 보상을 요구하게 됩니다. 당신은 조직 세우기 세션에서 다루고 싶은 문제를 이런 식으로 구체화시킬 수도 있습니다. "나는 주기와 받기 사이의 균형을 깨뜨리지 않는 방식으로 구조 조정을 하고 싶다."

문제를 구체화하는 과정에서 '우리'라고 하는 것이 과연 누구를 가리키는지 분명해집니다. "우리는 회사의 경영을 합리화하고 싶다"라고 말하는 사람은 전무이사인가? 그는 또 다른 누군가를 대신해서 말하고 있는 건가? 허리띠를 졸라매야 한다고 할 때 그렇게 말하는 사람은 자신의 허리띠도 졸라맬 생각을 하고 있는 것인가, 아니면 다른 사람들만 그래야 한다는 것인가? 그는 등 뒤로 누구의 힘을 업고 있는가? 그리고 그에게 등을 돌리고 있는 사람은 누구인가?

조직 세우기 세션은 이 모든 의문에 분명한 답을 보여줄 수 있을 뿐만 아니라 사람들의 관심도 문제의 핵심으로 옮겨놓을 수 있습니다. 문제의 핵심을 확실히 짚고 넘어가야만 모든 사람들이 자신이 지금 어디에 서 있는지 알 수 있습니다.

높은 이직률의 원인

: : 많은 직원들이 회사를 떠나는 조직체적 배경은 무엇입니까?

이 질문은 대답할 수가 없군요. 그 이유가 한두 가지가 아니라 무수하게 많기 때문입니다. 직원과 회사 사이에 소통이 부족해서일 수도 있고, 경쟁 업체에 강한 호감을 느껴서일 수도 있겠지요. 혹은 조직체적 균형의 재분배와 관련되어 있을 수도 있습니다. 좀더 자세한 정보가 없는 상태에서 우리가 할 수 있는 일은 기껏해야 원인이 무엇인지 추측해 보는 정도일 뿐입니다. 지난날 한 회사에 피해를 끼친 일이 있을 경우 지금의 회사가 손실을 입음으로써 그 깨진 균형을 맞추는 것일 수도 있습니다.

물론 이런 식의 보상은 아무에게도 도움이 되지 않지만, 이것이 인간이 운영하는 조직체의 작동 방식이기도 합니다. 그러므로 이런 측면에 대해서 알고 깨어 있어야 합니다. 그것만이 당신이 부정적인 움직임을 알아챌 수 있는 유일한 방법이고, 그 경우에만 조직의 부정적인 측면을 정확히 측정할 수 있기 때문입니다. 만일 그러한 과정을 통해서도 균형을 맞추지 못한다면, 조직체적 의식이 스스로 균형을 파괴하게 됩니다.

이상한 일은 지난날 불균형을 낳았던 사람들이 이러한 파괴를 수긍하며 "일어나야 할 일이 일어났군" 하고 말한다는 점입니다. 그들로서는 균형을 맞출 필요가 있었던 문제, 성공하기 위해 꼭 짚고 갈 필요가 있었던 문제가 해결되는 셈입니다. 이 상황을 좋아하든 아니든 누구도 조직체 안에 존재하는 기본적인 법칙들을 마음대로 조정할 수 없습니다. 그럼에도 불구하고 종종 젊고 자신감에 찬 사람들이 조직체적 법칙을 임의로 조정하려는 시도를 하곤 합니다.

젊은 패기만 믿고 구조 조정을 시도한 한 미국인 사업가가 있습니다. 서른 살의 혈기왕성한 그는 어느 날 혜성처럼 나타나 사업체의 대표 자리를 꿰찬 사람이었습니다. 그는 넘치는 에너지로 회사를 송두리째 바꾸어놓았습니다. 하지만 때로 패기와 젊음이 심각한 결말을 초래하기도 합니다. 물론 젊은 경영자들은 단시간 내에 큰 이익을 만들어내는 능력을 보이기도 합니다. 그러나 함께 일하는 직원들의 노고와 그들이 지닌 권리에 대해서는 무감각한 경우가 많습니다. 그런 경우 여러 세대에 걸쳐 이루어진 업적이 한순간에 날아가 버릴 수도 있습니다.

물론 경험 있는 경영자라도 파괴적인 결말을 내는 경우가 있습니다. 자신의 회사에 모든 것을 쏟아 부어 크게 성공한 50대 경영자들이 회사에 엄청난 부채를 남겨둔 채 혼자만 빠져나와 경쟁 업체로 자리를 옮기는 경우도 있습니다. 하룻밤 사이에 자기가 전 생애를 걸고 일한 회사의 반대편에 서서 새 회사를 옹호합니다. 우리는 그들이 단한 번도 자신의 회사에 소속감을 느껴본 적이 없는 사람들이 아닌지 조직체적인 관점에서 이해해 볼 수 있습니다. 그들은 회사를 이용해 이른바 톱 클래스 사람들이라는 그룹에 충실했을 뿐 실제로 자기 회사에는 충실하지 않은 사람들일 수 있습니다.

개인의 성장과
조직의 성장

선택과 결정을 돕는다

:: 저는 지금 직업과 관련해 중요한 결정을 내려야 할 상황입니다. 두 군데 중 한 군데를 선택해야 하는데 현재로서는 어디로 가야 할지 잘 모르겠습니다. 이런 경우 조직 세우기가 결정을 내리는 데 도움을 줄 수 있습니까?

물론입니다. 조직 세우기 세션을 통해서 각각의 선택이 어떤 결과를 낳을지 아주 뚜렷하게 인식할 수 있습니다. 아울러 약간의 거리를 두고 새로운 시각에서 각각의 선택 사항을 바라볼 수 있도록 도와줍니다. 그래서 당신이 좀더 확고한 마음으로 결정을 내릴 수 있도록 해줍니다.

일단 우리가 당신의 문제가 무엇인지 확실하게 이해하게 되면, 당신이 생각하는 좋은 결과라는 게 어떤 것인지 당신에게 묻게 될 겁니다. 당신이 생각하기에 A가 B만큼의 가능성을 가지고 있는지, 어쩌면 두 가지 외에도 C나 D의 가능성은 존재하지 않은지 묻게 됩니다.

결정을 내릴 때에는 처음부터 선택의 폭을 너무 좁히지 않는 게 좋습니다. 딜레마에서 벗어나면 다른 가능성들이 구체적으로 보일 수도 있습니다. 당신이 여러 가지 가능성을 타진해 볼 수 있도록 우리는 특정한 조직 세우기 방법을 시도할 수도 있습니다.

딜레마에 빠져 있는 동안 당신한테는 이것 아니면 저것이라는 두 가지 선택권밖에는 주어지지 않습니다. 만일 여기서 저기까지 갈 수 있는 방법이 '이것 하나뿐'이라면 굳이 선택의 문제가 대두되지 않겠죠. 그런데 여기서 저기까지 갈 수 있는 방법이 두 개가 되면, 우리는 말 그대로 '딜레마'에 빠지게 됩니다. 딜레마에서 빠져나오는 방법은 선택의 폭을 네 개쯤으로 더 넓히는 것입니다. 이것과 저것 외에 둘 다임과 둘 다 아님을 덧붙인 네 가지 가능성을 통해서 당신은 자신이 진정으로 원하는 게 무엇인지를 좀더 확장된 비전 속에서 바라보게 됩니다. 이런 식으로 딜레마에서 빠져나오면 각각의 선택이 어떤 값어치가 있는지 더욱 뚜렷하게 볼 수 있고, 훨씬 쉽게 창조적인 해결책을 찾아낼 수 있습니다.

내면의 갈등을 찾아낸다

: : 저에게는 굉장히 중요한 개인적인 목표가 있습니다. 하지만 어쩐 일인지 내가 가려는 길을 나 스스로가 막고 있다는 느낌이 듭니다. 조직 세우기 방법으로 이런 문제도 해결할 수 있을까요?

우리는 여러 가지 외적인 조직체 못지않게 내적인 조직체와도 연결되어 있다는 사실을 기억해야 합니다. 가장 크게 영향을 끼치는 외적 조직체는 가족입니다. 가족은 우리가 자녀로 속해 있는 원래 가족과 성인이 되어 결혼을 통해 형성한 현재 가족이 있는데, 조직체적인 관점에서 살펴보면 가족은 개인에게 있어 가장 중요한 조직체입니다. 우리는 원래 가족인 부모에게서 생명을 얻고, 그 생명을 현재 가족인 자녀들에게 전달해 주기 때문입니다. 두 번째로 중요한 외적 조직체는 직장입니다. 직장은 물질적인 생존을 확보해 주는 곳입니다.

가족과 마찬가지로 우리의 내적 조직체 역시 강력한 영향력을 가지고 있습니다. 우리는 가족 안에서 성장하면서 내적 조직체를 형성하고 계발합니다. 각기 가족 안에서 자신을 보호하고 안전하게 지켜 줄 수 있는 인성, 즉 퍼스낼리티의 여러 측면을 익히고 계발하는 것입니다. 그리고 이 모든 요소들의 조합(여러 퍼스낼리티 부분들)이 한 개인을 이루는 면면이 됩니다.

어린아이에서 어른으로 성장하는 동안 환경은 변하게 마련이고, 따라서 어제까지 유용하던 퍼스낼리티가 내일은 별로 효과를 발휘하지 못할 수 있습니다. 이렇게 우리 안에는 현재 강력한 영향력을 가진 퍼스낼리티도 있고, 더 이상 영향력을 발휘하지 못하는 퍼스낼리티도 있습니다. 외적 조직체의 멤버들 사이에서 갈등이 벌어지는 것과 똑같이 내적 조직체 안의 여러 퍼스낼리티들 사이에서도 갈등이 벌어집니다.

한 사람 안에는 자신에 차고 능력 있는 행동가가 존재하는가 하면 감수성 예민한 음악가도 존재합니다. 또 삶을 마음껏 즐기고 싶어하는 퍼스낼리티와 거기에 맞서 열심히 일해 성취감을 얻고 싶어하는 퍼스낼리티가 끊임없이 싸움을 벌이기도 합니다.

목표를 향해 가는 길을 막고 서 있는 장본인이 자기 자신이라고 느껴진다면, 이는 곧 당신의 퍼스낼리티들이 서로 갈등을 벌이기 때문입니다. 내면에 존재하는 퍼스낼리티들 중 한쪽만 당신의 목표를 중요하게 여기고 다른 쪽은 이를 거부하고 있다는 뜻입니다.

이는 조직 세우기 방법을 통해서 다루어볼 수 있습니다. 몇 가지 중요한 퍼스낼리티들을 독립적인 개체로 보고 이들의 대리인을 세워서 그들 사이의 관계성을 살펴보는 것입니다. 대리인들이 전해주는 이야기를 통해 당신 내면에서 어떤 일이 벌어지고 있는지 많은 정보를 얻을 수 있습니다. 필요하다면 개별 코칭을 통해서 더 깊은 이해를 구할 수도 있습니다.

몇 가지 사실만으로 충분하다

: : 회사에서 겪고 있는 개인적인 문제들을 얼마나 자세히 알려줘야 합니까? 개인의 사생활을 드러내지 않고 대략만 얘기해도 조직 세우기를 할 수 있나요?

조직 세우기 및 가족 세우기 작업은 개인의 사생활을 철저하게 보호합니다. 명확한 그림을 얻기 위해서 관련된 사람들의 사적인 이야기나 성격 묘사 등은 필요치 않습니다. 단지 몇 가지 정보면 충분합니다. 필요한 것은 실제 있었던 사건에 관한 정보뿐입니다. 예컨대 누가 회사를 설립했는가? 누구와 더불어 창업했는가? 또는 누구로부터 회사를 매입했는가? 어떤 사람들이 언제 회사에 동참하게 되었는가? 회사에서 그들이 차지하는 자리는 무엇인가? 회사에서 부당하게 해고당하거나 그럴 상황에 놓여 있는 사람이 있는가? 손해를 입은 사람이 있거나 부당한 대접을 받은 사람이 있는가? 이와 같은 정보만 있으면 조직 세우기를 할 수 있습니다.

조직체적 접근법은 문제의 분석에 초점을 맞추지 않기 때문에 너무 많은 정보는 오히려 대리인들의 주의를 흩뜨릴 뿐입니다. 따라서 다루고자 하는 문제가 무엇인지 명확히 할 필요가 있습니다. 그런 다음에야 비로소 해결책을 찾는 작업을 시작할 수 있습니다.

가족 안에서 익힌 패턴이 반복된다

:: 가족과 관련한 배경이 직업적 혹은 개인적인 목표나 문제에서 어떤 역할을 하나요?

가족 안에서 익힌 패턴이 직장에서 반복되는 경우는 우리가 생각하는 것보다 훨씬 많습니다. 예컨대 가족 안에서 부당한 대접을 받았다고 느끼는 사람 혹은 성장 과정에서 한동안 아버지에게 적대적이었던 사람이 있다고 합시다. 그 사람은 그러한 태도를 가지고 회사에 나갑니다. 그리고 직장에서 그와 유사한 상황을 겪게 됩니다. 무의식적으로 그는 직장 상사에게서 자신의 아버지를 발견하고, 똑같은 적대감을 느낍니다. 하지만 직장 상사는 이 직원과 자신 사이에서 무슨 일이 벌어지고 있는지 알 리가 없습니다. 이런 식의 갈등은 피할 수가 없습니다.

직장 내 사람들 사이의 문제들은 우리가 인식하지 못하는 가족적 배경에 그 뿌리를 두고 있는 경우가 많습니다. 세션을 진행하다 보면 대리인들의 반응을 통해 특정 상황이 가족과 관련되어 있는지 아닌지 매우 분명하게 알 수 있습니다.

조직 세우기 세미나에서도 당사자가 동의할 경우 가족 문제를 다룰 수 있습니다. 이는 참여자들이 누구이고 모임 안에 얼마나 신뢰감이 형성되어 있는지에 따라 달라집니다. 주어진 상황이 그러한 시도를 하기에 적합하지 않을 경우, 우리는 의뢰인과 따로 자리를 마련해 개별 코칭을 받아보라고 제안합니다. 아니면 가족 세우기 세미나에 참석해 보라고 권유하기도 합니다.

좋은 해결책이 반드시 드라마적일 필요는 없다

: : 가족 세우기 세미나에 참석해서 아주 좋은 경험을 한 적이 있습니다. 가족 세우기 세션에서 보면 해결점에 이르기 전에 상황이 아주 감정적이고 드라마적일 때들이 있더군요. 상대적으로 조직 세우기는 굉장히 이성적인 것 같습니다. 드라마적인 요소가 없는데도 이 방법이 효과가 있나요?

가족 세우기 세션에서 보이는 강렬하고 드라마적인 감정은 대개 어린아이의 느낌을 나타냅니다. 가족 세우기 세션에서 강렬한 요소는 자녀가 어머니나 아버지와 맺고 있는 관계입니다. 영적인 차원에서 한 가지 상황에 대해 어른이 경험하는 감정의 정도와 어린 자녀가 경험하는 정도에는 큰 차이가 있습니다. 어린아이가 특정 상황을 긴급을 요하는 응급 상황으로 인식하는 것은 흔합니다. 눈물이 흘러내리는 것은 당연한 일이지요.

드라마적인 감정 표현은 가족 안에서 힘든 운명으로 고통을 받은 사람과 연관되어 있을 수 있습니다. 예컨대 질병이나 이른 죽음 혹은 소속권의 박탈 같은. 이와 같은 일이 가족 안에서 발생했고, 이것이 세션에서 드러나면 강력한 감정 표현이 뒤따르게 됩니다. 그것이 바로 가족 세우기 안에서 경험하는 내적 치유의 과정입니다.

조직 세우기 작업은 가족 세우기에서와는 다른 유형의 문제를 다룹니다. 물론 비즈니스 관계에서도 드라마가 연출될 때가 있고, 조직체적 법칙들이 파괴되기도 합니다. 이렇게 조직체라고 해서 예외는 아니지만, 감정의 강도는 상대적으로 높지 않습니다.

조직에서의 소속권은 운명의 영향을 받지 않습니다. 직장 상사에게 사표를 내밀고 나면 당신은 그 집단에서 나오게 됩니다. 그러나 가족은 이와 다릅니다. 설사 십대 자녀가 화를 내면서 "다시는 돌아오지 않을 거예요!" 하고 문을 박차고 나간다고 하더라도 가족 구성원으로서의 소속권이 사라지지는 않습니다. 또는 당신이 고향을 등지고 다른 나라로 떠난다고 해도 가족과 연결된 내적인 결속은 여전히 강하게 남아 있을 수밖에 없습니다. 어쩌면 매일 부모와 형제들을 보면서 사는 사람들보다 훨씬 더 강할 수도 있습니다.

감정적 강도와 깊이는 집단의 관계성을 반영할 뿐만 아니라 그들 내에 존재하고 있는 결속감을 나타냅니다. 하지만 좋은 해결책을 찾는 것과 감정적 표현의 정도는 아무런 상관이 없습니다. 조용하고 부드러운 분위기에서도 해결책을 찾을 수 있습니다.

미래에 대한 분명한 전망

:: 미래에 대한 분명한 전망을 갖고 싶습니다. 그리고 그 전망에 따라 전략적인

조직 세우기는 문제 해결뿐만 아니라 시야의 지평선을 확대시키는 데도 활용할 수 있습니다. 이런 문제만을 다루기 위해서 계발된 특정한 형식의 조직 세우기 방법도 존재합니다. 우리는 먼저 당신에게 회사의 조직 문화에 대한 당신의 경험과 당신이 가장 중요시하는 가치가 무엇인지 묻습니다. 그리고 당신과 함께 최대한 구체적으로 작업을 해나가게 됩니다. 전략적으로 최적의 비즈니스 상황을 당신이 어떤 식으로 형상화하고 있는지, 어떤 변화가 일어날 때 당신이 제대로 가고 있다고 느낄 수 있는지 하는 현실적이고 실질적인 방식으로 문제에 접근해 갑니다. 그런 다음 가장 중요한 요소를 세우게 됩니다. 당신의 현재 회사와 당신이 가지고 있는 전망, 그리고 회사의 문화가 가진 특정한 측면 등을 세우게 됩니다. 여기서 우리는 과거에서 시작되어 현재를 지나 미래로 이어지는 시간적 구성을 사용합니다. 혹시라도 당신의 전망이 현재 불분명한 상태라면 이 세션이 명료한 그림을 제시해 줄 수 있을 것입니다.

화초에 물을 줘야지 잡초에 물을 줘서는 안 된다

: : 조직 세우기는 해결 중심적인 방법이라고 들었는데 해결 중심적인 태도가 왜 중요한가요?

해결 중심적인 태도는 굉장히 중요합니다. 조직 세우기 세션은 다루고자 하는 문제가 명확할 때에만 제 기능을 다할 수 있습니다. 당신이 문제에 대한 해결책을 찾고 있거나 당신이 가려는 길에 놓여 있는 장애물을 제거할 수 있는 방법을 알고자 할 때 혹은 새로운 목표에 이르고자 할 때, 조직 세우기 세션이 의미가 있습니다.

해결 중심적 태도는 조직 세우기 세션의 방향을 제시해 줍니다. 해결책에 대한 분명한 열망이 없이는 목적지도 없습니다. 피상적인 관심이나 호기심은 세션을 하기에 충분하지 않습니다. 그러한 것들은 충분한 에너지를 제공해 줄 수 없기 때문입니다. 그런 경우에는 대리인들 역시 자신의 역할에서 충분히 교감하기가 어렵습니다. 혼돈스러운 반응을 보이기도 하고 상황이 아주 우습게 전개될 수도 있습니다.

문제는 있으나 해결책을 찾으려는 열망이 없다면 당신은 문제 밖으로 한 발자국도 나아가지 못합니다. 마치 자력이 끌어당기기라도 하는 것처럼 늘 문제의 영역으로 되돌아오고 맙니다. 몇 년 동안 한 가지 문제에 매달려 있을 수도 있습니다. 이런저런 각도에서 문제를 재고 분석하면서 문제에 관한 통찰을 얻을 수는 있을지 모르나 결코 문제를 해결할 수는 없습니다.

문제에 더 많은 관심을 쏟을수록 잡초만 무성하게 자라게 됩니다. 이게 바로 문제 중심적인 태도의 한계입니다. 해결 중심적인 태도는 잘 자라주기를 바라는 화초에 물을 주는 것과 같습니다. 당연히 잡초는 스스로 시들고 맙니다.

이해의 과정은 충분한 시간을 필요로 한다

:: 문제에 대한 해결의 이미지를 찾았다면, 이제 다 된 건가요? 아니면 거기서부터 무언가를 더 해야 하는 건가요?

그것은 순전히 문제와 문제의 내용, 해결의 이미지에 달려 있습니다. 개인적인 결정과 같은 지극히 사적인 문제일 경우, 해결의 이미지가 상황을 아주 명확히 보여주기 때문에 당신이 더 이상 무언가를 해야 할 필요가 없습니다. 그런 경우 얼마의 시간이 지난 뒤 전화로 어떤 결과가 나타났는지 알려주는 것으로 충분합니다. 하지만 해결의 이미지는 결코 어떤 행동을 취하라는 식의 처방전이 아닙니다. 오히려 직관적이고 아날로그적인 방식으로 당신에게 길을 보여주고 새로운 관점을 제시해 줄 뿐입니다.

해결의 이미지는 당신의 감정적 지성에게 메시지를 전달해 줍니다. 흔히 예술 작업이 이런 방식으로 이루어지지요. 논리적이고 분석적인 마음은 다음에 어떤 행동을 취해야 하는지 그 처방전이나 지침을 원합니다. 단계별로 목표에 한 걸음씩 도달할 수 있도록 말입니다. 그에 반해 직관적인 지성은 이 새로운 그림을 내면으로 가져간 뒤 숙성의 시간을 갖습니다. 그렇게 얼마의 시간이 지난 뒤 길과 목표가 갑자기 명료해지는 것을 경험하게 됩니다.

우리는 세션을 하고 난 뒤 좀더 시간을 갖고 기다리라고 조언합니다. 이 새로운 이미지가 내면에서 숙성의 시간을 가질 수 있도록 충분한 여유를 주라고 말입니다. 이 과정이 당신의 내면과 생활 환경 안에서 배움의 장場을 활성화시켜 줄 것입니다. 이내 당신은 다른 사람들과의 소통에 변화가 오는 것을 경험하게 됩니다. '이해의 과정중에 있는 조직체'라는 개념은 이 과정을 잘 설명해 줍니다. 가장 먼저 자극, 즉 조직 세우기 세션이라고 하는 외부로부터의 입력이 있습니다. 그 다음으로 전체 조직체적 장 안에 일종의 이해의 과정이 일어납니다. 당신은 이 과정이 원활하게 진행될 수 있도록 충분한 시간과 공간을 허용해야 합니다. 다음 주가 되면 회사 전체가 확 바뀌게 되리라는 기대를 가져서는 안 됩니다. 당신에게 일어난 시각의 변화만으로도 이미 충분한 효과를 만들어냈기 때문에 인내심을 가지고 기다려야 합니다. 혹시 나중에 의문이 생기거든 개별적인 세션을 받아보는 게 좋습니다. 그때 어떤 것이 다음 단계로 나아가지 못하도록 막고 있는지 다루어볼 수 있습니다.

복합적인 문제를 다룰 때에는 종종 어떤 사람들이 관련되어 있고 어떤 방법들을 써야 할지 미리 계획표를 세워놓고 순차적으로 진행할 수도 있습니다. 이런 방법은 세션을 통해 해결책들을 하나하나 찾아나가는 데 도움이 됩니다. 회사 안에서 문제 해결에 나서는 구체적인 걸음을 내딛는 데 '열린 공간 이벤트' 같은 방법이 도움이 될 수도 있습니다. 열린 공간 이벤트란 회사에서 일하는 모든 사람이 소그룹으로 모여 다가오는 변화에 대해 논의해 보는 장을 말합니다. 또는 중요한 기로에서 제 역할을 할 팀을 만들거나 여타 프로젝트와 커뮤니케이션 혹은 갈등 중재 같은 특정 기술을 향상시키는 트레이닝을 할 수도 있습니다.

조직 세우기 작업에 대해
더 궁금한 것들

세상을 바라보는 시각의 확장

:: 아무 문제도 갖고 있지 않은 사람이 세미나에 참석했을 경우, 그가 세션의
대리인이나 관찰자로서 얻을 수 있는 이점은 무엇입니까?

우선 조직 세우기나 가족 세우기 작업을 해본 적이 없는 사람들은
참여자로서 관찰을 하면서 이 작업의 효용성을 알 수 있습니다. 다른
사람들의 세션을 지켜보면서 조직 세우기의 절차를 알게 되고, 겉으
로 드러나는 조직체적 긴장 관계에 대해서 이해하게 됩니다.

당신이 대리인으로 선택될 경우 당신은 역할 안에서 오감 외에 다
른 감각을 통한 느낌의 교류를 실제로 경험하게 됩니다. 대리인으로
서의 경험은 눈에 보이지 않는 정보까지 인식할 수 있는 내적인 각성
을 키워줄 뿐만 아니라, 당신이 감지하게 되는 느낌이나 충동이 당신

개인에게 속한 것인지 아니면 지금 대신하고 있는 대리인에게 속한 것인지 명확히 구분할 수 있는 방법을 익히게 됩니다.

이 기술을 익히면 회사에서 일할 때도 여러 면에서 도움이 됩니다. 직원이나 고객과 토론할 때, 그들의 말을 주의 깊게 들을 수 있다면 상황을 풀어나가는 데 큰 도움이 되겠지요. 그들이 전달하는 비언어적인 정보도 습득하며, 자신의 의견과 경험이라는 필터를 통하지 않고 주어진 정보를 그대로 얻을 수 있게 됩니다. 감성적인 느낌과 이성적인 사고 사이에 다리를 놓을 수도 있습니다. 분석적인 사고와 직관적인 이해 사이에 소통이 이루어진다는 말입니다. 전혀 알지 못하는 사람의 역할을 하면서 그 사람의 느낌이나 감정을 경험한다는 것은 일상에서는 얻을 수 없는 놀라운 체험입니다. 당신의 사회성과 감정적 반응도 이런 식으로 훈련될 수 있습니다.

우리와 함께 이 작업에 자주 참여해 온 사람들은 동료나 고객을 이해하는 속도가 빨라졌다고 말합니다. 그리고 직장 안에서 더 많이 인정받고 감사의 말도 더 자주 듣게 되었다고 덧붙입니다. 이러한 변화는 결코 놀랄 일이 아닙니다. 사람이란 누구나 이해받고 인정받을 때 긍정적인 반응을 보이게 마련입니다.

또한 조직 세우기 참여자로서의 경험은 리더십을 키우는 데에도 도움이 됩니다. 문제를 바라볼 때 개인의 잘잘못을 따지기보다 조직체적인 관점에서 그 근본적인 원인이 무엇이지 생각하게 되고 조직체적으로 경험하는 방법을 익히게 됩니다. 조직 세우기 세션에서 더 많은 사례와 문제를 관찰할수록 일상에서 조직체적 원칙과 질서가 어떻게 파괴되는지 더욱 쉽게 알아차릴 수 있습니다. 덫을 찾아내는 눈을 키워 덫을 피해가는 방법도 익히게 됩니다.

예컨대 당신이 여러 부서와 함께 새로운 프로젝트를 시작한다고 합시다. 당신은 조직의 서열에 주의를 기울이게 됩니다. 누가 팀을 이끌 수 있고 이끌 수 없는지 식별할 수 있습니다. 어떤 사람이 문제가 있다고 생각될 경우, 그것을 그의 인성과 연결 짓기보다는 전체 조직 내의 보이지 않는 긴장 관계 속에서 바라볼 수 있습니다.

자신의 문제와 행동도 새로운 관점에서 보게 됩니다. 한번은 어떤 참여자가 농담처럼 자신이 느꼈던 실망감을 표현한 적이 있습니다. "나 원 참! 꽤 신경을 써 다루고 싶은 문제가 있었는데 내가 의뢰인이 되지 않고서도 해결되어 버렸네요. 앞사람 세션에서 내가 가지고 있던 것과 똑같은 문제가 드러났어요. 이제 회사에서 어떤 일이 있었는지 앞으로 어떤 일이 벌어질지 확실하게 알게 되었어요."

세미나를 경험한 후 어떤 효과가 있었느냐는 질문에 많은 참여자들이 "세상을 바라보는 시각이 확장되었다"고 말하곤 합니다. 우리는 다음과 같은 편지를 받은 적이 있습니다. "조직 세우기 경험은 문제를 대하는 나의 인식 태도에 변화를 주었어요. 나는 이제 조직 내에서 누가 잘못했는지 따지기보다는 상호간의 관계나 서로 주고받는 영향을 먼저 생각해요." "'지성의 장'이 조직 안에서 어떤 식으로 사람들을 연결해 주는지 보고 아주 놀랐어요. 이러한 효과를 깨닫게 되면서 내 의식도 크게 고양되었습니다."

대리인은 조직체적 상황을 있는 그대로 보여준다

:: 대리인들이 전해주는 피드백을 어느 정도나 신뢰할 수 있을까요? 혹시 대리인 역할을 하면서 자신의 개인적인 부분을 투사시켜서 잘못된 결론에 이른

물론 대리인들은 역할 속에서 자신의 개인적인 부분을 가져오게 마련입니다. 하지만 내용적인 부분보다는 표현 방법에서 그렇다는 말입니다. 어떤 사람은 느낌이나 감정을 드러낼 때 좀더 드라마적이거나 과장되게 표현하기도 합니다. 그렇다고 해도 그들이 표현한 내용이 본질적인 면에 영향을 끼치지는 않습니다.

대부분의 대리인은 사전 지식이 없는 상태에서 세션을 의뢰한 당사자보다 더 정확하게 상황을 묘사할 수 있습니다. 이러한 일이 가능한 것은 대리인들이 의뢰인의 일상과 직접 연관되어 있지도 않고, 자신에게 유리한 쪽으로 상황을 이끌어가려는 의도도 없기 때문입니다. 그들은 단지 조직체적 상황을 있는 그대로 반영할 뿐입니다. 그래서 대리인들이 보여주는 피드백은 해결책을 찾아가는 데 매우 유용합니다.

대리인들이 문제와 상관없는 내용을 역할 안으로 가져오는 경우는 거의 없지만, 설사 그런 일이 벌어진다고 하더라도 그런 내용은 세션 안에 형성된 조직체의 관계성과 전혀 맞지 않기 때문에 즉각 알아챌 수 있습니다. 다른 대리인들 역시 그런 내용에 대해서는 어떤 식으로 대응해야 할지 알지 못하기 때문입니다. 혹시라도 대리인이 문제와 무관한 내용을 역할 속에 가져올 경우 우리는 대리인을 다른 사람으로 교체한 뒤 나중에 그 대리인의 문제를 따로 다루기도 합니다.

대리인들이 세션 진행 상황에 대해 분명하게 인식하지 못하는 또 다른 경우는 대리인이 내면의 중심에 집중해 있기보다는 지극히 감정적인 상태에 있을 때입니다. 그렇게 되면 다른 대리인들도 영향을 받게 되고 세션은 어떤 에너지도 만들어내지 못합니다. 그럴 땐 대리인을 다른 사람으로 교체하거나 과정을 중단합니다. 하지만 그런 경우는 아주 드뭅니다. 여러 가지 상황들을 잘 조절하기 위해 조직 세우기를 이끌어가는 코치는 남다른 관찰력이 필요합니다. 또한 문제를 재빨리 인식할 수 있도록 많은 경험을 갖는 것도 중요합니다.

중단이 곧 끝은 아니다

:: 당신은 제 문제를 다룬 세션을 중간에 중단했는데, 그때 나는 조금 실망스러웠어요. 그것 가지고 내가 할 수 있는 게 있나요? 어떤 식으로 계속해야 하는 건가요?

당신의 회사에 관한 중요한 정보가 빠져 있었기 때문에 세션을 중단할 수밖에 없었습니다. 그 상황에서 세션을 계속한다는 것은 어둠 속에서 문고리를 잡으려는 것과 같습니다. 그렇게 해서는 어떤 해결책도 나올 수 없어요. 당신이 지금 느끼는 실망감을 이해할 수 있습니다. 세션이 중간에 중단되면 의뢰인은 불편해지고 때로 좌절감을 느낄 수도 있습니다. 하지만 과정은 결코 중단되지 않습니다. 내 말은 당신의 의문이 당신 내면에서 계속 숙성 과정을 거치게 된다는 뜻입니다. 그러면서 문제 의식은 더 명확해지고, 결국 어떤 결론이건 이르게 됩니다. 세션을 중간에 멈춘 참여자들이 얼마 후 전화를 걸어와 더 이상 세션이 필요 없다고 알려준 경우가 여러 차례 있었습니다. 그들은 한결같이 해결책이 갑자기 명확해졌다고 말하곤 했어요.

이것이 바로 문제를 해결하는 데 직관과 우뇌의 작용이 어떤 식으로 이루어지는지 보여주는 사례입니다. 특히 이 경우에는 실망감이라고 하는 자극제가 작용합니다. 숙성의 시기가 지나고 나면 창조적인 해결책이 말 그대로 불쑥 나타날 겁니다. 물론 백 퍼센트 보장할 수는 없지만, 논리적이고 분석적인 방법을 사용한다고 해서 언제나 해결책을 얻게 된다고 보장할 수도 없지 않은가요? 그런 점에서 우리의 두뇌가 좌뇌와 우뇌로 이루어졌다는 건 다행스러운 일입니다. 한쪽 뇌가 쓸 만한 답을 찾아내지 못하면 다른 쪽 뇌가 문제 해결을 위해서 뛰어드니까요.

설사 해결책을 찾았다 해도 다른 쪽 뇌를 이용해 답을 다시 한 번 점검해 보는 게 좋습니다. 논리적으로 찾아낸 해결책이 직관의 뇌도 만족시키는지 살펴봐야 합니다. 마찬가지로 직관적으로 얻은 해결책을 주의 깊게 분석해 볼 필요도 있습니다. 감성적인 지성과 이성적인 지성이 함께 찾아가는 해결책이 더 효율적이기 때문입니다. 아랍 속담에 이런 것이 있습니다. "신을 믿으라. 하지만 낙타를 말뚝에 잘 묶어두었는지 항상 확인해라."

해결의 이미지를 현실에 적용하기

:: 세션이 진행되는 동안, 모든 사람들이 '옳다'라는 느낌을 가질 때, 그건 단지 '좋다'는 느낌을 표현한 것에 불과할 수도 있지 않을까요? '옳다'라는 느낌과 어떤 해결점에도 다가가지 못한다는 느낌 사이에 갈등이 생길 수도 있나요? 그런 갈등의 예가 있습니까?

물론 있습니다. 기술적인 방법으로 문제를 해결하는 데 익숙한 사람들은 조직 세우기 작업에 대해서 처음에는 회의적인 태도를 보입니다. 회의적인 태도란 주의 깊고 비판적으로 바라본다는 뜻입니다. 누구도 이 작업의 가치를 무조건 믿으라고 강요받지 않습니다. '본다'는 말의 정확한 뜻은 세션이 전개되는 동안 진화되고 발전된 해결의 이미지를 그대로 내면으로 가져간다는 뜻입니다. 그렇게 할 수 있을 때 회의적인 태도를 넘어 한 발 더 나아갈 수 있습니다.

어쩌면 당신은 "해결의 이미지에서 생산 부서와 영업 부서가 서로 나란히 서 있었는데 그게 무슨 의미일까?" 하고 의문을 가질 수도 있습니다. 실제로 당신은 그 두 부서를 조화롭게 이어줄 수 있는 연합팀을 구성함으로써 현실적인 발걸음을 떼어놓을 수 있습니다. 그것이 세션으로 얻어진 결과 중 하나가 될 수도 있습니다. 해결의 이미지를 통해서 당신은 현실적으로 적용할 수 있고 조정 가능한 구체적인 방법도 얻게 됩니다. 이미지라는 말의 뜻이 실질적인 행위로 해석된다면 회의적인 태도는 사라질 것입니다.

해결의 이미지가 갖는 가치를 잘 보여주는 사례를 한 가지 더 들려주고 싶습니다. 우리는 후임자 문제를 다루는 사람들과 작업해 본 적이 있습니다. 원래 사장을 대신해서 후임자가 이미 회사에 들어와서 일을 하고 있는 상태였습니다. 전현직 두 명의 사장을 중심으로 사람들이 양분되어 있었어요. 그러자 직원들 사이에서 불만이 생기면서 긴장감이 감돌기 시작했습니다. "누가 실권자인가? 전임 사장인가 아니면 신임 사장인가? 앞으로 우리는 어떻게 되는 건가? 이러다 회사를 매각시키는 것은 아닌가?" 하는 불안감이 직원들 사이에 퍼져 있었습니다. 그렇게 상황이 지속될수록 업무 효율은 떨어졌고, 직원들 스스로도 그렇다는 걸 잘 알고 있었습니다.

조직 세우기 세션을 통해서 두 사장 사이의 불편한 관계가 구체적으로 드러났습니다. 의뢰인은 회사 내에서 이 첨예한 관계가 심각한 문제로 인식되지 않고 무시되고 있는 분위기라고 말했습니다. 회사 전체의 문제를 해소하기 위해서는 전임 사장과 신임 사장 사이의 관계 정립이 가장 중요한 과제임을 알 수 있었습니다. 이에 대한 해결책이 회사에서 시행되었고, 업무 환경은 즉각 개선되었습니다.

과정과 해결책, 모두 중요하다

:: 방금 전 당신이 보여준 조직 세우기 세션을 살펴보면 처음에 세워진 모습, 중간에 자리가 바뀐 모습, 그리고 마지막 모습의 과정을 거치는데, 이 세 단계가 갖는 의미는 무엇입니까? 처음과 마지막 단계의 차이점 속에 내가 생각한 과정을 끼워 넣을 수도 있는 건가요, 아니면 최종적으로 세워진 모습만 중시하면 되는 건가요?

처음과 마지막을 향해 가는 중간 과정에서 우리는 현실에 적용하는 데 유용한 여러 단계를 볼 수 있습니다. 회사를 직접 방문해서 세션을 진행할 때 우리는 과정마다 개별적인 단계를 문서화합니다. 그런 다음 의뢰인과 컨설팅을 하면서 그 자료를 근거로 회사에서 직접 해볼 수 있는 방법을 제안합니다.

앞서 컨설턴트로 일하는 M양의 사례에서 본 해결의 이미지는 컨설턴트가 조직체 외부에 머물러야 한다는 사실을 다시 한 번 보여주었습니다. 또한 전체 상황을 조망해 볼 수 있는 위치를 유지하는 것이 중요하다는 것도 보여주었습니다. 의뢰인이 다루고자 하는 문제를 정확하게 정의내릴 수 있어야 하는 이유가 여기에 있습니다. 우리는 세션이 끝나면 그 과정에서 드러난 해결책을 구체적으로 적용하는 데 필요한 방법이 무엇인지 의뢰인과 논의합니다. 때때로 세션 외에 우리가 더 이상 아무것도 할 필요가 없는 경우도 있고, 트레이닝이나 조직체적 접근법을 통한 코칭을 해야 할 경우도 있습니다.

당신의 질문에 대한 답을 하자면 이렇게 표현할 수 있습니다. "세 단계가 모두 중요합니다. 상황을 있는 그대로 보는 단계, 해결책을 향해서 나아가는 중재의 단계, 그리고 해결책 자체, 모두가 다 중요합니다."

처음에 세운 모습이 분명해야 한다

:: 당신은 의뢰인이 대리인들을 처음 세운 상황 혹은 처음에 조직이 세워진 모습이 우연일 뿐이라고는 생각하지 않나요? 아니면 실제 상황에서 일어난 갈등을 그대로 반영하고 있다고 생각하나요?

조직 세우기는 실제 갈등을 그대로 반영합니다. 우리는 다양한 사람들에게 독립적으로 대리인들을 세워보게 함으로써 처음에 세워진 모습과 비교해 보는 기회를 갖곤 합니다. 간혹 다른 모습으로 대리인들이 세워지기도 하지만, 한결같이 세션에서 본 것과 유사한 긴장 관계를 보여줍니다. 또한 대리인들의 말을 통해서 보이지 않는 긴장 관계의 모습이 같다는 것을 확인할 수 있습니다.

세션을 진행하는 데 가장 중요한 것은 의뢰인이 다루고자 하는 문제를 최대한 명확하게 구체화하는 작업입니다. 다루고자 하는 문제가 명확하면 해결책을 찾기가 쉽습니다. 그렇지 않으면 세션이 제대로 진행되기 어렵습니다. 대리인들도 역할에 집중하지 못하고 혼돈을 느끼게 됩니다. 따라서 우리는 세션을 하기에 앞서 의뢰인과 함께 세션에서 다루고자 하는 문제가 정확히 무엇인지 밝혀내는 과정을 갖습니다. 이렇게 문제를 구체화해야 의뢰인이 내면에 가지고 있는 갈등이 외적인 형태로 모형화되기 쉽습니다.

개인적인 결정을 내리는 데 도움이 된다

:: 이 방법을 이용해서 자신이 회사에서 맞지 않는 자리에 있는지 확인해 볼 수 있나요? 어떤 사람이 회계 부서에서 일을 하고 있는데 다른 업무가 더 맞을지 어떨지 궁금할 때 이 방법으로 도움을 얻을 수 있을까요?

이 방법은 그런 문제에 아주 효과적입니다. 두 가지 측면에서 상황을 볼 수 있는데, 먼저 외부적인 조직과 관련된 부분에서 살펴볼 수 있습니다. 당신의 경우에는 회계와 관련된 영역일 수도 있고, 다른 부서일 수도 있겠지요. 동시에 개별적인 코칭을 통해서 개인의 감추어진 자질과 같은 내적인 요소를 살펴볼 수도 있습니다. 여태까지 제대로 빛을 발하지 못한 특별한 재능이나 역량이 있는지, 발휘되지 못한 잠재된 능력이 있는지 살펴볼 수 있습니다.

외적인 조직 상황이나 개인의 내적 상태, 이 둘은 당신이 어느 한쪽에 마음이 더 끌리거나 동료들이 둘 중에서 한 가지의 가치를 인정해 줄 때까지 평행선을 유지하면서 공존합니다. 이제 우리는 외부적인 조직체와 개인의 특성 모두를 포함할 수 있는 해결책을 찾을 때까지 다양한 단계에서 문제에 접근할 수 있습니다. 좀 복잡하게 들릴 수도 있지만, 실제로는 한 번의 조직 세우기 세션과 몇 차례의 개인 코칭 세션을 통해서 목표하는 점을 이룰 수 있습니다.

인사 관련 문제일 때는 인사권을 가지고 있는 사람과 협력해 조직 세우기 방법을 활용하곤 합니다. 이를 통해 누가 그 부서와 가장 잘 맞는 사람인지 알아볼 수 있습니다. 현재 물망에 올라와 있는 사람들을 대신할 대리인들을 세워보면서 그들 각자가 부서에 적응할 수 있는지 그 가능성을 타진해 볼 수 있다는 뜻입니다.

오래된 습관 버리기

:: 해결책의 이미지를 찾아냈지만 어느 정도 시간이 흐른 뒤 모든 게 다시 과거 구조로 돌아간다면 어떻게 해야 하나요? 그런 일이 일어나기도 합니까?

물론 과거의 구조로 되돌아가는 일이 일어날 수 있습니다. 해결의 이미지란 열쇠와 같습니다. 열쇠를 한 바퀴 돌린다고 문이 언제나 활짝 열린다고 말할 수는 없지요. 그리고 한 번 열린 문이 영원히 닫히지 않도록 열어둘 수도 없습니다. 해결의 이미지는 단지 열쇠를 이용하면 문을 열 수 있다는 사실을 당신에게 말해줄 뿐입니다. 우리 인간은 습관의 피조물입니다. 습관은 생명력이 아주 강합니다. 우리는 때로 해결책을 향한 문을 닫아둘 때가 있습니다. 그럴 경우 문을 다시 열기 위해 열쇠를 사용하는 게 바람직합니다. 상황에 연관된 모든 사람들이 도대체 그 문이 어디를 향해 있는지 알 때까지 계속해서 문을 열어야 합니다.

하지만 한 번의 조직 세우기 세션으로 모든 문제가 즉각 해결되기를 기대할 수는 없습니다. 대개는 열쇠를 손에 쥐었다고 해도 좀더 많은 작업을 해야 할 필요가 있습니다. 하지만 어떤 경우라도 당신은 상황을 있는 그대로 볼 수 있는 분명한 시각을 얻을 수 있습니다. 그것만으로도 충분히 시도해 볼 만한 가치가 있지 않겠습니까?

목적을 바꾸다

∷ 1, 2년 후에 목적이 바뀌었다면 또다시 세션을 해야 하나요?

중요한 문제라면 다시 한 번 세션을 해보는 게 낫겠지요. 그런 다음 새로운 목적을 살펴볼 수 있습니다. 세션을 통해서 어떤 변화가 목적의 변화를 이끌었는지 실마리를 찾아볼 수 있습니다. "새로운 목적에 호감을 느끼는 사람은 누구이고 거부감을 느끼는 사람은 누구인가? 이 새로운 목적을 성취하기 위해서 무엇이 필요한가?"

만일 어떤 심각한 문제가 세션에서 드러나게 된다면, 상황이 벌어지기 전에 수정할 수 있습니다. 당신이 나아가고 싶은 방향에 대해 정확한 결정을 내릴 수 있습니다. 당신이 어디에 투자를 하고 싶은지 알 수 있습니다. 또는 당신의 선호도나 새로운 프로젝트의 위상을 결정짓는 데 도움을 얻을 수도 있습니다.

조직 세우기에 대한
비판적인 질문들

의사만 기다리는 환자는 갈 길이 멀다

: : 조직 세우기는 모든 문제를 해결할 수 있는 마술의 지팡이인가요?

당연히 아닙니다. '마술의 지팡이'란 외부적인 힘이 당신의 문제를 해결해 준다는 뜻을 담고 있습니다. 당신은 아무것도 하지 않은 채로 말이에요. 조직 세우기 세션의 코치는 의사처럼 환자의 문제를 제거해 주는 해결사가 아닙니다. 다만 당신이 해결책을 찾아갈 수 있도록 그 방면의 전문가로서 길잡이 역할을 할 뿐입니다. 책임은 여전히 당신의 몫입니다. 무엇보다도 당신의 회사이고 당신의 문제이니까요. 해결책을 찾겠다는 의지도 당신에게 속해 있습니다. 의뢰인으로서 목표와 여정의 책임은 당신이 져야 합니다.

이 점은 아주 중요합니다. 이것이야말로 코치가 당신을 의뢰인으로서 존중하고 있다는 표시이기 때문입니다. 코치가 의뢰인을 대신해서 책임을 져줄 수는 없습니다. 의뢰인의 삶을 좌지우지할 수도 없습니다. 만약 그러려고 한다면 이는 코치가 조직체의 기본 법칙을 이해하지 못했음을 보여줄 뿐입니다.

조직을 임의로 조정하려는 도구가 아니다

:: 이 모든 걸 다 받아들인다고 합시다. 하지만 조직 세우기 방법을 이용해서 조직체를 임의로 조정하려 들 수도 있지 않습니까?

우리는 그런 일이 발생한 예를 본 적이 없습니다. 물론 이론적으로는 이 방법을 효과적인 조정 수단으로 사용할 수 있겠지요. 그렇게 본다면 다른 어떤 방법이라도 그런 가능성을 배제할 수 없습니다. 게다가 회사를 임의로 조정하려는 사람이라면 무엇 때문에 조직 세우기 세션을 하려고 할까요? 세션을 통해서 사람들이 그의 의도를 간파할 수 있게 될 텐데요. 차라리 일상적으로 반복되는 상황을 이용해서 다른 사람들을 지배하는 게 더 쉽지 않을까요? 매일매일 반복되는 사람들과의 관계에서 그들을 조정하려 드는 것이 조직 세우기 방법을 통하는 것보다 훨씬 쉬울 겁니다.

만약 누군가 고의로 그릇된 정보를 제공한다면 조직 세우기 세션은 어떤 역할도 할 수가 없습니다. 대리인들은 어떤 그림도 얻지 못할 테고 아무런 느낌도 교류할 수 없을 것입니다. 거짓말하는 것이 불가능하지는 않다 하더라도 쉽지는 않습니다. 주어진 상황에서 움직이고 싶은 욕구나 감정적인 느낌이 드는 것은 몸의 각성을 통해 본

능적으로 전달됩니다. 그렇기 때문에 거짓으로 세션 환경을 만들어 가기란 아주 어렵습니다.

게다가 조정에 성공한다 하더라도 결코 만족스런 결과를 얻기는 어렵습니다. 대개 조정을 꾀하는 까닭은 경쟁자들과 동등한 위치에 서고 싶기 때문입니다. 그러한 이유라면 당신의 회사와 경쟁 업체를 세워보고 각자에게 편안한 자리가 어디인지 찾아볼 수 있습니다. 이 과정을 통해 당신이 원하는 강점과 약점에 관련된 많은 정보를 얻을 수 있습니다.

해결책도 시차에 적응할 시간이 필요하다

:: 만약 당신이 해결책을 찾아내지 못한다면 어떻게 되는 건가요? 시간만 낭비한 게 아닌가요?

당연히 아닙니다. 해결책을 찾는다는 것은 붉은색이냐 검은색이냐 혹은 이기느냐 지느냐와 같은 룰렛 게임이 아닙니다. 해결책이란 더 이상 효율적이지 않은 조직의 구조를 바꿈으로써 현재의 조건에 더 잘 맞도록 하는 재조정 과정이라고 볼 수 있습니다.

해결의 과정은 언제나 그 나름의 시간이 필요합니다. 사과가 제대로 익으면 손끝만 대도 나무에서 떨어집니다. 하지만 때로는 수확을 하기 전에 나무에 좀더 매달려 있는 시간이 필요할 수도 있습니다.

문제와 위기도 유용하게 쓰일 수 있습니다. 당신은 현재 일어나고 있는 높은 이직이나 판매량 저하를 통해서 더 많은 것을 배우고, 나아가 이러한 경험이 앞날의 약이 될 수도 있습니다. 따라서 증상에 어떤 요소들이 연관되어 있는지 제대로 이해하지 못한 상태에서 증상을 제거해 버리는 것은 어리석은 일입니다.

이처럼 조직 세우기 세션에서 해결책을 찾아내지 못하더라도 시간 낭비라고 말할 수는 없습니다. 해결책을 찾아내지 못할 경우, 처음에 세운 현재 회사의 모습은 당신에게 더욱 큰 의미를 갖게 됩니다. 문제에 모든 초점이 맞춰지게 되는 것입니다. 당신은 문제에 대해 좀더 분명해진 시각을 가지고 돌아가거나 당신이 원했던 결과를 가지고 돌아갑니다. 이제 일상생활로 돌아간 당신의 내면에서 정보의 숙성 과정이 진행되면서 해결책을 위한 더 많은 에너지가 쌓이게 됩니다.

조직 세우기 세션으로 해결책을 찾지 못한다는 것은 당신이 다루려는 문제가 아직 충분히 곰삭지 않았거나 분명하지 않다는 뜻일 수도 있습니다. 또는 중요한 정보가 빠져 있다는 뜻일 수도 있습니다.

세미나에서 문제에 대한 해결책을 찾지 못해 크게 실망을 한 참여자가 있었습니다. 그는 세미나가 끝나고 며칠 후 우리에게 전화를 걸어 이렇게 말을 했습니다. "찾아냈어요! 갑자기 해결책이 명확해지고, 어떻게 하면 해결책을 찾을 수 있는지도 분명해졌어요."

세미나 후에도 그의 무의식에서는 해결책을 찾는 과정이 계속되었고, 어느 날 밑바닥에서부터 끓어오르던 해결책이 표면을 덮고 있던 흙을 박차고 솟아오른 것입니다. 이는 마치 시차 적응과 비슷합니다. 당신이 오랜 시간 비행기를 타고 마침내 미국 땅에 발을 내디뎠다고 해도 당신의 생체 리듬은 여전히 출발지의 시간표를 따르고 있습니다. 새로운 시간표에 적응하기까지 며칠은 고생을 할 수밖에 없습니다. 해결책 역시 시차에 적응하기 위한 시간이 필요합니다.

같은 집을 찍은 두 장의 사진

:: 같은 문제를 다른 곳에서 다루었을 때도 동일한 결과가 나오는지 실험을 해 본 적이 있습니까? 이곳에서 다룬 특정 문제를 다른 곳에 가서 전혀 다른 대리인들과 코치로 세션을 해도 똑같은 결과를 얻게 됩니까?

가족 세우기와 조직 세우기 같은 조직체적인 작업에 관한 과학적 연구는 아직 시작 단계에 머물러 있는 상태입니다. 흥미로운 내용들이 나오고는 있지만 과학적인 연구 보고서로 자료화하기에는 아직 이른 셈이죠. 그러나 다른 코치와 대리인들로 같은 문제를 다루었을 때 결과는 똑같이 나왔습니다. 이것은 곧 조직체 내에 존재하는 기본적인 긴장 관계는 언제나 똑같은 모습으로 드러난다는 사실을 말해 줍니다. 세워진 모습이 다를 수는 있지만 대리인들이 표현하는 것이나 결론에 이르는 지점은 똑같습니다. 이는 마치 어떤 집의 사진을 여러 각도에서 찍는 것과 같습니다. 앞쪽에서 사진을 찍을 수도 있고, 뒤쪽이나 공중에서 찍을 수도 있습니다. 당연히 각도에 따라서 얻는 사진은 다르겠지만 같은 집을 찍었다는 것은 분명합니다.

진실은 감추어져 있다

:: 가족 세우기나 조직 세우기를 이끌어가는 코치는 특정한 목표나 의도 없이 작업을 해야 한다는 말을 들은 적이 있습니다. 그런 태도와 해결 중심적인 접근법이 일치하는 건가요?

코치는 '목표가 없이' 일을 하지는 않습니다. 조직 세우기 코치는 아주 분명한 목표를 가지고 있습니다. 그는 세션 안에 세워진 조직을 위해 최상의 구조와 소통의 방법을 찾을 수 있도록 도와준다는 목표를 가지고 있습니다. 역설적으로 들리겠지만, 그렇게 하기 위해서 코치는 어떤 의도도 가지고 있어서는 안 됩니다. 이처럼 비논리적인 태도는 서구 문화권에서 비판의 대상이 되곤 합니다. 서구적 사고방식에서는 '비논리적'이라는 말은 곧 '비효율적'이라는 등식이 성립하기 때문입니다.

중국의 사상가 노자는 "행함 없이 행하라"라고 주장했습니다. 이 말은 게으름과는 다릅니다. 그것은 오히려 미지의 세계에 발을 들여놓을 때 우리가 온전히 깨어 있어야 한다는 뜻을 담고 있습니다. 해결책을 찾아 나설 때 우리는 지도도 없는 미지의 땅을 향해서 걸음을 떼어놓게 됩니다. 지도를 가지고 있을 때는 논리적인 사고가 해결책을 찾는 데 아주 효과적입니다. 하지만 조직 세우기 작업에서 논리적인 사고는 별 도움이 되지 않습니다. 비슷한 사례를 얼마나 많이 다루어봤는지도 아무 소용이 없습니다. 과거에 접해본 사례로 해결책을 찾으려는 것은 함부르크의 지도를 들고 뮌헨을 헤매는 것과 같습니다.

조직 세우기에서 목표 중심적인 태도란 과녁을 향해 시위를 당긴 사수가 화살이 과녁에 적중할지 기다리는 것과 같습니다. 만약 사수가 완벽하게 화살을 쏘겠다고 작정을 하면 오히려 손이 흔들리고 몸이 경직돼 과녁을 맞히기가 더 힘들어집니다.

창조적인 해결책은 논리적인 사고로 만들어지는 것이 아닙니다. 창조적인 해결책은 우뇌에서 아날로그 방식으로 만들어집니다. 예컨대 화가가 어떤 주제로 그림을 그리고 싶다는 생각을 합니다. 이제 그의 내면에서는 특정한 주제를 담고 있는 일종의 그림 작업이 진행됩니다. 그리고 어느 날 화가는 충분한 숙성의 시간을 거친 뒤 완성된 내면의 그림을 붓과 물감을 이용해 캔버스에 그대로 펼쳐놓습니다. 논리적인 사고에 익숙한 사람들은 이 단계를 거치고 있는 사람을 보고 그가 아무런 행위도 하지 않는다고 생각할 것입니다.

아인슈타인은 종종 목욕탕에 앉아서 빨대로 비눗방울을 불곤 했습니다. 그것이 무엇을 의미할까요? 행위가 없는 상태에서, 아무런 의도도 없는 상태에서 갑자기 해답이 드러나는 경우가 있습니다. 수많은 위대한 발견과 무수히 많은 작고 실질적인 해결책은 이런 방식으로 인간의 역사 속에 등장했습니다. 아인슈타인은 일본의 검도에서 목표에 대한 개념을 터득했다고 합니다. 조직 세우기를 이끄는 코치 역시 이 기술을 배워야 합니다. 아무런 의도 없이 에너지를 집중하고 고요하게 세션을 진행할 수 있어야 합니다. 때로는 이렇게 해서 무슨 결말을 얻을 수 있을까 의아할 수도 있습니다. 다음 단계로 움직임 없이 정체되어 있는 것처럼 보일 때, 아무것도 하지 않고 평정심을 유지하고 그저 기다린다는 것은 상당한 도전이 아닐 수 없습니다. 하지만 당신이 막 포기하려고 하는 순간, 갑자기 눈에 보이지 않던 조직 내의 긴장감이 구체적으로 드러납니다.

의도가 없는 태도란 무엇일까요? 이 말은 "상관없어!"라는 태도와는 다릅니다. 그것은 어떤 상황이 벌어질지 미리 예상하지 않고 세션이 발전해 가는 모습을 뒤쫓아 간다는 뜻입니다. 우리의 태도는 경험 있는 탐험가와 같아야 합니다. 낯선 문화를 접할 때에도 그는 "낯선 문화라고 해서 나에게 다른 건 없다"는 태도를 취합니다. 그렇다고 해서 무관심하다는 뜻은 아닙니다. 그 말은 어떤 긴장 관계가 드러나든지 똑같이 대한다는 뜻을 담고 있습니다.

조직 세우기 세션을 이끄는 코치들은 사람들의 온갖 요구에 맞닥뜨립니다. 그들은 우선 자기 자신에 대해서 잘 알고 있어야 하고, 외적으로뿐만 아니라 내적으로도 의식이 깨어 있어야 합니다. 기계적으로 반응하지 않도록 말입니다. 말처럼 쉬운 일은 아닙니다. 조직 세우기 세션은 별다른 노력 없이 이루어지는 것 같지만, 실제로 세션을 이끌어가기 위해서는 몇 년간의 트레이닝과 함께 자신의 개인적인 치료 작업과 자기 계발 과정을 거칠 필요가 있습니다.

코치가 만약 특정한 사람에게 동조를 한다거나 한 가지 시각만 고수하려 든다면, 조직 내에 존재하는 긴장 관계를 제대로 인식할 수 없습니다. 이미 설정된 필터를 통해서 고정된 시각으로 모든 것을 보게 될 테니까요. 때로는 극적으로 펼쳐지는 문제에 현혹되어 전체를 보지 못할지도 모릅니다.

조직체 안의 긴장 관계는 눈에 보이지 않게 작용합니다. 아무리 굳은 의지를 가지고 있다고 하더라도 보이지 않는 긴장 관계를 눈앞에 끌어다놓을 수는 없습니다. 진실은 겉으로 드러나 있기보다는 안으로 깊이 내재되어 있습니다. 그러므로 존경과 애정을 가지고 대해야만 합니다. 그렇지 않으면 오히려 진실을 내쫓아버리게 됩니다.

의뢰인의 문제를 주의 깊게 다루는 태도를 흔히 '현상학적 접근법'이라고 부르기도 하는데, 이 말은 기존의 개념이나 계획을 따르지 않는다는 뜻입니다. 순간순간 세션이 전개되는 대로 그저 따라간다는 뜻입니다. 긴장 관계가 분명치 않을 경우 코치는 몇 가지 다양한 가능성을 실험해 볼 수 있습니다.

비밀스러운 정보는 없다

:: 조직 세우기 세션을 하고 난 뒤에는 어떤 식으로 업무에 임해야 하나요? 나는 문제에 대한 해결책을 알고 있지만 동료들은 전혀 모르잖아요. 혹시 이 때문에 새로운 문제가 생기지는 않나요?

당신이 세션을 마치고 직장으로 돌아가면 동료들은 어떤 결과가 나왔는지 알고 싶을 게 뻔합니다. 그 순간 그들은 예민하고 두려운 상태일 수밖에 없습니다. 어떤 일이 자신들을 기다리고 있는지 알 수 없기 때문입니다. 그들 중에는 '혹시 큰 변화가 일어나는 게 아닐까? 혹시라도 내 자리까지 영향을 끼치면 어떡하지? 모든 게 거꾸로 뒤집어지기라도 하면 어쩌지?' 하며 걱정하는 사람이 있을 수도 있습니다.

이때 당신은 세션의 결과를 가지고 사람들의 호기심을 유발하는 상황을 연출하지 않도록 해야 합니다. 객관적인 정보만 알려주고 해결책에 초점을 맞출 수 있다면 가장 이상적이겠지요. 해결의 이미지가 당신에게 어떤 효과를 주었는지 설명해 줄 수도 있습니다. 조직 세우기 작업은 회사에서 일하고 있는 모든 사람들을 위한 배움의 과정이자 누구도 제외당하지 않는다는 사실을 분명하게 짚어줄 수도 있고, 소속의 원칙이나 먼저 온 사람이 나중에 온 사람보다 우선이라는 서열의 법칙 같은 조직체적 법칙들을 설명해 줄 수도 있습니다.

대개의 사람들은 이러한 내용을 직관적으로 완벽하게 이해합니다. 설사 의문이나 비판적인 견해를 보이는 사람이 있다고 하더라도 외면하거나 웃음거리로 삼지 말고 그 역시도 관심의 표현이라고 이해하는 것이 좋습니다. 남다른 관심을 보이는 사람들이 있다면 그들에게 세미나에 참여할 수 있도록 기회를 주거나, 조직 내부에서 세션을 해보는 쪽으로 추진할 수도 있습니다. 그렇게 되면 조직 세우기 세션에 대해 사람들이 가지고 있던 신비감이 사라지고, 문제 해결의 소중한 도구로서 있는 그대로 바라보게 될 것입니다.

물론 위의 내용은 비즈니스와 관련된 문제를 다룰 때의 이야기입니다. 사적인 문제일 경우, 당신은 세션 이후에 당신의 내면에서 진행되는 이해의 과정에 초점을 맞추면 됩니다. 혹시 당신이 개인적인 문제와 관련된 세션 경험을 대화의 화젯거리로 삼는다면, 당신은 스스로 힘의 원천을 버리게 될 뿐만 아니라 내적 과정 역시 지속될 수 없습니다.

새로운 이해란 씨앗 하나를 영혼의 토양에 심는 것과 같습니다. 이제 한 알의 작은 씨앗이 뿌리를 제대로 내리기 위해서는 잦은 분석이나 논쟁보다는 무관심하게 내버려두는 게 가장 좋습니다. 씨앗이 뿌리를 내리는 과정을 우리는 '내적 과정'이라고 말합니다. 가능하다면 아무 말도 하지 않는 게 낫습니다. 꼭 이야기를 해야 한다면, 최대한 간결하게 그리고 사실만 말해야 합니다. 세션이 진행되는 방식과 같은 외적인 과정에 대해서만 말하고 개인적인 내적 과정에 대해서는 언급하지 않는 게 좋습니다.

장기적으로 볼 때 올바른 균형이 속임수보다 낫다

:: 회사가 주고받기의 조직체적 균형을 확립하는 게 좋다고 하셨지만 주위를 둘러보면 정당함은커녕 무자비한 강탈만 만연해 있다는 인상을 받습니다. 주

기와 받기 사이의 균형이란 허무한 공상에 불과한 게 아닐까요?

주기와 받기 사이의 균형은 단기적인 시각에서 정의내릴 수 없습니다. 균형은 더 상위의 법칙으로 일정한 양의 시간을 필요로 합니다. 자연은 물론 인간의 삶이 펼쳐지고 있는 어디에서나 이는 마찬가지입니다.

인간의 마음은 이 단순한 우주적 균형의 법칙을 받아들이려고 하지 않습니다. 제 머리만 믿고 속임수를 쓰려고 듭니다. "지금 사고 나중에 지불하면 되지 뭐"라며, 그저 나중으로 미루는 것이 최상의 대책이라고 생각합니다. 하지만 이런 발상은 환상일 뿐입니다. 결과적으로 더 큰 값을 치를 수밖에 없습니다. 이자에 이자까지 더해서 말입니다.

기업들의 세계화 과정을 보면 이를 더욱 현저하게 느낄 수 있습니다. 미국과 같이 부유한 나라는 자신들이 전 세계의 4분의 1에 해당하는 자원을 소비할 권리가 있다고 믿으며, 그에 따른 대기 오염 등에 대해서는 벌금만 내면 된다고 생각합니다. 하지만 오존층이 파괴되고 이상 기후 현상이 발생하면 그로 인한 피해를 그들이라고 해서 비껴갈 수는 없습니다.

무자비한 강탈을 일삼는 사람들은 자신의 드라마가 늘 해피엔딩으로 끝난다고 믿는 어린아이처럼 환상의 세계에 사는 사람들입니다. 할리우드에서 만들어진 드라마들은 하나같이 장밋빛 해피엔딩으로 끝납니다. 운 좋은 승자들은 영원히 행복하게 살아가지요. 하지만 어느 누구도 그 빛나는 행복을 위해서 값이 얼마나 치러졌는지 묻지 않습니다.

모든 것은 그에 합당한 값을 치르게 되어 있습니다. 이는 우리 중 누구도 피해갈 수 없는 사실입니다. 당신이 한동안 조직 세우기 작업을 지켜본다면 벌금이 부과되기 전에 바로 합당한 값을 지불해야겠다는 생각을 갖게 될 것입니다. 아무리 꼭꼭 숨겨둔 비밀 계좌라 하더라도 결국은 드러나게 되어 있습니다. 아무리 위장을 잘한 뇌물이라도 결국은 밝혀질 수밖에 없어요. 오랫동안 별 탈 없이 모든 게 잘 굴러가는 것 같지만, '머리가 좋은' 사람들일수록 비싼 값을 치를 수밖에 없습니다.

우리는 최근에, 이사장이 회사 지분을 팔아서 큰 이익을 본 회사의 컨설팅을 맡은 적이 있습니다. 그 이사장은 다른 임원들을 희생시키고 그 대가로 큰 이득을 본 반면 다른 사람들은 큰 손해를 보았습니다. 그런데 지금 매각된 그 회사는 여러 가지 문제에 부딪쳐 있습니다. 새로운 소유주들은 이전 이사회 쪽에 합당한 보상을 치르도록 조처하고 있는 중입니다. 만일 그들의 요구가 받아들여진다면 그 이사장은 그가 속였던 동료들보다 더 큰 손실을 감내할 수밖에 없습니다.

이를 보고 "결국은 정의가 승리한다"고 말할 사람도 있고, 성경에 적힌 대로 "눈에는 눈, 이에는 이"라고 말할 사람도 있을 것입니다. 하지만 이런 표현은 문제의 본질을 담아내지는 못합니다. 우리는 인간이 만든 집단은 기본적으로 주기와 받기의 균형이라는 법칙에 따라서 움직인다는 사실을 결코 무시할 수 없습니다. 당신이 균형의 법칙을 믿지 않는 쪽을 택한다면 상처를 입는 사람은 당신 자신일 수밖에 없습니다. 이 법칙을 받아들인다면 당신은 장기적으로 더 많은 성공을 거두게 될 것입니다.

5

내면의 목소리와 내적 조직 세우기

당신의 내면에서 일어나는 힘겨루기는 어떻게 알아낼 수 있는가?
개인은 회사뿐만 아니라 가족이라는 조직체와 그들 자신의 퍼스낼리티라고 하는
내적 조직체로부터도 강한 영향을 받는다. 회사 등의 외적 조직체의 문제를 다룬
외적 조직 세우기 외에 개인들의 퍼스낼리티와 관련된 내적 조직 세우기를 통해서
우리는 통합적인 해결책을 모색할 수 있다.

Organization
Constellations

외적 조직체와
내적 조직체의 관계

해결책의 실제 적용을 위한 구체적인 수단

앞서 우리는 보이지 않는 긴장 관계가 어떤 식으로 조직 안에서 작용하는지 살펴보았다. 또한 실제 세션 사례를 통해서 그러한 긴장 관계를 어떻게 겉으로 드러나게 할 수 있는지도 다루어보았다. 세션에서 이르게 되는 해결의 이미지는 강력할 뿐만 아니라 행위를 위한 동기를 부여한다. 그러나 해결책을 찾았다고 해서 모든 게 제자리를 찾았다거나 저절로 변화가 일어난다는 뜻은 아니다.

때로는 조직 세우기 세션에서 찾아낸 해결책이 지나치게 긍정적인 인상을 줘서 이후에 그것이 어떤 식으로 적용될 수 있는지 전혀 의문을 남기지 않는 경우가 있다. 반대로 실제 해결책을 적용하기 위해서 책임 범위의 확장이나 승진, 임금 조정, 또는 갈등을 겪고 있는 부서들의 중재자 역할을 할 수 있는 협상 팀의 조성 같은 구체적인 수단이 필요할 때가 있다.

퍼스낼리티의 내적 조직체가 성공의 관건

우리는 종종 의뢰인들에게 이런 질문을 받는다. "하지만 해결책을 실제로 적용하는 데 중추적인 역할을 하는 사람들은 어떻게 하죠? 조직 세우기 세션을 통해서 나는 근본적인 문제가 무엇인지 알게 되었지만 정작 간부들은 이런 상황을 알지 못하는데요. 그들은 스스로 납득할 만한 이유 없이 내 말만 듣고 변화를 시도할 사람들이 아닙니다."

이런 우려는 당연하다. 그래서 조직 세우기 세션 이후에 조직체 전체를 대상으로 조직체적 접근법을 시도해 볼 필요가 있다. 자신의 의도와 다르게 필요한 해결책을 거부하는 사람이 있을 수도 있다. 그가 회사를 위하는 긍정적인 마음을 가지고 있는 사람인데도 말이다.

앞서 우리는 매크로 시스템, 즉 외적 조직체와 마이크로 시스템, 즉 내적 조직체에 대해서 언급한 바 있는데, 외적 조직체와 내적 조직체의 만남은 아주 특별한 관계를 맺고 있는 두 세계의 만남과 같다. 외적 조직체는 여러 층의 조직 구조로 이루어진 비즈니스 세계를 가리키고, 내적 조직체는 그에 못지않게 복합적인 내적인 팀, 즉 한 개인의 내적인 구조를 일컫는다. 내적인 팀은 무수하게 많은, 서로 모순되는 하위 인성들로 이루어져 있다. '퍼스낼리티의 여러 부분들'이라는 표현도 같은 맥락에서 이해할 수 있다.

문제는 내적인 팀을 이루고 있는 구성원들 가운데 누가 해결책에 동의하고 누가 거부하고 있는가 하는 점이다. 의뢰인이 이러한 질문에 답을 찾고자 할 때 우리는 개별적인 코칭 세션을 해보라고 권한다.

이 장에서 우리는 집단적 세계와 개인적 세계를 잇는 다리 역할을 할 수 있도록 계발된 조직체적 접근법을 취한 코칭에 대해서 살펴볼 것이다. 원리는 아주 간단하다. 헤르메스 트리스메기스토스^{Hermes Trismegistos}의 에메랄드 석판^{Emerald Tablet}(헤르메스 트리스메기스토스라는 고대인의 지혜가 새겨져 있는 석판—옮긴이)의 핵심이자 인간의 문명이 담고 있는 가장 오래된 통찰 중 하나인 "하늘에서와 같이 땅에서도"라는 표현이 그 열쇠이다. "하늘에서와 같이 땅에서도"라는 표현이 암시하듯이 외적 조직체와 내적 조직체는 서로 일치한다.

전체는 각 부분들 안에 반영된다

자연의 기본 원칙들을 일컫는 명칭 가운데 하나가 바로 '홀론^{holons}'이다. 이는 '부분적 전체'를 뜻한다. 홀론은 "홀론 안에 존재하는 홀론, 그 홀론 안에 존재하는 홀론^{holons in holons in holons}"이라는 원칙에 따라서 조직된다. 모든 태아는 빠른 속도로 생명의 진화 과정 전체를 거친다. 탄생 후에는 부모의 자녀이자 그가 속해 있는 문화의 자녀, 나아가 그 시대의 자녀가 된다. "하늘에서와 같이 땅에서도"라는 말은 "더 큰 맥락에서와 똑같이 더 작은 맥락에서도"라는 의미를 담고 있다. 전체와 똑같은 방식으로 부분들도 되어 있다, "하나 속에 전체가 반영되어 있다"는 뜻이다. 이 고대의 철학적 주제는 지금도 다양한 방식으로 증명되고 있다. 과학자들은 분자생물학과 생화학, 유전자 연구와 양자물리학의 영역에서 외적 조직체와 내적 조직체가 서로 일치하는 현상을 발견했다. 가장 작은 조직체는 전체의 축소판으로서 재조직되어 있다.

장애물의 제거를 돕는 내적 조직 세우기 코칭

조직체 안에 존재하는 보이지 않는 장애물은 조직 세우기를 통해서 눈앞에 드러낼 수 있고, 또한 조직체적 얽힘 관계에서 어떤 식으로 비생산적인 힘겨루기가 일어나는지 볼 수 있다. 팀 구성원들의 위치를 더 나은 쪽으로 옮겨봄으로써 팀워크의 효율성을 높일 수도 있다.

하지만 당신의 내면에서 일어나고 있는 힘겨루기는 어떻게 알아낼 수 있는가? 개인은 회사뿐만 아니라 다른 조직체들, 주로는 가족이라는 조직체와 그들 자신의 퍼스낼리티라고 하는 내적 조직체로부터도 강한 영향을 받는다.

외적 조직체(가족, 회사 등)와 내적 조직체(내적인 팀의 구조를 한 퍼스낼리티)는 평행 관계에 놓여 있는 조직체들로 유사한 패턴에 따라서 작용한다. 우리가 앞서 내놓은 해결책을 위한 접근법은 회사의 외적 조직체를 위한 답일 수도 있고, 개인의 내적 조직체에 대한 답일 수도 있다. 중요한 것은 그 해결책이 아무리 좋다 하더라도 이 둘 중 어느 하나가 소홀히 다뤄지는 한 그 해결책은 반쪽의 해결책밖에 되지 않는다는 것이다.

우리는 코칭 작업이 포괄적이고 해결 중심적인 과정이 되도록 이 두 조직체를 통합해서 다룬다.

다시 말해서 외적 조직 세우기를 보완하는 것으로 끝나는 것이 아니라, 거기에 대해서 실제로 회사에서 일을 하는 개인들의 내적 조직체 역시 동조할 수 있도록 퍼스낼리티와 관련된 조직 세우기 세션을 진행한다. 그리하여 외적 조직체와 내적 조직체의 요구를 모두 포함할 수 있는 해결책을 찾는다.

감추어진 잠재력,
양극이 이루는 조화

나를 힘들게 하는 사람이야말로 최고의 '선생'이다

반대 극끼리는 서로 끌어당긴다. 하지만 때로는 심각하게 충돌을 일으키고 갈등을 빚기도 한다. 조직체의 기본 법칙 중 하나인 다른 사람을 알아주고 인정하는 일이 무시당할 때 주로 그런 일이 일어난다. 불행히도 이런 일은 어느 조직체에서나 자주 일어나고 있다. 나와 같은 '극점'에 있는 사람을 인정하기는 쉽지만, 반대 '극점'에 있는 사람을 인정하기는 아주 어렵다. 그래서 반대 극점에 있는 사람들을 인정하기 위해서는 훈련이 필요하다.

  그 훈련을 하는 데 최고의 선생이 누구인지 아는가? 바로 당신이 도저히 견딜 수 없다고 생각하는 바로 그 사람이다! 당신이 어떤 사람에게 특히 혐오감을 느끼는 부분이 있다면, 그것은 바로 당신이 자기 자신에게서 보고 싶어하지 않는 부분을 그 사람이 보여주고 있기

248

때문이다.

여기서 우리는 그 '꼴 보기 싫은 사람'이 가진 특성을 이용해서 바로 당신 자신의 성장을 꾀할 수 있는 방법을 보여주고자 한다. 이 부분은 특히 업무 환경과 관련된 문제를 다룰 때 중요하다. 만일 당신이 생산 부서와 영업 부서가 서로를 비방하는 대신 존중하는 쪽으로 태도를 변화시킬 수 있다면, 이는 회사의 발전을 가로막는 거대한 장애물 하나를 치우는 일이 될 것이다.

조직의 이해 과정은 상호 소통 속에 그대로 드러난다

상황을 있는 그대로 담은 세션의 모습을 통해서 얽힘 관계나 조직체적 법칙의 경시가 정확하게 어느 부분에서 어떻게 당신의 성공을 가로막고 있는지 알 수 있다. 그리고 해결의 이미지를 통해서 목적지에 닿은 당신 자신을 만날 수 있다.

하지만 이러한 전망이 확실하게 현실화되기 위해서는 외적 조직체에서 내적 조직체로의 이동이 필요할 수 있다. 외적인 문제의 해결책이 온전히 뿌리를 내리기 위해서는 개인의 '내적인 팀'의 합일과 지지를 먼저 얻어내야 한다. 그때 비로소 해결책을 조직체 안에서 구체적이고 실질적으로 확립할 수 있고, 조직체는 올바른 모습으로 변할 수 있다. 다음의 사례는 내적 조직체로 어떻게 옮겨가는지 보여주는 그 첫 단계의 발전 모형이다.

다른 사람의 '실수'를 찾다보면 자신의 실수를 보지 못한다

스크림프와 그의 비즈니스 파트너 스플러지는 회사를 잘 경영해 왔다. 하지만 스크림프는 비즈니스 파트너의 소비 '중독증'에 불만을 갖고 있었다. 스플러지가 최신 장비와 가구로 사무실을 꾸미는 것조차 마음에 들지 않았다. 스크림프의 방은 회사 창립 이래 15년 동안 한 번도 가구를 바꿔본 적이 없었다. 스크림프는 스스로를 검소한 실용주의자라고 여겼다. 동업자에게 고마움을 느끼고는 있었지만, 동업자의 낭비벽은 계속되는 두통처럼 그를 힘들게 했다. 스크림프는 스플러지의 행동을 볼 때마다 자신이 얼마나 검소한 사람인가를 깨닫곤 했다. 그런 생각과 함께 자신의 파트너가 강박적인 낭비 습관을 갖고 있다는 부정적인 생각도 굳어갔다. 스크림프의 눈에는 스플러지가 가진 관대함 같은 긍정적인 면은 전혀 들어오지 않았다. 물론 자신의 어두운 측면인 인색함 역시 눈에 보이지 않기는 마찬가지였다.

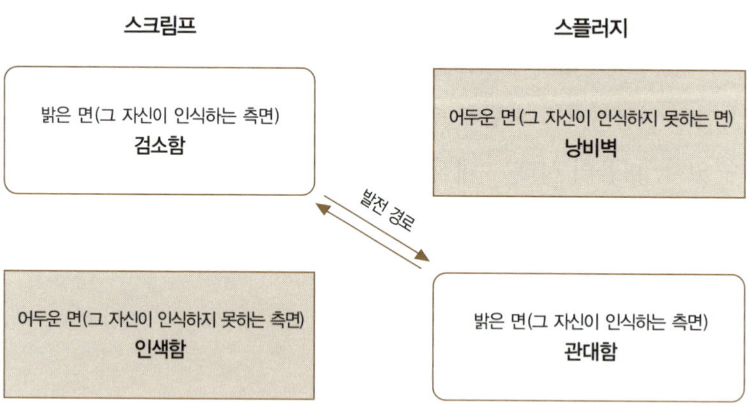

스크림프와 스플러지의 밝은 면과 어두운 면

어두운 면이 리얼리티를 왜곡한다

이 사례에서처럼 스크림프는 자신의 퍼스낼리티 중 한 부분인 검소함의 지배적인 영향을 받고 있다. 그가 이러한 동일시에 대해서 제대로 알지 못하기 때문에 '내적인 팀' 중 한 부분이 그를 지배하고 있는 것이다. 그는 자신과 반대되는 상대방의 퍼스낼리티 중 한 부분을 '낭비벽'이라고 부르고 있다. 스크림프가 "낭비벽이 심한 사람"이라고 규정지은 스플러지는 스스로를 '관대한 사람'으로 생각하고 있다. 하지만 관대함의 어두운 측면은 스플러지 자신에게는 보이지 않는다. 때로 스플러지는 만성적인 적자에 허덕일까봐 걱정하지만, 어떤 상황이든 스크림프처럼 인색해지고 싶은 생각은 없다.

스플러지의 밝은 면은 관대함이다. 그의 관대함은 회사가 위기에 처했을 때마다 큰 역할을 해왔다. 새로운 고객들을 끌어들이는 데도 크게 기여했다. 검소하고 현실적인 스크림프에게는 이러한 면이 전혀 없었다. 스플러지의 눈에 스크림프의 검소함은 그것의 어두운 측면인 인색함으로만 비쳤다.

스크림프가 동업자의 '강박적인 낭비벽'을 비난하고 있는 한 낭비벽의 반대쪽이자 밝은 면인 관대함에 대해서는 인식조차 할 수 없고 스플러지의 무책임한 태도에 대한 불편한 감정도 계속 이어갈 수밖에 없다. 관대한 방식으로 돈을 다루는 스플러지의 능력은 낭비벽이라는 극점을 통해서밖에 관찰되지 않는다.

내적 해결책은 외적 효과를 지닌다

스크림프가 검소함에 대한 강한 동일시를 없앨 수 있다면, 스플러지의 관점을 더 이상 부정적으로만 보지 않게 될 것이다. 그렇게 되면 그가 고수하던 흑백의 그림도 변해서 부정적으로만 보던 것에서 긍정적인 면도 보게 될 것이다. 그때 그는 돈을 움켜쥐던 손을 느슨하게 풀어놓을 수 있다. 어쩌면 간혹 소비의 폭을 넓혀서 돈을 더 쓸 수 있을지도 모른다. 그리고 스플러지를 더 이상 강박적인 낭비벽을 가진 사람으로 보지 않을 것이다. 스크림프는 관대함의 퍼스낼리티를 갖게 되고, 이러한 측면을 시험해 볼 수도 있다. 그렇게 되면 그는 관대함을 '낭비벽'이라는 과장된 시각으로 보지 않을 뿐더러 부분이 아닌 전체로서 스플러지의 면모를 이해할 수 있게 된다.

스플러지 역시 스크림프의 의지를 높이 사는 대신 그에 대한 비판적인 태도는 줄이게 되며, 그 결과 스크림프의 예산 관리 능력에 새로운 흥미를 갖게 된다. 스플러지도 자신이 기여한 바가 인정받고 있음을 느낄 수 있다. 이렇게 점점 서로에 대한 이해의 폭이 커지고 그에 따른 이득은 고스란히 회사에 반영된다.

이 과정은 개인 간의 소통을 증진시키는 데서 그치지 않고 집단과 집단, 회사와 회사, 기관과 기관 사이의 소통 또한 증진시킨다. 심지어 국가 간의 소통에도 도움이 되고, 문화 간의 이해를 높이는 데도 큰 역할을 한다.

서로 다른 두 문화가 모두 사는 길

여기서 3장에서 다룬 두 회사의 합병 사례를 다시 한 번 살펴보자. 조직 세우기를 통해서 합병을 주도한 회사가 합병된 회사의 민감한 상황을 존중하는 것이 얼마나 중요한지 분명히 알 수 있었다. 특히 문화적 차이가 있을 때, 양측이 상대방의 긍정적인 측면은 보지 않고 부정적인 측면만 주목하는 경우가 많다는 것을 살펴볼 수 있었다.

이제 그 회사는 조직 세우기의 결과를 상호 존중의 관계로 나아가는 추진력으로 활용하고 있다. 서로 간의 소통을 위한 트레이닝을 통해 양측은 상대 문화를 이해하는 시야를 넓힐 수 있었다. 사례를 다시 살펴보면, 양측이 함께 참여한 IT 프로젝트에서 프랑스 쪽 직원들은 독일인 직원들을 융통성 없이 자기 주장만 내세우는 기술 관료들이라고 치부했었다. 이 어두운 측면에 사로잡혀 프랑스 쪽 기술자들은 독일인 기술자들의 부정적인 특성을 거부하는 데서 그치지 않고, 양측이 서로 협력으로 나아갈 수 있는 길마저 차단하고 말았다. 그러면서 그들 자신의 효율성도 떨어뜨렸다.

고집스럽고 엄격한 독일인들과 맞부닥뜨리면서 그들에 비해 훨씬 개인주의적이던 프랑스인들은 규칙과 조직, 그리고 명료성을 중시하는 쪽으로 나아가는 법을 배웠고, 자신들의 혼돈스럽고 불분명한 면은 좀더 균형을 잡게 되었다.

독일인들은 프랑스인들과의 팀워크를 통해서 좀더 개인적인 토대 위에서 소통을 할 수 있게 되었다. 여유를 갖게 되었을 뿐만 아니라 갈등이 일어나도 평정심과 느긋함을 유지할 수 있었다. 동시에 자신들의 의견을 충분히 펼치면서도 상대와 합의한 사항에도 주의를 기울일 수 있었다.

서로 다른 문화 사이의 관계를 원활히 하기 위해서 상대방의 모든 습관을 받아들여야 할 필요는 없다. 오히려 다른 문화를 통해서 우리 쪽에 무엇이 빠져 있는지 깨달을 수 있는 기회로 삼을 수 있다. 대개 우리가 상대방의 문화에서 받아들이고 싶어하지 않는 부분이 여기에 해당한다.

우리가 '상대방'의 밝은 면을 인정할 수 있다면, 그것을 계기로 우리의 사고와 행위를 더욱 확장할 수 있다. 장기적으로 본다면 양쪽이 모두 승리자가 될 수 있다. 외적 조직체를 다룬 세션과 이후에 진행되는 내적 조직체를 다루는 세션의 조합은 회사들 간의 합병이나 결합, 상호 협력 관계를 끌어내는 데 도움이 될 수 있다.

프랑스 직원들과 독일 직원들의 밝은 면과 어두운 면

프랑스 직원들	독일 직원들

퍼스낼리티 속에
감추어져 있는 파워 시스템

퍼스낼리티는 단일체가 아니다

"나는 하나가 아니라 여럿이다." 리더십과 커뮤니케이션 분야에서 능력을 발휘하고 싶은 사람이라면 누구나 이 사실을 알아야 한다. 이 말은 당신이 복종과 지배, 상호 협력과 자기 중심적 태도 사이에서 어느 쪽을 선택할지 결정할 필요가 전혀 없다는 뜻이다. 그 대신 당신의 여러 퍼스낼리티를 통합하고 효율적으로 자기 경영에 사용하는 방법을 익힐 필요가 있다.

퍼스낼리티는 단일체가 아니다. 모든 퍼스낼리티는 여러 가지 '하위 퍼스낼리티들'로 이루어져 있다. 때로 하위 퍼스낼리티들은 상호 모순적일 때도 있다. 퍼스낼리티들의 구성은 아주 먼 과거에서부터 출발한다.

첫 번째 퍼스낼리티 부분은 생존의 보장과 연관되어 있다

세상에 태어난 모든 존재는 특별하다. 모든 사람은 각자의 개체성을 가지고 이 세상에 태어난다. 이런 독창적인 개체성을 '영적인 지문 psychic fingerprint' 이라고 부른다. 그러나 이와 동시에 새로 태어난 존재는 완전히 무방비 상태로 취약하기 그지없다. 그래서 부모의 보호와 양육에 전적으로 의존할 수밖에 없다.

아기는 스스로를 돌볼 수 없기 때문에 연약한 자신이 보호받을 수 있는 확실한 방법을 계발할 수밖에 없다. 거기서부터 퍼스낼리티가 시작된다. 이 파수꾼은 내적인 보호자 혹은 지배자의 임무를 맡는다. 이 첫 번째 퍼스낼리티의 특성은 아이가 속해 있는 문화와 나라, 또는 가족 환경과 가치관 등에 따라서 다양한 형태를 띤다. 첫 번째 퍼스낼리티의 가장 중요한 임무는 어떤 값을 치르더라도 생존을 확보해야 한다는 것이다. 아이가 주변 환경에 적응해 가는 동안 다양한 주변적 요소들이 퍼스낼리티의 여러 측면을 계발해 간다.

여기서는 로라와 롤프의 사례를 통해서 퍼스낼리티의 계발과 관련된 부분을 살펴보도록 하자. 로라의 가족 분위기는 전반적으로 차분하고 화목한 편이다. 첫아이 로라는 부모의 축복 속에서 태어나 아낌없는 환대를 받았다. 하지만 소란스럽고 공격적인 가정에서 셋째아이로 태어난 롤프는 부모의 사랑과 관심을 다른 두 형제들과 나누어야 했다. 당연히 로라와 롤프의 '자아' 는 각기 다른 방식으로 계발될 수밖에 없었다. 과연 이 둘의 내적인 보호자들은 각자의 생존을 확보하기 위해서 어떤 퍼스낼리티들을 계발했을까?

아기는 무엇이 적절한 방법인지 금방 알고 익힌다

로라의 부모는 딸을 키우는 데 많은 시간을 보낸다. 로라는 침대에 조용히, 편안하게 누워 있을 때 엄마 아빠의 사랑을 강하게 느낀다. 하지만 때때로 로라는 웃고 싶지 않을 때가 있다. 배가 고프거나 배 앓이를 할 때 그렇다. 그럴 때 로라는 짜증을 내거나 소리를 지르기도 한다. 그러면 엄마가 달려와서 로라를 어르고 보살펴주지만 평상시 애정 어린 엄마의 모습과는 조금 다르다. 로라는 아주 작은 아기에 불과하지만 이 부분을 아주 분명하게 감지한다.

이를 통해 로라는 자신의 감정이나 상태가 가족 안에서 가장 중요하게 받아들여지는 것은 아니라는 것을 알게 된다. 로라는 곧 다음과 같은 내용을 배운다. "내가 까다롭게 굴지 않고 다른 사람들이 내게 바라는 행동, 그들이 기뻐할 만한 행동을 하면 내가 원하는 것을 얻을 수 있어!"

어린아이는 엄마의 수유와 부모의 사랑에 의존할 수밖에 없다. 그리고 성장을 하면서 부모뿐만 아니라 다른 사람들에게도 관심을 얻으려고 노력한다. 물론 이 모든 과정은 무의식적으로 이뤄진다.

로라의 퍼스낼리티들 가운데 주된 부분은 보호자나 지배자 기능을 도와주는 '조력자'이다. 로라의 내적인 도우미는 '남을 기쁘게 해주는 사람'이라는 퍼스낼리티인 것이다.

'착한 아이'의 내면에서 공격성은 인정받지 못한다

로라의 내적 자아는 다른 사람들이 필요한 게 무엇인지 감지할 수 있는 아주 예민한 안테나를 계발한다. 그렇게 해서 로라는 주변 사람들에게 남을 기쁘게 해주는 사람, 관대한 사람이라는 인상을 심어줄 수 있다. 그리고 살아가면서 자신이 터득한 이 기술을 대인 관계에서도 효과적으로 사용할 수 있다.

하지만 로라의 공격적인 퍼스낼리티는 어떻게 되는가? '남들을 기쁘게 해주는 사람'과 달리 자신의 권리를 강하게 요구하는 측면 말이다. 로라가 필요한 것을 주장할 수 있는 공격적인 부분은 전혀 고려되지 않았고 합당한 자리를 인정받지도 못했다. 이 부분은 로라의 퍼스낼리티에서 부차적인 것이 되었다. 인정받지 못한 이 퍼스낼리티는 나중에 특정한 결과를 가져오게 된다.

상처받지 않도록 보호하는 게 가장 중요하다

로라는 공격적인 행동을 했을 때 벌을 받았다. 비록 체벌이 지극히 미미해서 포착하기가 쉽지 않지만 말이다. 그러한 행동은 부모의 사랑을 더 받게 되거나 덜 받게 되는 결과로 이어진다. 로라가 부모의 사랑에 전적으로 의존하고 있기 때문에 그녀의 보호자 혹은 파수꾼은 그녀가 상처받지 않도록 보호하고 동시에 생존을 확보해 주어야 했다. 당연히 공격적인 퍼스낼리티를 받아들일 수 없었다. 하지만 이 공격성이라고 하는 생체 에너지는 간단하게 사라지지 않는다. 단지 그녀의 생존에 위험을 초래하지 않도록 한쪽 구석에 방치될 뿐이다.

뒤에 우리는 로라의 방치된 퍼스낼리티가 어떤 식으로 발전해서 어떤 결과를 만들어내는지 살펴볼 것이다.

'힘 있는 사람'이 계발되면 '남을 기쁘게 하는 사람'은 뒤로 밀려난다

이제 롤프의 경우를 살펴보자. 롤프 가족의 생활은 길거리에서 들려오는 소음과 텔레비전 소리, 형제들의 비명소리와 언쟁으로 가득하다. 또 롤프의 부모는 수시로 감정을 분출하는 사람들이다. 비록 그들이 롤프를 사랑하고 롤프가 착한 행동을 할 때는 기뻐하기도 하지만, 롤프는 아주 어려서부터 "내가 원하는 게 있으면 큰소리를 내야해. 내 존재를 인식시키기 위해서는 내 주장을 꺾어서는 안 돼!"라는 생존법을 터득하게 된다.

롤프는 필요한 것이 있을 때마다 큰소리로 오랫동안 울부짖었고, 이 방법은 아주 성공적이었다. 아기의 비명소리가 들릴 때마다 엄마가 롤프에게 달려왔다. 곧 그의 내면에서는 '힘 있는 사람'이라는 가장 중요한 퍼스낼리티가 형성되기 시작했다.

그 반면 다른 사람들을 기쁘게 만들고자 하는 퍼스낼리티에서는, 로라의 공격적인 퍼스낼리티에 일어난 것과 똑같은 일이 일어난다. 즉 롤프의 '남을 기쁘게 해주는 사람'이라는 퍼스낼리티는 한쪽으로 밀려나게 된다.

인정하지 않는 퍼스낼리티는 다른 사람을 통해 다시 만난다

유치원을 지나 학교에 다니기 시작하면서 우리는 사람들의 요구가 변한다는 것을 알게 된다. 또 가족 상황의 변화를 통해서도 수많은 내적인 퍼스낼리티들이 계발된다. 살면서 만나는 다양한 상황과 시기에 따라서 퍼스낼리티의 여러 부분들이 그 모습을 드러내는 것이다. A라는 상황에서는 A라는 퍼스낼리티가, B라는 시기에는 B라는 퍼스낼리티가 드러난다. 그런데 한 가지 흥미로운 것은 어떤 상황 어느 시기에 나타난 퍼스낼리티든 모두 똑같은 임무를 띠고 있다는 것이다. 그것은 우리가 상처받지 않도록 보호한다는 것이다.

우리가 일곱 살이든 일흔 살이든 우리 내면에는 언제나 상처받기 쉬운 어린아이가 살고 있다. 그렇다면 어떻게 해야 보호자 혹은 조정자가 이 내면 아이를 보호할 수 있을까? 답은 간단하다. 이 퍼스낼리티들은 과거에 '보호자' 역할을 제대로 수행하지 못한 다른 퍼스낼리티들이 활동하지 못하도록 가두어버린다. 이제 거부당한 그 퍼스낼리티는 어둠 속에 갇히고 만다.

때로는 이 거부당한 퍼스낼리티가 우리의 꿈속에 나타나기도 한다. 하지만 꿈에서 얻은 메시지는 암호화되어 있어서 의식적으로 그 뜻을 이해하기란 불가능하다. '추방당한' 퍼스낼리티 혹은 거부당한 자아들은 별다른 방해를 받지 않고 조용히 지내는 것 같지만 실은 그렇지가 않다. 한쪽으로 밀려난 하위 퍼스낼리티들은 꿈속에 나타나는 것 외에도 우리가 다른 사람들의 특정 성격과 맞닥뜨릴 때 분노의 감정을 일으키기도 한다.

'힘 있는 사람'은 '남을 기쁘게 해주는 사람'의 가치를 이해할 수 없다

로라와 롤프의 이야기로 다시 돌아와 보자. 30년이 지난 뒤 그들은 각기 전문적인 직업을 갖고, 살면서 거울 역할을 해주는 '선생'을 만나게 된다. 로라는 누구나 좋아하는 상냥한 여성이다. 우리가 기억하는 것처럼 로라(혹은 '남들을 기쁘게 해주는 사람'이라는 퍼스낼리티)는 다른 사람들이 자신을 좋아하기 위해서 무엇을 해야 하는지 아는 감각을 계발해 냈다. 그 결과 사람들은 언제나 그녀 편을 들어주었다. 딱 한 사람, 같은 부서에서 일하게 된 새로운 동료 한 사람을 제외하고 말이다.

이 여자 동료는 로라가 가장 싫어하는 퍼스낼리티들을 고루 갖추고 있다. 그녀는 이기적이고 고집이 너무 세다. 로라는 이 새로운 동료에 대해 "언제나 자기가 먼저고 나머지 사람들에 대한 배려는 끄트머리에 겨우 있을까 말까 해"라고 표현한다.

이 동료는 로라의 친절한 태도에 반발심을 드러낸다. 로라가 이 새로운 동료를 기쁘게 할 수 있는 방법은 오직 '힘 있는 사람' 퍼스낼리티로 대응하는 것뿐이다. 하지만 그녀는 그런 퍼스낼리티를 갖고 있지 못하다. 로라가 이 새로운 동료나 스스로를 강한 사람이라고 여기는 사람들과 동등한 위치를 유지하기 위해서는 그녀 내면에 존재하는 '힘'과 교류하는 것밖에는 방법이 없다.

반대로 롤프는 '힘 있는 사람' 퍼스낼리티를 활용할 수 있는 직업을 선택했다. 그는 서른 살이라는 나이에 이미 성공의 사다리를 올라가고 있었다. 그가 어려움을 느끼는 유형은 "자신이 원하는 게 뭔지 직설적으로 말하지 않는 사람, 하고 싶은 말도 제대로 못하면서 다른 사람에게 이용만 당하는 사람"이다. 그는 그런 사람을 "줏대가 없는 겁쟁이"라고 경멸적으로 부르곤 한다.

롤프의 부서에도 그가 경멸하는 유형에 속하는 사람들이 몇 명 있다. 직선적인 롤프는 사람들이 저항감을 보이면 정면에서 퉁명스럽게 부딪치곤 한다. 다른 사람들을 수용할 수 있는 퍼스낼리티, 즉 '남들을 기쁘게 해주는 사람'을 사용할 수 있을 텐데 그는 그러지 않는다. 롤프의 퍼스낼리티에서 이 부분은 뒤로 밀려나 있기 때문이다.

한 가지 의문이 들 수 있다. 왜 우리는 여러 퍼스낼리티 가운데 우리가 추방해 버린 어두운 측면만을 보게 되는 걸까? 로라의 가족에서는 자기 주장을 하거나 공격적인 태도를 보이는 것은 부정적으로 받아들여졌다. 그래서 그녀의 공격적인 퍼스낼리티가 겉으로 드러나려 하면 그녀는 상처받을지 모른다는 위기감을 느꼈다. 그녀가 힘 있는 자아의 측면을 계발할 수 없었기 때문에, 결국 그러한 퍼스낼리티는 가두어둘 수밖에 없었다. 그러기 위해서 가장 효율적인 방법은 공격적인 행위를 단호하게 거부하는 것뿐이었다. 그녀 자신에 대해서는 물론 다른 사람에 대해서도 이는 마찬가지였다.

퍼스낼리티만 다를 뿐 똑같은 상황이 롤프에게도 벌어지고 있다. 가족 안에서 그는 친밀감을 통해서 자신이 원하는 것을 얻을 수 없었다. 그런 이유로 그는 자신의 안전을 지키기 위해서 자신은 물론 다른 사람에게서 '남들을 기쁘게 해주는 사람'의 퍼스낼리티를 만나면 이를 폄하하게 되었다.

두 다리로 설 때 더욱 안전하다

인생의 성공과 만족을 위해서 우리는 자신을 주장할 수 있는 힘과 예민한 감성을 모두 필요로 한다. 서로 반대되는 이 두 가지 특성은 우리를 두 개의 다리로 굳건히 서서 안정감 있게 움직일 수 있도록 도와준다. 어린 시절 상처로부터 자신을 보호하기 위해서 취한 퍼스낼리티에 우리 자신을 묶어놓게 되면, 어른이 되어서도 한쪽 다리로 절 뚝거리며 불안하고 불만족스러운 삶을 살 수밖에 없다. 그래서 우리 는 '더 나은 반쪽' 안에서, 평생의 동반자들 속에서, 친구들과 비즈 니스 파트너들 속에서 다른 한쪽 '다리'를 찾으려고 한다. 나에게 부 족한 반쪽을 가지고 있는 사람에게 도움을 받는다면 물론 편하기는 하다. 그러나 그것은 우리를 의존적으로 만들고 스스로 자신의 균형 을 찾는 데 방해가 된다. 그러므로 우리는 한쪽 다리로 절뚝거리면서 걷는 오래된 습관을 버리고 두 발로 서는 법을 익혀야 한다.

방법은 간단하다. 잃어버린 한쪽 다리가 모습을 드러내 당신의 삶 에 참여할 수 있도록 하면 된다. 그렇게 하려면 먼저 우리가 처해 있 는 복합적인 상황과 그 안에서 작용하는 긴장 관계를 이해해야 한다.

내면의 지배자들

우리의 전체 퍼스낼리티는 서로 다른 여러 부분들 혹은 다른 자아들 로 이루어져 있다. 그것들은 다양한 특성과 능력을 가지고 있다. 그 중에는 강력한 퍼스낼리티도 있고 나약한 퍼스낼리티도 있다. 소란 스러운 자아도 있고 고요한 자아도 있다. 마치 여당이 있고 야당이 있고 심지어 혁명을 꿈꾸는 정당도 있는 것처럼, 이들은 다른 퍼스낼 리티들과 하위 집단을 형성하기도 하고 연합 전선을 펼치기도 한다. 성공하는 사람들을 보면 대개 '강하게 밀어붙이는 사람'이나 완벽주 의자들이 내면의 지배자 역할을 한다. 그들의 좌우명은 "계속해! 더 빨리, 더 높이, 더 멀리!" "밀어붙여!"이다.

만약 모든 사람들의 필요를 만족시키고자 하는 조력자 퍼스낼리티가 연합 세력을 형성해 다른 퍼스낼리티들을 지배한다면, 말 그대로 모두가 만족할 수 있는 구조가 정립될 때까지 집단 안에 평화는 존재하지 않을 것이다.

성취를 바라는 내면의 지배자는 휴식을 용납하지 않는다

퍼스낼리티 중에서 휴식을 좋아하고 삶의 기쁨을 추구하는 부분은 '게으름뱅이' 취급을 받고, 지배자로부터 추방당한다. 거부당한 퍼스낼리티들이 추방자의 위치에서 즐거움을 얻을 수 있는 유일한 방법은 '정부의 정책'을 지능적으로 방해하는 것뿐이다. 예컨대 지배적인 퍼스낼리티가 휴일에도 일을 해야 한다고 명령을 하면 거부당한 퍼스낼리티는 너무나 급하게 서두른 나머지 노트북과 핸드폰을 '잊어버리고' 집에 두고 오는 사태를 만든다. 이때 또 다른 퍼스낼리티인 '내면의 비평가'가 뛰쳐나와 목청을 높인다. "매번 똑같군! 제일 중요한 걸 기억도 못한단 말이야? 이런 바보 같으니!"

내면의 비평가는 내면의 지배자인 성취가를 지지한다

내면의 비평가는 당신이 파티에서 멋진 시간을 보낼 때 당신 외모의 문제점을 지적하고 거울을 들여다보게 만든다. 또 휴가 후 몸무게가 불어난 듯하면 곧바로 저울 위에 올라서게 만들기도 한다. 이 퍼스낼리티는 밀어붙이는 사람 혹은 완벽주의자 정부와 공조하여 자신의 힘을 강화시킨다. 상황에 따라서는 내면의 지배자 퍼스낼리티조차 뒤로 한 걸음 물러서야 할 때가 있다. 하지만 대개 아래의 예에서 볼 수 있듯이 비평가의 지속 시간은 짧은 편이다.

T씨는 강한 내적 지배자 타입으로 회사에서 부장직을 맡고 있다. 그는 아래 직원들을 관리하는 데 어려움을 겪고 있다. 그와 오랫동안 일해온 직원들이 그의 리더십 방식에 강한 거부감을 보이고, 함께 일한 지 얼마 되지 않은 신입 사원들도 같은 반응을 보이고 있다.

그는 부서 내에서 서로 협력적인 관계를 맺고 싶다는 희망을 가지고 조직 세우기 세션을 의뢰했다. 세션을 통해서 주기와 받기 사이의 균형이 틀어졌다는 것을 알 수 있었다. 무의식적으로 깔려 있는, 성취에 대한 지나친 걱정이 직원들을 몰아붙이는 것으로 드러난 것이다. 직원들의 반발에 부딪치자 T씨는 모든 걸 혼자서 해내려고 했다. 게다가 그의 '완벽주의자' 퍼스낼리티는 자기가 누구보다 더 빠르게 일할 수 있고 더 나은 결과를 얻어낼 것이라고 주장했다. 그러다보니 그는 부서 내에서 직원들이 자신들의 노력으로 얻어낸 성과조차 인정하지 않게 되었다. 결국 그의 '실행가' 와 '완벽주의자' 퍼스낼리티는 그가 막고 싶어했음직한 상황을 스스로 불러내고 말았다. 즉 직원들이 그에게서 관심을 돌려버린 것이다.

세션에서 드러난 해결책은 그가 '이끄는 사람' 의 역할과 '결정을 내리는 사람' 의 자리에서 한 걸음 뒤로 물러서는 것뿐이었다. T씨는 해결책에 동의했지만 그의 내면의 지배자는 동의하지 않았다. "좋습니다"라고 대답하긴 했지만 그의 내면에서는 저항감이 일어났다. "그렇게 했다가는 엄청나게 많은 시간을 허비하게 될 거야. 주어진 시간 안에 일을 끝마칠 수 없게 된다고. 너는 누구보다 경험이 많은 사람이야. 일의 효율성을 위협하는 짓을 해서는 안 돼!"

T씨는 내면의 지배자를 단 한 번도 만나본 적이 없었기 때문에 내

면에서 일어나는 이러한 대화를 의식적으로 알아챌 수가 없었다. 단지 말로 표현하기 어려운, 일종의 분열된 느낌을 경험했을 뿐이다.

내면의 지배자는 이성적인 이해보다 강하다

세션을 마치고 얼마 지나지 않아 T씨는 관리 스타일에 변화를 주었다. 직원들은 이러한 변화에 상당히 놀라워했다. 하지만 시간이 흐르면서 그는 다시 옛 방식으로 되돌아가고 말았다. 그의 내면의 지배자가 다시 돌아온 것이다. 잠깐 동안 다른 퍼스낼리티들이 만드는 전혀 다른 관리 스타일을 지켜보던 내면의 지배자가 얼마 되지 않아 '밀어붙이는 사람/완벽주의자' 쪽이, 이렇게 나가면 위험하다는 판단을 내리고 다시 고삐를 움켜쥐었다. "실험은 여기서 끝이야!"라는 선언과 함께 옛 방식이 복귀한 것이다.

이처럼 업무 관계에서 조직체적 해결책이 제 역할을 하기 위해서는 외적·내적 조직 세우기를 통해서 T씨가 자신에게 좀더 여유로운 공간을 마련해 줘야만 한다. 해결책은 회사라는 외적 조직체에 달려있지 않다. 오히려 그의 퍼스낼리티 구조라는 내적 조직체 또는 그의 가족체와 관련이 있다.

외적·내적 조직 세우기 코칭은 '내면의 목소리들과의 대화법'이라고 불리는 인간 심리학 테크닉을 이용한다. 이 방법은 개인에게 자신의 내면이나 다른 사람들과의 갈등을 알아챌 수 있도록 돕고 문제를 해결할 수 있도록 이끌어준다. 코치는 실제로 존재하는 사람들과 이야기를 하듯 갈등에 연관된 여러 퍼스낼리티들과 대화를 나눈다.

코치가 내면의 자아들과 대화를 나누다

반대쪽에 서 있는 여러 퍼스낼리티들의 말에 귀를 기울이고 존경심을 표할 때 내면의 부분들이 조화로운 관계와 적절한 균형을 이루기 위한 단계에 들어선다. 내면의 사람들—무수하게 많은 '나'—은 우리의 가족 구성원이나 회사의 팀원처럼 행동한다. 그렇기 때문에 우리는 퍼스낼리티들을 '내적인 팀'이나 '내면의 가족'이라고 표현한다. 사람들로 이루어진 모든 조직체가 그렇듯이, 퍼스낼리티들의 조직체가 특정한 법칙이나 규율을 따라 작용하는 것도 자기 보호와 안정, 지속적인 발전을 위해서이다.

우리의 경험에 따르면, 이 법칙들은 본질적으로 내적 조직체들이 함께 있으면서 제 기능을 할 수 있도록 하는 법칙들이다. 여기서 퍼스낼리티가 내적 조직체에 끼치는 영향이라는 맥락에서 이 책의 1장에서 다룬 조직체적 법칙 몇 가지를 다시 살펴보자.

존재하도록 허용해야 할 목소리들

'내면의 사람들' 중 일부는 우리가 별로 좋아하지 않는 방식으로 자신을 표현한다. 여기서 '내면의 사람들'이란 곧 내면의 지배자를 뜻한다. 자신감이 넘치고 활동적이며 결단력 있는 사람의 내면에도 부끄럽고 망설이는 목소리가 존재하게 마련이다. 이 목소리 역시 존재할 수 있도록 해야 한다. 이 목소리를 허용하지 않을 경우 갈등은 피할 수 없다. 만약 이 목소리가 존중받게 되면 전체를 위해서 기여할 수도 있다. 감성이 요구되는 상황에서는 더욱 그렇다.

주기와 받기 사이의 균형

실행가와 완벽주의자가, 마치 케이크의 가장 큰 조각을 차지하듯, 주어진 시간 중 제일 좋은 몫만 요구한다면, 우리 안에 있는 감식가나 즐거움을 추구하는 사람이 차지할 수 있는 몫은 줄어들게 된다. 장기적으로 본다면 이러한 불균형 상태는 지속되기 어렵다. 스트레스 증상이나 정신적·육체적 질병은 이러한 불균형에 대한 대가이기도 하다. 해결책은 똑같다. 의식적으로, 서로 반대되는 부분들 사이에서 더 나은 균형점을 찾는 수밖에 없다.

소속의 권리

모든 퍼스낼리티들은 특정한 역사를 가지고 있고, 특정한 이유 때문에 존재한다. 그러므로 이들 각자는 표현의 권리가 있고 전체 퍼스낼리티에 기여할 수 있는 권리가 있다. 만약 어떤 강한 퍼스낼리티로 인해 이 권리가 거부당하면, 힘이 약한 퍼스낼리티는 지하로 숨어버린다. 그 대신 이 추방당하고 거부당한 내면의 사람들은 자유를 위해 싸우는 투사들처럼 권력을 쥔 쪽의 프로젝트를 방해하면서 자신들의 요구를 들어줄 수밖에 없는 상황을 만든다. 이러한 방해 행위는 여러 형태로 나타날 수 있다. 스트레스와 관련된 증상으로 나타날 수도 있고, 정신적·육체적 질병, 설명할 수 없는 불운의 연속이나 일의 실패로 나타날 수도 있다. 우리가 내적인 팀 안에서 추방당한 퍼스낼리티의 존재를 인정하고 자리를 마련해 주면, 오히려 장애물이 삶의 소중한 자원이 될 수도 있다.

먼저 온 사람이 나중에 온 사람보다 우선이다

대개 가장 먼저 계발된 퍼스낼리티는 어린 시절 우리의 생존을 위해 필요했던 부분들이다. 내적 조직 세우기 세션에서는 이 최초의 자아들이 나중에 계발된 자아들보다 더 중심적인 역할을 하는 것으로 드러나는 경우가 많다. 나중에 계발된 '힘 있는' 지배자는 이 서열 등급을 존중해야 한다.

이는 새로운 관리자가 회사에 들어온 경우와 똑같다. 그는 가장 마지막에 들어왔으면서 앞에서 이끌어가는 사람이기도 하다. 이 말은 곧 '남들을 기쁘게 해주는 사람'이라는 퍼스낼리티가 지배적인 로라의 경우, 중재 과정을 거쳐 '남들을 기쁘게 해주는 사람'과 우호적인 관계가 된 다음에야 비로소 '힘 있는 사람'이라는 퍼스낼리티를 활용할 수 있다는 뜻이다. 하지만 그녀가 갑작스런 변화를 시도하거나 롤프처럼 과격한 힘을 계발하려 든다면 극단으로 치닫게 되고 결국 실패로 끝날 수밖에 없다. 이와 함께 '남들을 기쁘게 해주는 사람'이라는 퍼스낼리티는 자신의 존재를 입증하기 위해 '힘 있는 사람'의 퍼스낼리티를 약화시킬 교묘한 방법을 찾게 될 것이다.

전체를 위해 더 본질적으로 기여하는 부분이 우선 순위를 차지한다

현재의 생존을 위해서 존재하는 내적 퍼스낼리티들은 그보다 덜 중요한 목적에 기여하는 퍼스낼리티보다 강하고 영향력도 더 크다. 예를 들어 음악가가 되는 것이 꿈이었던 기술자는 평생 내적 갈등 속에서 불만스럽게 살아갈 수밖에 없다. 기술자의 내면에서는 예술적 성향을 지닌 퍼스낼리티가 이성적이고 기술자 성향의 퍼스낼리티를 향해 끊임없이 도전장을 내밀면서 "당신(내적 지배자)이 추구하는 목표는 너무 따분하고 시시해!"라고 주장할 것이다.

여기에서 해결책은 생계라는 삶의 기본 욕구를 충족시키기 위해서는 기술자라는 퍼스낼리티가 꼭 필요하다는 것을 예술적인 퍼스낼리티에게 인식시키는 것뿐이다. 이 말은 내부적인 조직체 내에서 예술적인 퍼스낼리티가 첫 번째가 아니라 두 번째 자리임을 인정한다는 뜻이다. 기술자 퍼스낼리티를 뒤엎겠다는 희망을 버리고 그를 폄하하는 행위를 멈추어야 한다는 뜻이다.

일상생활에서 기술자 퍼스낼리티는 생계를 위해 훨씬 많은 에너지를 쓰고 있고, 음악가 퍼스낼리티를 만족시킬 만한 계획도 훨씬 효과적으로 짤 수 있다. 즉 예술적 퍼스낼리티가 몰래 훔치거나 빼앗아갈 수도 있는 시간을 의식적으로 그에게 마련해 줄 수 있는 것이다.

내적 조직 세우기의
실제 사례

우리는 지금까지 퍼스낼리티 조직체의 눈에 보이지 않는 힘과 구조에 대해서 살펴보았다. 이제 다음 단계로 내적인 팀을 관리하는 실질적인 방법을 다룰 것이다. 이 단계를 설명하기 위해서 두 가지 사례를 살펴보려고 한다.

첫 번째 부분에서는 조직 세우기 방법이 어떤 식으로 내적인 팀과 관련된 문제에 적용되는지 알아볼 것이다. 두 번째 부분에서는 '내면의 목소리들과의 대화법'을 활용해 관계의 패턴과 내면의 반대를 다루는 방법을 살펴볼 것이다. 두 가지 모두 코칭 세션에서 가장 중요한 단계만 정리해 보았다.

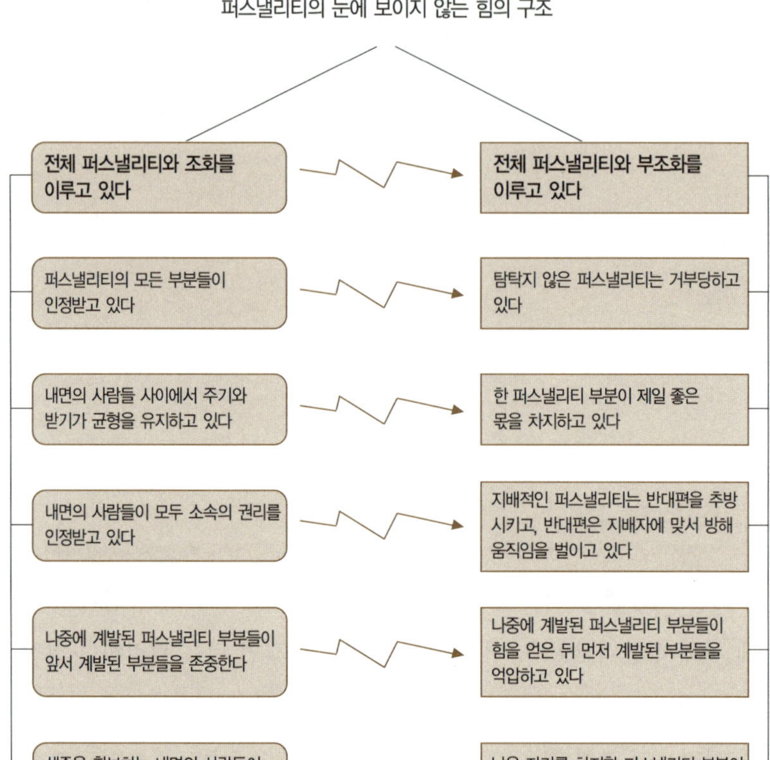

내적 조직 세우기를 통해 진로 결정에 도움을 얻는다

배경 정보

L씨는 일과 관련된 중요한 결정을 내리는 데 어려움이 있다며 우리를 찾아왔다. 결혼해서 두 명의 자녀를 두고 있는 그는 지난 몇 년간 도시 외곽의 한 중소기업에서 부장직을 맡아왔는데, 최근 들어 개인적으로 성장하고 새롭게 도전할 기회가 없는 곳에서 제자리 뛰기만

하는 것 같아 고민스럽다고 했다. 그가 사장에게도 이미 보고한 것처럼 이 회사는 직업적인 성취감을 얻을 수 있는 환경이 아니었다.

그는 이곳에서 정년 퇴직을 맞고 싶지 않았다. 그래서 다른 가능성들을 찾아보기 시작했고 흥미로운 제안도 여럿 받았지만, 이런저런 이유로 어느 것도 선택하지 못하고 있었다. 그러면서도 스카우트 제안을 거절할 때마다 혹시라도 좋은 기회를 놓쳐버린 것은 아닌지 불안한 마음이 들기도 했다.

기회를 잃어버리는 게 아닐까?

L씨_저는 세계적인 규모의 회사로부터 스카우트 제의를 받았어요. 첫 번째 미팅에서 제가 그 일에 가장 잘 맞는 사람이라고 생각했고, 저를 면담한 사람들도 그렇게 생각하는 것 같았습니다. 그 회사는 제가 원하는 만큼 개인적인 발전도 가능한 곳이었어요. 하지만 그렇게 마음이 끌리면서도 아직 결정을 못 내리고 있습니다. 그것 때문에 아내와 논쟁이 끊이지 않아요. 아내는 저에게 무슨 일이 일어나고 있는지, 요즘 제 심경이 어떤지 이해하지 못합니다.

L씨 자신도 스카우트 제의를 받아들이지 못하는 이유를 정확히 알지 못했다. 그 이유라고 내놓은 것도 단지 핑계로 여겨질 뿐이었다. 그 이유가 무엇일까? 코칭을 통해서 알고 싶은 게 바로 그것이었다.

코치_당신이 말한 것처럼, 서로 전혀 다른 두 개의 힘이 당신 안에 존재하는 것 같군요. 그 중 하나는 새로운 도전을 받아들이고 싶어하고 도약을 위한 준비가 되어 있는 반면, 또 다른 내면의 목소리는 당신을 망설이게 만들고 결국 스카우트 제의를 받아들이지 못하게 만들고 있습니다. 이 두 번째 내면의 목소리는 안정적인 삶을 가장 중요한 가치로 여기고 있는 것 같군요.

L씨_ 맞아요. 지금 제가 하고 있는 일은 안전합니다. 별다른 변화 없이 퇴직할 때까지 그 자리를 지킬 수 있어요. 그런데 방금 변화 없는 미래에 대한 이야기를 하자마자 위가 뒤틀리는 듯한 느낌이 드네요.

코치_ 그렇다면 새로운 도전에는 두려운 마음이 들겠군요.

L씨_ 그렇습니다. 그런 식으로 전진과 후진을 반복하고 있어요.

코치_ 좋습니다. 일단 내적 조직 세우기를 시도해 보았으면 합니다. 이 상황과 관련된다고 생각하는 퍼스낼리티들을 세워보자는 뜻입니다. 그런 다음, 서로 다른 방향으로 움직이고 있는 두 힘을 살펴볼 겁니다. 그 둘이 당신과 어떤 관계로 서 있는지 살펴볼 필요가 있습니다. 이 갈등의 의미가 무엇인지 알면 해결책도 찾아낼 수 있을 것 같군요. 세션을 해보시겠습니까?

L씨_ 예, 좋습니다.

코치_ 당신이 어떤 문제를 궁금해 하는지 알지만, 그래도 다루고자 하는 주제를 명확히 하는 과정이 중요합니다. 당신이 세션을 통해서 성취하고자 하는 바가 정확하게 무엇입니까?

다루고자 하는 문제

코치는 L씨가 문제를 분명하게 정리해서 표현할 수 있도록 옆에서 도와준다.

L씨_ 제 목적은 앞으로의 진로를 결정하는 데 중요한 지금, 내면의

'녹색 신호등'에 불이 들어왔으면 하는 겁니다. 그리고 무엇이 저를 자꾸만 물러서게 만드는지도 알고 싶습니다.

코치_ 오늘 우리의 세션이 성공할 경우, 당신은 어떻게 세션이 성공했다는 것을 알 수 있을 것 같나요?

L씨_ 내적인 압박감이 사라지겠지요. 또 구미가 당기는 이 새로운 제안을 좀더 이성적으로 살펴보면서 득실을 따져볼 수 있겠지요. 그리고 내가 원하는 게 뭔지 분명해졌을 테니, 이 길을 선택할지 아니면 다른 가능성을 찾을지 결정할 수 있을 것 같습니다.

코치_ 좋습니다. 세션을 시작해 봅시다.

개인 세션은 불특정한 다수가 참여하는 세미나와 달리 대리인들 없이 진행된다. 그럴 경우 사람이 아닌 다른 대상물을 이용해서 대리인을 세우게 된다. L씨의 세션에서는 여러 가지 색깔의 직사각형 종이를 이용하여 대리인들의 자리를 대신했다.

종이의 크기는 한 사람이 올라설 수 있을 정도의 넓이로 하고, 그 자리에 선 사람이 바라보는 방향은 종이 위에 화살표로 표시했다. 의뢰인이 각각의 종이 위에 올라설 수도 있고, 코치가 종이 위에 올라설 수도 있다. 이 부분을 제외한다면 나머지 과정은 사람을 대리인으로 세우는 세션과 똑같다.

코치_ 직업을 바꾸고 싶어하는 퍼스낼리티의 한 부분을 당신은 뭐라고 부르고 싶은가요?

L씨_ 강 반대편을 바라보면서 위험을 무릅쓸 준비가 되어 있는 사람이라고 표현할 수 있겠지요.

코치_그 말은 그가 오래 망설이지 않고 지금 당장이라도 뛰어들 준비가 되어 있다는 뜻인가요?

L씨_예, 실행가라고 부를 수 있겠네요.

코치_좋습니다. 그러면 세션이 진행되는 동안 그 퍼스낼리티를 '실행가'라고 부를까요? (L씨가 동의한다.) 그러면 그와 반대되는 퍼스낼리티 쪽은 뭐라고 부르고 싶으세요? '안정적인 삶을 원하는 사람'이라고 부를까요?

L씨_좋아요. 딱 맞는 이름인 것 같군요.

조직 세우기 세션

L씨가 다음에 열거된 대리인들을 대신할 종이를 각각 선택한다.

- **L씨:** 의뢰인의 대리인

- **실행가**

- **안정적인 삶을 원하는 사람:** 세션 안에서는 '안전함'이라고 부른다.

- **현재의 회사:** L씨가 부장으로 근무하고 있는 회사

- **새로운 회사:** L씨가 선택하는 미래의 직장으로 세션 안에서는 '새로운 회사'라고 부른다.

코치_이 다섯 장의 종이를 각각 배치하되, 지금 이 순간의 느낌에 따라 자리를 찾도록 하세요. 그들이 맺고 있는 관계성을 염두에 두고 내면의 느낌에 따라 배치하면 됩니다. 각각의 대리인이 바라보는 방향도 고려해서 배치하세요. 일단 당신 자신의 대리인이 설 자리부터 배치한 뒤, '실행가'의 자리를 찾습니다. 그 다음 '안전함'을 배치하

세요. 이 방이 당신의 내면이라고 생각하고 퍼스낼리티의 이 두 부분을 어디에 세울지를 잘 생각해서 세우세요. 당신을 대신하는 종이와의 관계성 속에서 그들의 자리를 찾습니다. 그런 다음 현재의 회사와 새로운 회사를 나타내는 종이를 각각 배치하면 됩니다.

L씨가 다루고자 하는 문제는 외적 조직체와 내적 조직체의 조합으로 이루어져 있다. 이 문제가 개인과 회사뿐만 아니라 그의 퍼스낼리티 여러 부분들과 연관되어 있다는 뜻이다.

의뢰인이 색깔 있는 종이들을 바닥에 모두 배치한 뒤 코치와 함께 그 세워진 모습을 살펴본다.

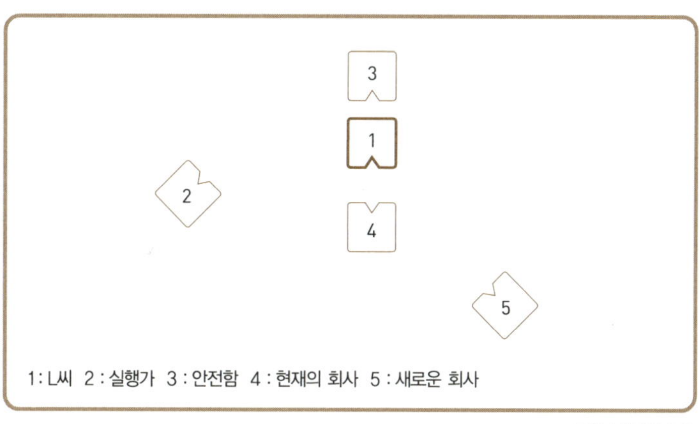

그림 1 현재의 모습

코치_ 이 이미지를 보면서 어떤 느낌이 드세요?

L씨_ 누군가 내 등 뒤에서 숨을 아래로 내쉬고 있는 것 같아요.

코치_ 직접 살펴보도록 하지요. 당신을 대신하는 종이 위에 올라서 보세요. 시간을 갖고 천천히 느낌과 교류해 보세요.

L씨

잠깐 동안 아무 말 없이 종이 위에 올라서 있던 L씨의 자세와 표정에 변화가 일어나기 시작한다.

코치 _ 그 자리에 선 느낌이 어떠세요?

L씨 _ 긴장이 됩니다. 어깨가 굳었어요. 그리고 정말로 누군가 제 뒷목에다 숨을 내쉬고 있어요. 굉장히 불편하군요. 제 등 뒤에 누가 서 있는 겁니까?

코치 _ 당신 내면의 한 부분은 안전함을 중요시합니다. 다른 대리인들에 대한 느낌은 어떠세요?

L씨 _ 겨우 곁눈질로 볼 수 있는 건 오른쪽과 왼쪽에 있는 사람들입니다. 그쪽을 정면으로 쳐다봐서는 안 될 것 같은 느낌이 들어요. 그렇게 하면 일종의 죄책감에 시달릴 것 같은 느낌이라고 할까요?

코치 _ 누구에 대한 죄책감인가요?

L씨 _ 잘 모르겠어요. 어떤 상황이라도 이 둘(안전함과 현재의 회사를 가리킨다) 사이에, 여기 이 자리에 오래 서 있을수록 더욱 초조해지는 것 같아요.

실행가

코치는 L씨에게 이제 처음에 섰던 자리에서 나와 방 안을 잠깐 걸어다니라고 요청한다. 그런 다음 실행가를 대신하는 종이 위에 서보라고 한다.

코치 _ L씨의 한 부분인 실행가는 어떻습니까?

코치는 L씨가 내면의 실행가와의 교류를 통해서 실행가가 하고 싶은 말을 표현할 수 있도록 이끌어준다. 즉 L씨 안의 유사한 퍼스낼리티와 교류함으로써 실행가는 목소리를 얻게 된다. 실제로 L씨의 목소리 톤에 변화가 생긴다. 그의 목소리는 지나치게 요구가 많고 자기 주장을 굽히지 않는 듯한 느낌을 준다.

실행가_글쎄요, 이 자리는 저에게 별 영향을 주지 못하는군요. 제가 원하는 대로 그를 설득해 볼 수는 있겠지요. 저 사람(L씨를 대신하는 종이를 가리킨다)은 여기 서 있는 저를 볼 수도 없어요. 곁눈질로 볼 수 있다고요? 도대체 무슨 생각을 하는 걸까요? 저 자리에 서서 자기 삶에서 정말로 중요한 것을 기껏 곁눈질로밖에는 볼 수 없다니요!

코치_당신은 L씨에게 상당히 화가 나 있군요. 만약 당신이라면 지금 L씨 같은 상황에서 어떻게 행동하겠습니까? 그에게 어떤 충고를 해주고 싶으세요?

실행가_당장 새 회사로 가라! 도대체 목표를 움켜쥐기 위해서 스카우트 제의를 몇 번이나 받아야 하나요? 경쟁자들은 그냥 잠만 자나요? 저 사람은 아직도 시간이 많다고 생각하는 것 같은데, 그는 아무것도 몰라요. 몽상가일 뿐이죠. 조만간 그는 도태되고 말 거예요.

코치_확신에 차 있군요. 다른 사람들에 대한 느낌은 어떠세요? 안전함에 대해서는 어떻게 생각하세요? L씨는 안전함을 자신의 등 뒤에 세웠는데요.

실행가_저쪽을 바라보려고 하면 기분이 언짢아져요. 저 사람 등 뒤에서 안전함이 숨을 내쉬고 있는데 무슨 수로 그가 앞으로 나아갈 수 있겠어요? 무슨 수로 앞에 서 있는 회사를 향해 걸어갈 수 있느냐고요. 안전함의 포로가 되어가지고 말이에요. 이 세상에서 누구도 그런 식으로 성공을 거둔 사람은 없어요. 저 사람은 등에 저런 걸 매달고 있으면서 앞으로도 열 장이 넘는 스카우트 제안서를 창밖으로 날려 보내고 말 겁니다. 장담할 수 있어요. 스스로 앞으로 나아갈 수 있는 모든 기회를 포기해 버릴 거란 말입니다.

코치_아주 유익한 정보를 알려줘서 고맙군요.

L씨

코치가 L씨에게 실행가의 자리에서 벗어나 다시 그의 자리로 돌아오라고 한다. L씨는 처음보다 편안해 보인다. 코치가 그에게 현재의 느낌이 어떤지 물어본다.

L씨_그게 저였습니까? 제가 그처럼 열변을 토했다는 게 믿기지 않아요. 저에게 그런 면이 있는 줄 전혀 몰랐어요.

코치_당신의 한 부분인 '실행가'는 상당히 화가 나 있는 상태입니다. 물론 당신에 대해 걱정하고 있는 것도 사실입니다. 일상에서 우리는 대개 이 목소리를 알아채지 못한 채 살아갑니다. 기껏해야 긴장이나 위통같이 겉으로 드러난 증상을 통해서 내적인 분노를 느낄 수 있을 뿐이죠.

이 상황에서 알 수 있듯이 초대받지 않은 손님이 토론에 모습을 드러냈다. 이러한 퍼스낼리티의 한 부분을 흔히 '내면의 비평가'라고 부른다. 방금 전 L씨의 경우, 내면의 비평가는 '실행가'와 연합하여 자신의 목소리를 높였다.

안전함

코치_이제 다른 쪽(안전함을 가리킨다)은 이 상황에 대해서 뭐라고 말하고 싶은지 들어봅시다. 준비가 됐습니까?

L씨가 자리에서 일어나 방 안을 한 바퀴 돌면서 마치 옷을 갈아입기라도 하듯 조금 전의 에너지에서 벗어나 다른 에너지를 걸쳐 입는다. 이제 그가 안전함의 자리에 올라선다. 코치가 L씨 안에 존재하는 이 새로운 퍼스낼리티에게 말을 하기 전에 우선 L씨는 자신의 내적인 안전함과 교류하는 시간을 갖고, 이 퍼스낼리티 부분이 자신의 목소리를 얻을 수 있도록 한다.

코치_안전함이 매우 중요하다고 여기는 L씨의 또 다른 부분은 지금 어떻습니까?

L씨가 아무 말 없이 자리에 서 있는 동안 자세에 변화가 온다. 몸집이 크고 당당해 보이던 모습이 갑자기 줄어든 것처럼 작아 보인다.

안전함_(상당히 심각한 목소리로) 별로 기분이 좋지 않아요. 이 자리가 너무 갑갑해요. 제가 지금 L씨 뒤에 서서 뭘 하고 있는 거죠? 그의 목 뒤에 입을 대고 숨을 쉬고 싶지 않아요. 굉장히 우습게 느껴져요.

코치_그렇다면 당신에게 편안한 자리가 어디라고 생각하세요?

안전함_저쪽이요. (현재의 회사 옆자리를 가리킨다.) 우리는 서로에게 속해 있어요. 저쪽이 바로 그의 미래가 있는 곳이기도 해요. 저쪽에 있어야만 그는 자신뿐 아니라 가족과 관련해서도 편안한 마음으로 미래를 바라볼 수 있어요.

코치_우리는 L씨가 현재의 위치에서 미래를 바라보는 게 그에게 행복을 주지 않는다는 말을 들었습니다. 당신이 걱정하는 것은 뭔가요? 무엇으로부터 그를 보호해 주려는 겁니까?

안전함_저는 단지 그가 최상의 선택을 하기를 바랄 뿐이에요.

코치_하지만 실행가도 당신과 똑같은 말을 하던데요.

안전함_저기 서 있는 저건(새로운 회사를 손가락으로 가리킨다) 환상일 뿐이에요. 그는 현재 일하고 있는 회사에서 보너스를 받고 있어요. 만약 회사를 옮겼다가 잘못되면 어쩔 거예요? 실패하면 어쩌죠? 그렇게 되면 아무도 그를 받아들이지 않을 거예요. 그가 실패하면 부인과 아이들은 어떻게 됩니까? 아이 둘을 키우려면 돈이 얼마나 드는지 아세요? 지금은 아이들이 어리지만 나중에는 어떻게 할 거죠? 두 아이의 교육비를 어떻게 충당하려는 겁니까? 설사 성공한다고 해도 어떤 값을 치러야 하는지 알고 있나요? 지금도 가족과 함께 지낼 시간이 없는데 가족이 얼마나 더 희생을 해야 하는 건가요?

코치_당신은 그에게 무엇이 좋은지 분명한 생각을 갖고 있는 것 같군요. 혹시라도 당신의 입장을 바꿀 수 있는 계기 같은 게 없을까요? 이 문제에 당신이 좀 부드럽게 대응하기 위해 L씨가 할 수 있는 일이 있을까요?

안전함_없습니다! 그가 발전이니 뭐니 하는 쓰레기 같은 생각을 집어치우면 내 목소리도 좀 덜 강경해질 것 같습니다. 그렇게 되면 그도 제가 목 뒤에서 숨을 내쉰다는 느낌을 갖지 않게 되겠죠. 당신도 아마 이런 말을 들어본 적이 있을 겁니다. "욕망이 클수록 실패의 아픔도 크다!" 이게 바로 제 생각입니다. 더 이상 할 말이 없군요.

코치_ 고맙습니다.

코치가 L씨에게 자리에서 나와 자기 자신을 대신하는 종이 위에 올라서 보라고 요청한다. L씨는 굉장히 빨리 자신의 퍼스낼리티들과 교류를 맺고 그들에게 목소리를 줄 수 있었다. 하지만 언제나 그처럼 빠르게 역할과 교류할 수 있는 것은 아니다. 때로는 충분한 시간을 갖고 워밍업을 해야 내적인 목소리들이 각자의 의견을 말로 표현할 수 있다.

코치_ 당신이 다시 원래의 크기로 돌아온 것 같군요.

L씨_ (기지개를 켜면서) 저 자리(안전함을 가리킨다)에 서 있는 동안, 제가 마치 몸에 맞지 않은 작은 사이즈의 옷을 껴입은 것 같은 느낌이었어요.

코치_ 안전함이 사용했던 표현이 익숙한가요? "욕망이 클수록 실패의 아픔도 크다"라고 말했는데요.

L씨_ 저 역시 그 부분에 대해서 생각을 해봤는데, 솔직히 말해서 제가 저쪽 자리(안전함이 있는 종이를 가리킨다)에 서서 했던 말이 모두 익숙합니다. 단 한 가지, 그런 생각이 제 것이 아니라 다른 누군가의 생각이라는 느낌이 듭니다. (그가 갑자기 깊은 생각에 잠긴다.)

아버지

코치_ 지금 누구를 생각하고 계십니까?

L씨_ 그게 우리 아버지의 말이라는 생각이 듭니다. 지금 당신이 익숙하냐고 물었는데, 그게 제가 어린 시절 내내 들었던 아버지의 말씀

이었어요.

코치_ 우리가 아주 중요한 열쇠를 찾아낸 것 같군요. 아버지에 대해서 말씀해 주세요. 아버지는 지금 살아계십니까?

L씨_ 예, 아버지는 언제나 내 삶에서 아주 중요한 분이셨어요. 자기 생각이 강해서 저와 자주 싸움을 벌이곤 했죠. 물론 아버지는 제가 필요할 때면 언제나 저를 도와주신 분이기도 해요. 그리고 어머니는 새로운 아이디어와 계획으로 가득한 분이셨어요. 주어진 상황에 결코 만족하는 분이 아니셨지요. 아버지는 그런 어머니를 "달리는 모터 엔진" 같다고 하셨어요. 본인은 브레이크에 해당되고요. 브레이크, 그게 바로 저를 견딜 수 없게 만든 부분이기도 해요. 아버지의 삶에는 실험 정신 같은 건 없었어요. 아버지는 직업과 관련해서도 정해진 선 이상을 넘어가 본 적이 없어요. 아버지와 언쟁을 할 때마다 저는 수십 년간 같은 직장을 다니고 같은 차를 몰고 다니는 아버지를 비아냥대곤 했지요. 지금도 아버지가 "그냥 이대로 내버려둬라. 나는 내 능력의 한계를 알고 있다. 나까지 뛰어올라 숨을 쉬기에는 저 위의 공기가 충분치 않구나"라고 말씀하시는 소리가 귀에 쟁쟁해요. 그게 바로 제가 절대 살고 싶지 않은 인생이에요!

코치_ 알겠습니다. 그런데 실제로는 당신이 거부하고 저항하는 것은 무엇이든 그대로 이루어지게 되어 있습니다.

L씨_ 받아들이기 어려운 말이네요.

코치_ 그럴 겁니다. 성인이 되면 우리는 부모한테서 벗어나는 게 아주 중요한 문제가 됩니다. 우리는 외적으로 독립만 하면 부모의 사고방식이나 가치관에서 벗어나 자신만의 인생을 살 수 있다고 믿고 있지요. 그분들과는 다른 삶, 어쩌면 더 나은 삶을 살게 될 거라고 말이에요. 하지만 문제는 그렇게 간단하지 않습니다. 우리는 평생 그분들에게 무의식적으로 의지하고 살아갑니다. 아무리 우리가 그렇게 하고 싶지 않다 해도 부모의 삶을 보면서 우리가 거부했던 모든 것을 그대로 반복하게 돼요. 심지어 그분들이 돌아가신 뒤에도 말입니다. 그렇다면 우리가 내면에서 부모와 분리되기 위해서는 어떻게 해야 할까요? 그건 아주 간단합니다. 부모를 있는 그대로 인정하고 존중하는 겁니다. 괜찮다면 그 부분을 다루어보고 싶습니다.

L씨가 동의한다. 코치가 직사각형 모양의 종이를 하나 더 추가한 뒤 L씨에게 자신과 마주볼 수 있는 곳에 조금 떨어뜨려서 놓으라고 권한다. L씨가 다시 자신의 자리로 돌아와 선다. 그곳에서는 새로 배치된 대리인의 자리를 잘 볼 수 있다.

코치_이 새로운 직사각형 모양의 종이가 당신의 아버지를 대신한다고 상상해 봅니다. 아버지의 이미지를 상상할 수 있겠습니까?

L씨가 잠시 있다가 고개를 끄덕인다.

코치_아버지를 보십시오. 아버지가 보입니까? (L씨가 고개를 끄덕인다.) 당신을 바라보는 아버지의 모습이 어떻습니까?
L씨_걱정스러워 보이네요.
코치_아버지를 어떻게 부르세요?
L씨_아버지.
코치_아버지를 보면서 이렇게 말씀하세요. "아버지, 저도 아버지하고 똑같아요. 저 역시 아버지의 발자취를 따르고 있어요. 아버지가 직업적으로 성공하지 않았으니 저 역시 성공하지 않을 거예요."

잠깐 망설이더니 L씨가 주어진 문장을 말한다.

L씨 _ (머리를 가로젓는다.) 당신이 무슨 말을 하고 있는지 알겠어요. 제 삶의 한 부분은 정확하게 아버지의 가치관(안전함을 가리킨다)에 따라서 살아가고 있어요. 하지만 세션을 시작하던 때처럼 지금 위가 심하게 뒤틀리고 있어요.

코치 _ 아버지에 대한 사랑 때문에 당신은 무의식적으로 아버지의 가치관대로 살아가는 쪽을 택한 것 같군요. 아버지는 당신의 내면에서 '안전함'이라는 퍼스낼리티를 대신하고 있습니다. 만약 저 사람(실행가를 가리킨다)이 없었다면 문제도 생기지 않았겠지요. 자, 이제까지 우리는 몇 가지 상황을 볼 수 있었습니다. 이제 다음 단계로 당신이 아버지에게 가지고 있는 신의에서 의식적으로 벗어나는 작업을 해볼까요? 그렇게 해야만 당신은 이 두 힘 사이에서 균형을 찾을 수 있습니다. 아버지를 바라보세요. 아버지를 보면서 이렇게 말합니다. "아버지, 당신의 삶이 어떠했든 그것은 당신의 몫일 뿐 제가 관여할 수 있는 일이 아닙니다. 제가 너무나 오만했습니다. 이제 저는 아버지의 삶을 있는 그대로 받아들이고 존중합니다."

L씨가 주어진 문장을 말한다.

코치 _ 그 말을 하고 난 느낌이 어떠세요?

L씨_ 안도감이 느껴지네요. 제 어깨 위에 올려져 있던 무거운 것을 누군가 가져가 버린 것 같아요.

코치_ 다시 아버지를 보면서 말씀하세요. "아버지, 제가 일에서 성공을 하더라도 저를 다정하게 바라봐 주세요. 그리고 제가 생각하기에 저에게 맞는 방식으로 살아가더라도 저를 축복해 주세요."

이 문장을 표현하면서 L씨가 길게 숨을 내쉬더니 미소를 짓는다.

코치_ 당신 모습이 상당히 달라 보이는군요.

L씨_ 이 간단한 문장이 이렇게 강한 영향을 끼칠 수 있다니 믿어지지가 않네요. 누가 이런 현상을 설명할 수 있겠어요?

코치_ 아버지에게 더 하고 싶은 말씀이 있으세요?

L씨_ 아니요, 그 정도로 충분합니다.

코치는 L씨의 도움으로 해결의 이미지를 향해서 대리인으로 사용한 종이들의 위치를 바꾼다.

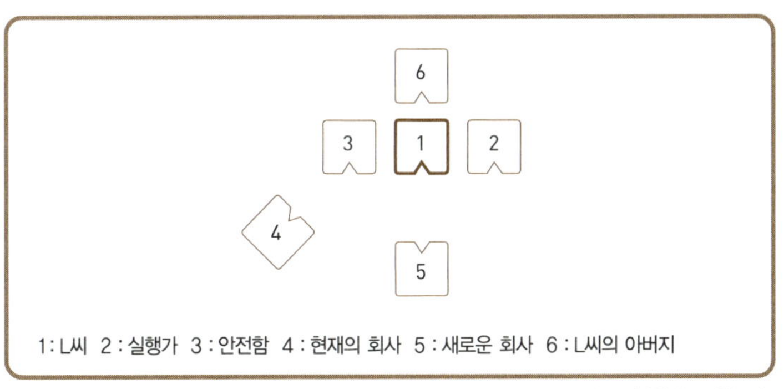

그림 2 해결책에 도달한 모습

L씨의 왼쪽에 실행가를 세우고, 오른쪽에 안전함을 세운다. 새로운 회사는 모두가 볼 수 있도록 앞쪽에 자리를 잡는다. 현재의 회사 역시 모두가 볼 수 있도록 왼쪽에 세우고, 아버지는 아들의 등 뒤에 세운다. L씨는 아버지가 등 뒤에 서 계시는 게 큰 힘이 되고 아주 좋다고 말한다.

코치는 L씨에게 자신의 자리에 서보라고 하고, 오른쪽에 서 있는 안전함을 보면서 다음과 같이 말하라고 한다. "당신은 나의 한 부분이며 아버지와 나를 가장 가깝게 이어주는 매개이기도 합니다. 내 삶에서 안전함이 중요할 때마다 당신의 의견에 귀를 기울이겠습니다."

그런 다음 왼쪽에 서 있는 실행가를 보면서는 이렇게 말하라고 한다. "당신은 내가 앞으로 나아갈 수 있도록 해주는 원동력입니다. 내가 저곳(새로운 회사가 서 있는 곳을 가리킨다)에 가고자 할 때 무엇보다도 당신의 도움이 절실합니다."

마지막 단계로 코치가 L씨에게 여러 퍼스낼리티의 자리에 서보라고 한 뒤 느낌의 차이가 나는지 살펴보라고 한다. L씨가 모든 자리에 한 번씩 서본 다음 느낌을 표현하고 세션이 종료된다.

실제적인 적용

몇 주가 지난 뒤 우리는 L씨의 전화를 받았다. 우리는 그가 어떤 결정을 내렸는지 궁금했다. 그가 말했다. "이보다 더 좋을 수가 없습니다." 그는 가장 필요한 시기에 코칭 세션을 한 것 같다며 지난번의 스카우트 제안을 받아들이지 않기로 결정했다고 말했다. 우리가 그에게 이유가 뭐냐고 묻자 그가 대답했다. "그 자리는 마치 발사 장치가 장착된 의자 같았을 거예요."

우리는 그에게 어떻게 그처럼 분명한 결론에 이를 수 있었느냐고 물었다. 그는 자신이 명료함에 도달한 게 아니라 그의 '안정적인 삶을 살고 싶어하는' 퍼스낼리티가 그와 같은 명료함에 이른 거라고 설명했다. 지난번 세션 후로 L씨는 자주 이 퍼스낼리티에게 조언을 구했고, 그 스카우트 제안과 관련해 많은 정보를 얻을 수 있었다. 그것을 바탕으로 그 역시 사소한 면까지 하나하나 신중하게 살펴보았다. 비록 실행가 퍼스낼리티는 별다르게 추가할 만한 점을 찾아내지 못했지만 말이다. "그 외에 모든 것은 당신에게 배웠습니다. 현재는 새로운 스카우트 제의를 받고 면접 날짜를 잡아놓은 상태입니다. 하지만 더 이상 압박감을 느끼지는 않아요. 처음으로 내가 제대로 된 선택권을 가진 느낌입니다."

'내면의 목소리들'과의 대화를 통해 선택권을 넓히다

3장에서 다룬, 비즈니스 컨설턴트 M양의 외적 조직 세우기에서 우리는 그녀가 어머니로부터 강한 영향을 받았다는 사실을 알았다. 그때 우리는 M양에게 '내면의 목소리들과의 대화법'을 사용한 세션을 통해 이러한 불균형을 다루어보자고 제안했다. 우선 우리는 M양과 차기 사장 사이의 관계 패턴을 다루어보기로 했다.

초반에는 M양과 현재의 사장 그리고 후계자인 차기 사장이 별 탈 없이 협력 관계를 유지할 수 있었다. 하지만 세 사람 관계의 이면에는 위험이 도사리고 있었다. 지칠 줄 모르고 일하는 태도라든지 편안하면서도 신뢰감을 주는 환경을 조성할 수 있었던 사람은 M양이 아니라 그녀에게 존재하는 '좋은 엄마'라는 퍼스낼리티의 한 부분이었기 때문이다.

M양이 가진 어머니 같은 측면은 신뢰감을 형성하는 데 크게 작용했고, 그것은 특히 남자들에게 강한 영향을 끼쳤다. 그녀는 개방적이면서도 온정이 가득했으며, 다른 사람들의 욕구를 먼저 만족시켜 주었다. 또한 남들의 걱정이나 바람을 진지하게 들어주었다. 그녀의 그런 따뜻하고 정감어린 태도에 고객들은 크게 만족했다. 그러나 컨설팅 세션의 분위기가 바뀌면서, 사람들은 이 '좋은 엄마' 의 강압적인 지배가 부적합하다고 느끼게 되었다.

관계 패턴은 다른 선택을 용납하지 않는다

그러한 상황에서 M양은 자신의 경계가 어디까지인지, 사적인 감정을 섞지 않고 정확히 선을 긋는 비즈니스 여성의 퍼스낼리티로 돌아갈 길을 잃고 말았다. 그렇게 감정적으로 지극히 취약한 상태에서 전에는 받아들여지던 자신의 행위가 갑자기 거부당하자 그녀는 분노를 느낄 수밖에 없었고, 결국 차기 사장을 포함해 여러 사람을 공격하기 시작했다. 우리 내면에는 자신의 행위를 결정짓는 내면 어른과 함께 여전히 약하디 약한 내면 아이가 함께 존재한다. 외부로부터 상처를 받거나 거부를 당하면 우리는 거센 반발을 하게 되는데 이러한 반응은 바로 내면의 어린아이에게서 비롯되는 것이다.

우리는 M양과 차기 사장 K씨 사이의 긍정적인 관계에서부터 세션을 시작했다. 그런 다음 부정적인 관계 쪽으로 세션을 진행시켰다. 관계 패턴에서 분명한 것은 우리가 외적으로 사람들과 관계를 맺을 때는 내면에 존재하는 어른과 아이 둘 중의 하나가 관계를 맺는다는 것이다.

긍정적인 관계 패턴에서는 M양 내면에 존재하는 배려하고 보살피는 '좋은 엄마'가 K씨 안에 존재하는 자랑스러운 아들을 애정과 관심으로 양육하는 모습이었다. 그리고 이처럼 관계가 조화로울 때 K씨 안에 존재하는 인자한 아버지는 M양의 내면에 존재하는 어린 딸이 해낸 일을 칭찬해 주었고, M양과 K씨 모두가 만족할 수 있었다.

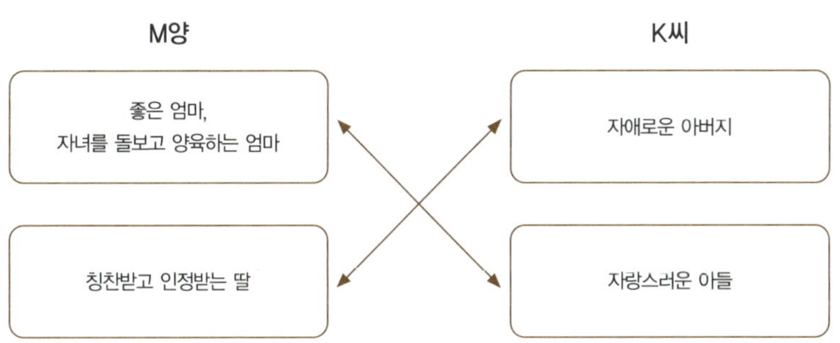

긍정적인 면: M양과 K씨의 사례를 통해서 본 관계 패턴

긍정적인 관계에서 부정적인 관계로의 피할 수 없는 전환

긍정적인 관계는 얼마 지나지 않아 부정적인 관계로 옮겨가게 된다. 업무 관계든 사적인 관계든 모든 관계는 이 단계를 피해갈 수 없다. 그리고 그렇게 부정적으로 지속되던 관계는 다시 긍정적인 관계로 바뀌고, 파트너들은 점차 이 '철따라 바뀌는 관계 변화'에 익숙해진다.

그러나 우리가 지금 다루고 있는 컨설턴트 M양과 은행의 사장처럼 비즈니스 관계로 만난 경우에도 이러한 일이 발생할 것이라고는 상상하기 어렵다. 대개 업무가 끝나면 비즈니스 관계 역시 끝나고, 컨설턴트와 고객은 서로 다른 방향을 가게 된다.

여기서 우리는 두 가지 질문을 던져볼 수 있다. 왜 '관계'라고 하는 것은 시계추와 같이 긍정적인 관계와 부정적인 관계의 두 극점을 왔다 갔다 하는 걸까? 무엇이 그렇게 하도록 자극하는 것일까? 조직체적으로 살펴보면 총에 달린 방아쇠는 하나가 아니라 여러 개임을 알 수 있다. 하나의 원인으로 인해서 하나의 결과가 발생하는 게 아니다. 사건이란 동시적이고 순환적이다. 같은 총에서 발사되었음에도 어떤 때는 빨간 총알이, 어떤 때는 노란 총알이 발사되는 건 그때그때 상황이라고 하는 방아쇠들 중 우리가 잡아당기는 것이 다르기 때문이다.

부정적인 모습으로의 변화는 때로 충격적으로 다가온다

인간의 조직체는 그물망과 같은 관계를 맺고 있다. 네트워크의 한 지점에서 변화가 일어나면 전체 네트워크가 즉각 그 현상을 감지한다. 전임 사장이 뒤로 물러나버림으로써 발생한 경영권의 공백은 M양 안에 존재하는 '좋은 엄마'를 강하게 끌어내었다. 그녀는 조직이 자신을 필요로 한다는 것을 감지할 수 있었고, 즉각 그 빈자리로 뛰어들었다. 장막 뒤의 실세라는 역할 속으로 발을 깊이 넣을수록 K씨가 M양에게 느끼는 인상도 온화하고 좋은 엄마에서 지배적이고 강한 엄마로 변해갔다.

대개의 소년들은 지배적이고 강압적인 어머니에게 고집과 반항으로 저항하게 마련이다. K씨의 내면에 존재하는 소년은 M양의 컨설팅에 대해 사춘기의 냉담하고 쌀쌀맞은 태도로 반응하면서 그녀의 화를 돋우곤 했다. 책임감 있고 신뢰받던 은행가가 엄마의 손아귀에서 벗어나고 말겠다는 한 가지 목표를 가진 사춘기 소년으로 퇴행해버린 것이다. M양 안에 존재하는 어린아이 역시 K씨의 십대 못지않았다. 그 어린아이는 K씨의 쌀쌀맞음 뒤에 숨어 있는 비판적인 아버지를 보았다. 그녀의 내면 아이는 K씨의 비판적인 태도에서 마치 한 양동이의 찬물을 머리에 뒤집어쓴 것 같은 충격을 받았다. 결국 M양의 내면 아이는 상황에 맞서거나 있는 그대로 받아들이기보다는 좌절하는 쪽을 선택하고 말았다.

외적 조직체(은행과 컨설턴트의 사례 같은) 내에서의 힘겨루기는 내적 조직체(여러 퍼스낼리티들) 내에 부조화를 만들어내고 반대의 경우도 마찬가지다. 외적 조직체 내의 긴장은 조직 세우기 세션 안에서 해소될 수 있지만, 내적 조직체 내의 갈등은 관계 패턴을 다루는 작업이 필요하다. M양은 이러한 작업을 통해 이후 이와 같은 함정에 다시는 빠지지 않도록 여러 퍼스낼리티 부분들을 효율적으로 관리하는 방법을 터득할 수 있다.

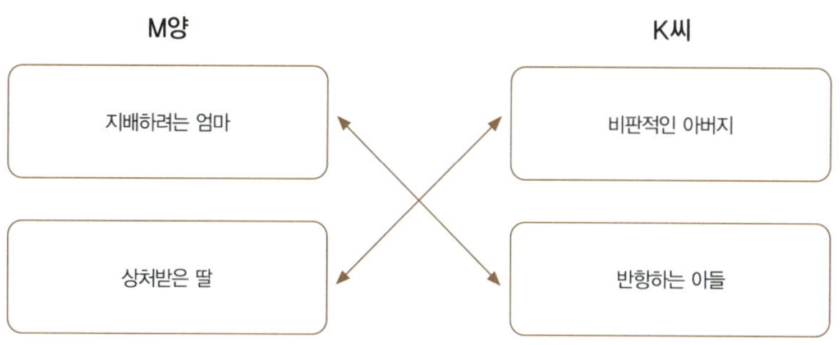

부정적인 면: M양과 K씨의 사례를 통해서 본 관계 패턴

M양과 진행된 코칭 세션

우리는 과정을 마무리하기 위해 세션이 끝나고 얼마 뒤 M양과 자리를 함께했다.

M양_이 관계 패턴이 어떻게 해서 생긴 건지 알고 있어요. 그런데 엄마의 존재가 다시 주도권을 잡으려고 하고 있어요. 어떻게 하면 이 지배적인 태도를 누그러뜨릴 수 있을까요?

코치_우선 좋은 엄마의 존재를 인정하고 존중해야 합니다. 그런 다음 다른 어떤 퍼스낼리티가 이 상황에 참여할 수 있을지 찾아보세요.

M양_그래요. 그런데 이 좋은 엄마 퍼스낼리티가 실제 상황에서 어떤 작용을 하는 거죠? 저는 좋은 엄마가 일을 좌지우지하려 든다는 걸 알고 나서야 그 존재를 알게 되었거든요.

코치_사적인 감정을 섞지 않고 일을 해야 하는 비즈니스 상황에서 당신 안에서 목소리를 높이는 사람이 누구인가요?

M양_그렇군요. 제 안에 그런 면이 있어요. 제가 수임료를 처리할 때 그 존재를 느낄 수 있어요. 비즈니스 우먼이라고나 할까요?

코치_언제 이 비즈니스 우먼이 주도권을 잡는지 알고 계세요?

M양_솔직히 잘 모르겠어요. 지금은 아닌 게 확실해요. 그 부분에 대해 생각해 보니 비즈니스 우먼이 일을 이끌어가고 있었다는 걸 확실히 알겠네요.

코치_좋은 엄마와 비즈니스 우먼, 이 두 사람이 하고 싶은 말을 할 수 있도록 상황을 만들어보면 어떨까요? 제가 그들과 대화를 하는 동안 당신은 귀 기울여 들어야 합니다. 그리고 아주 주의 깊게 그들이 원하는 게 무엇인지 찾아내야 해요. 어쩌면 이 과정을 통해서 앞으로 당신의 내면에서 말을 하는 자가 누구인지 빨리 알아챌 수 있을 겁니다.

M양_(큰소리로 웃는다.) 재미있는 발상인데요. 그런데 어떻게 당신이 그들과 대화를 하겠다는 거죠? 그리고 제가 무슨 수로 그들의 목

소리를 들을 수 있나요?

　코치_이주 간단합니다. 어느 쪽과 먼저 시작하고 싶으세요?

　M양_(잠깐 동안 생각에 잠긴다.) 좋은 엄마부터 시작하고 싶어요.

　코치_좋아요. 세션 안에서 대리인의 자리를 어떻게 찾아야 하는지 알고 계시죠? 조직 세우기 세션 때와 똑같이 하면 됩니다. 이 좋은 엄마가 당신의 내면이 아닌 여기 이 방에 있다고 상상해 봅니다. 그녀는 당신의 퍼스낼리티 중 한 부분이기 때문에 사실 언제나 존재한다고 봐야 합니다. 당신과의 관계를 생각해서 지금 그녀가 이 방 안 어디에 있는지 느껴보세요. 그런 다음 그 자리에 가서 서보십시오.

　M양이 자리에서 일어나더니 방 안을 걸어 다닌다. 몇 발자국을 걷다가 자신이 앉아 있던 의자를 바라본다. 의자 쪽으로 걸어가더니 자리 왼쪽에 잠깐 서 있다가 다시 의자 뒤쪽으로 가서 선다. 그녀의 자세와 얼굴 표정이 조금씩 변하기 시작한다. 이 과정은 조직 세우기나 가족 세우기 세션에서 대리인들이 자신이 맡은 역할과 느낌을 교류하는 것과 비슷하다. 코치가 그녀에게 좋은 엄마와 말을 할 수 있느냐고 묻는다. 그녀가 가능하다고 대답한다. 이제 그녀는 친근하고 따뜻한 미소로 코치를 바라본다.

좋은 엄마

　코치_안녕하세요. 당신을 이렇게 만나게 돼서 반갑습니다. 좀 앉으시겠습니까?

　좋은 엄마_아니요, 괜찮습니다. 서 있는 게 편해요.

　코치_당신은 그다지 까다로운 사람 같지는 않군요.

좋은 엄마_제 편의에 대해서는 별로 생각하지 않아요. 제가 누군가를 위해 봉사할 수 있을 때 기분이 좋아요. 제가 당신을 위해서 할 수 있는 게 있을까요?

코치_저는 단지 당신에 대해 알고 싶을 뿐입니다. M양을 괴롭히는 몇 가지 일들에 대해서 당신 의견을 듣고 싶습니다. 당신의 생각을 M양이 듣게 된다면 그녀에게 도움이 될 거라는 생각도 듭니다.

좋은 엄마_물론이죠! 종종 그 애가 걱정스러울 때가 있거든요. 특히 일과 관련해서 너무 딱딱하게 굴 때 말이에요. 그렇게 해봤자 모든 게 저 자신에게 돌아오고 말거든요. 그 애는 좀더 이해심을 갖고 사람들을 대할 필요가 있어요. 무엇보다 컨설턴트잖아요. 당연히 고객들을 위해서 애쓰고 일해야죠.

코치_당신은 그녀의 '비즈니스 우먼'이 주도권을 잡으면 사람들이 그녀를 좋아하지 않을까봐 걱정하고 있군요.

좋은 엄마_그 애는 지나치게 냉정하고 숫기가 없어요. 거의 웃지도 않죠. 직업상 수많은 사람들과 면담하고 비즈니스 리더들도 만나야 하는데 말이에요. 그런 사람들은 여자가 딱딱하게 굴면 좋아하지 않아요.

코치_당신이 그 자리에 있으면 M양이 좀더 따뜻하고 사교적인 면을 발휘할 수 있겠군요.

좋은 엄마_물론이죠! 비즈니스 쪽 사람들도 친근하게 접근하면 훨씬 편안함을 느껴요. 저는 그 애의 고객들이 바라는 걸 충족시켜 줄 때 행복해요. 그리고 그들이 가진 문제들을 해결해 줄 수 있을 때 기쁨을 느껴요.

코치_은행에서의 일은 어땠습니까? M양이 두 명의 사장에게 조언을 해줄 때 말입니다.

좋은 엄마_저도 그 일에 깊게 연관되어 있었죠. 저는 그 애가 많은 노력을 했다는 게 중요하다고 생각해요. 그 애 고객들도 그 애가 도움을 필요로 한다는 걸 아는 게 좋다고 생각해요. 다행히 제가 그 상황에서 주도권을 잡을 수 있었고 그 애도 잘 처신했어요. 단지 K씨가 골치를 좀 아프게 했지만. 자신이 회사의 책임자라는 사실을 깨달을 수 있도록 우리가 K씨를 도와줘야 해요. 어쨌거나 이 모든 게 회사 전체를 위한 일이지 그의 사적인 취향을 위한 게 아니잖아요. 저는 K씨와 전임 사장을 홀로 남겨두지 않을 거예요. 제가 다시 주도권을 잡고 말 거예요.

코치_그런데 상황을 보면 K씨가 당신의 과보호에 거세게 반발하고 있는 것 같은데요.

좋은 엄마_(미소를 짓는다.) 그런 반응을 심각하게 받아들일 필요는 없어요. 남자들이 어떤지 아시잖아요. 남들의 도움을 받아들이기보다는 혼자 힘으로 할 수 있다는 걸 입증하려고 안간힘을 쓰는 게 남자들이거든요. 그는 자신의 행동이 자신뿐만 아니라 회사 전체에 얼마나 큰 손해를 끼치는지 몰라요. 하지만 저는 그가 다시 두 발로 서는 날까지 곁에 있어줄 거예요.

코치_이제 당신에게 중요한 게 뭔지 더 이해할 수 있게 된 것 같습니다. 아주 유익한 대화였습니다. 감사합니다.

코치가 M양에게 좋은 엄마의 역할에서 벗어나 처음에 앉아 있던 자리로 돌아가라고 말한다. 자리에 앉자마자 그녀의 얼굴 표정이 바뀐다. 코치가 좋은 엄마로서의 경험에 대해 묻자 그녀는 보통의 음성으로 대답한다.

M양

M양_믿을 수가 없군요. '좋은 엄마' 라는 퍼스낼리티가 얼마나 강력하게 다른 사람들을 지배하려 드는지 믿을 수가 없어요. 그럴 거라고는 생각도 못했어요. 왜 K씨가 나에게 맞서 자신을 보호하려고 했는지 이해할 수 있을 것 같아요.

코치_다른 사람들에게 선택권과 결정권을 남겨주는 게 좋은 엄마의 강점은 아니지만, 좋은 엄마에게는 그것이 아니더라도 다른 많은 장점이 있습니다.

M양_무슨 말인지 알겠어요. 저 역시 좋은 엄마의 '주고 싶은 마음' 이 얼마나 강한지 느낄 수 있어요.

코치_좋은 엄마가 가진 특별한 장점이 미래에 당신이 처한 상황에서 쓸모가 있는지 점검해 볼 수 있을 거예요. 혹시 그 상황에서 '좋은 엄마' 의 성향이 타당하지 않다면 내면의 팀 중 다른 멤버, 예컨대 '비즈니스 우먼' 과 같은 퍼스낼리티에게 그 상황을 이끌어나갈 수 있도록 하는 게 좋겠지요. 자, 그러면 '비즈니스 우먼' 과도 대화를 해보는 게 어떨까요?

M양이 동의한다. 다시 똑같은 과정을 거쳐서 M양이 비즈니스 우먼을 위한 자리를 찾아본다. 잠시 후 그녀가 대리인을 위한 자리를 찾자 코치는 그녀에게 그곳에 의자를 놓고 앉으라고 한다. 그녀는 등을 쭉 펴고 자리에 앉는다. 다리를 꼬고 앉아 있는 모습에서 자신감을 읽을 수 있다. 코치를 바라보는 그녀의 모습은 집중되어 보인다.

그녀에게서 우아함과 자신감이 발산되고 있다.

비즈니스 우먼

코치_안녕하세요. 시간을 내주셔서 고맙습니다.

비즈니스 우먼_나 역시 이 상황을 분명하게 정리하고 싶었는데, 그런 기회가 생겨서 기뻐요.

코치_좋습니다. 그럼 바로 요점으로 들어가죠. 은행에서 있었던 일에 대해서 어떻게 생각하시나요? 그리고 현재의 상황을 어떻게 평가하고 계십니까?

비즈니스 우먼_그 상황은 위험하게도 우리의 손을 벗어나고 말았어요. 문제는 은행 안에서의 권력 이동만이 아니라 컨설턴트로서 저에 대한 평판과도 관계가 있어요. 이 일은 저에게 득이 될 수도 있고 치명타가 될 수도 있었어요. 제가 그 문제에 대해서 말할 수 있는 상황이었다면, 단연코 저 여자(좋은 엄마의 위치를 가리킨다)가 부당하게 간섭하지 못하도록 막았을 거예요. 하지만 불행히도 저에게 도움을 청한 사람이 없었어요.

코치_당신은 컨설팅 안에서 사적인 감정이 개입되어서는 안 된다는 생각이 분명하군요.

비즈니스 우먼_그게 제 일이니까요. 저는 고객 회사의 네트워크를 매우 정확하게 분석합니다. 제가 있어야 할 자리를 안다는 건 컨설턴트로서 전문적인 능력 못지않게 중요한 일이죠. 참, 저는 당신의 세미나에서 진행된 조직 세우기 세션에서 아주 값진 내용을 알게 되었어요. K씨가 은밀하게 진행된 힘겨루기에 맞서 자기 자신을 보호하려고 했던 건 너무나 당연하다고 봐요. 무엇보다 그가 위험한 고비에 있었으니까요.

코치_ 당신은 힘겨루기가 벌어지고 있다는 걸 바로 알아챘군요.

비즈니스 우먼_ 네. 그리고 고객과의 관계에서 제 자리가 어디인지도 정확하게 알고 있어요. 조직의 바깥에서 객관성을 가지고 고객을 도와줄 수 있는 방법은 일정한 거리를 유지할 때만 가능해요. 그렇지 않다면 제가 경영자의 자리에 있거나 이사회의 임원이 됐겠죠.

코치_ 그렇게 했더라도 당신은 훌륭히 해냈을 것 같군요.

비즈니스 우먼_ 그럴 수도 있겠죠. 하지만 그건 제가 원하는 일이 아니에요. 저는 좀더 거리를 두기를 원해요. 경영자의 자리보다 외부에 있는 컨설턴트의 자리에 있을 때 더 큰 능력을 발휘할 수 있어요.

코치가 M양에게 비즈니스 우먼의 자리에서 나와 자신의 자리로 돌아오라고 말한다.

M양

코치_ 비즈니스 우먼의 얘기를 들어보니 어떤 느낌이 드나요?

M양_ (생각에 잠긴다.) 그녀(비즈니스 우먼이 앉아 있던 의자를 가리킨다)의 도움이 필요할 때마다 그녀를 곁에 둘 수 있다면 좋겠다는 생각이 들어요. 하지만 현실은 그렇지가 않아요.

코치_ 특히 언제 그녀가 필요할까요?

M양_ 고객 회사에서의 갈등이 사람들 사이의 관계 문제로 흘러갈 때, 그리고 관계와 실제적인 정보 사이에 분명한 구분을 둘 필요가 있을 때가 아닐까요? 은행에서 일어난 경우도 거기에 포함되겠죠.

코치_ 비즈니스 우먼이 없다면 상황이 어떤 식으로 전개될까요?

M양_ 도움이 절실히 필요한 상태에서 자동적으로 '좋은 엄마' 쪽으로 옮겨가겠죠.

코치_ 당신이 본 것처럼 당신은 단지 좋은 엄마이기만 한 것은 아니에요. 그건 당신의 퍼스낼리티 중 한 부분에 지나지 않습니다. 비즈니스 우먼처럼 당신의 내면에는 수많은 사람들이 살고 있습니다. 지금 당신이 앉아 있는 자리에서 좋은 엄마의 존재를 느낄 수 있나요? (그녀가 고개를 끄덕인다.) 좋아요. 그녀가 에너지의 빈 공간을 채울 수 있도록 그녀를 초대하세요. 마치 라디오의 다이얼처럼 당신이 원할 때마다 에너지를 높이거나 낮출 수 있습니다. (M양이 고개를 끄덕인다.) 좋습니다. 이제 좋은 엄마의 에너지로 빈 공간을 채워보십시오. 하지만 당신이 존재할 수 있는 여유 공간은 남겨두고 채워야 합니다.

M양이 코치가 묘사한 것과 같은 방식으로 그녀의 '좋은 엄마' 퍼스낼리티와 감정 교류를 시작한다. 시간이 조금 흐른 뒤 그녀의 표정과 몸짓에 변화가 일어난다. 조금 전 좋은 엄마와 대화를 나누던 때와 같은 모습이다.

코치_ 좋은 엄마가 지금 거기에 있군요. 좋은 엄마를 느낄 수 있나요?

M양이 미소를 지으며 고개를 끄덕인다. 그녀는 잠깐 시간을 갖고 이 퍼스낼리티의 존재를 느낀다.

코치_좋습니다. 이제 천천히 그녀의 에너지를 되돌려 보냅니다. 당신이 그녀의 존재를 거의 인식할 수 없을 정도로 멀리 보냅니다.

이 과정은 시간이 오래 걸린다. 손님이 떠나도록 설득하는 데에는 많은 노력이 필요하다. 시간이 흐른 뒤 얼굴 표정과 몸짓 언어를 통해서 마침내 M양이 손님을 떠나보내는 데 성공했음을 알 수 있다.

코치_아, 끝났군요.

M양_(숨을 깊게 들이쉬고 내쉰다.) 네, 쉽지가 않네요. 그녀가 워낙 완고해서요.

코치_네, 그녀는 굉장한 에너지를 가지고 있는 사람입니다. 하지만 결정권이 당신에게 있다는 사실을 이제 알 겁니다. 도움이 필요할 때면 언제든 그녀를 초대할 수 있습니다. 물론 그녀가 떠나야 할 때를 결정할 사람도 당신입니다. 그 말은 곧 누가 주인이라는 뜻인가요?

M양_(약간 주저하면서) 아, 저요?

코치_맞습니다. 당신이 주인입니다! 당신이 내적인 팀의 우두머리입니다. 좋은 엄마 역시 당신 안에 존재하는 내적인 팀의 하나에 불과합니다. 당신이 팀의 리더로서 기술을 계속 연마해 간다면, 그녀 역시 초대받지 않았는데 나타나지는 않을 겁니다. 물론 그녀는 당신을 위해 조언을 아끼지 않을 거예요. 하지만 주어진 상황에서 누구의 도움을 얻을지 결정하는 건 당신입니다. 만일 좋은 엄마의 도움이 필요하다면, 방금 이곳에서 당신이 한 것처럼 초대해서 역할을 주면 됩니다. 그녀와 신호를 미리 정하는 겁니다. 하지만 비즈니스 우먼이 필요하다면, 좋은 엄마는 대기실에 남겨두고 자신감 있고 비즈니스에 정통한 동료를 필드로 내보내면 됩니다.

M양_ 비즈니스 우먼을 상대로 그럴 수 있다는 게 상상하기 어렵네요. 좋은 엄마의 경우처럼 그게 가능할까요?

코치_ 한번 해보세요.

좋은 엄마를 대상으로 했던 것과 같은 방식으로, M양은 비즈니스 우먼이라는 퍼스낼리티를 자기 몸에 가득 채울 수 있고 자기 삶에 초대할 수 있으며, 역할을 마치고 난 뒤에는 떠나라고 할 수 있다는 것을 직접 시도해 보았다. 좋은 엄마의 경우처럼 그녀는 일종의 신호를 만들어 비즈니스 우먼이 무대에 올라오고 내려갈 때 사용하기로 했다.

마침내 M양은 무대 위에서 배우들의 등장과 퇴장을 주도하는 연출가처럼 두 퍼스낼리티를 활동시키고 동시에 다시 뒤로 물러서게 하는 방법을 익힐 수 있었다. 일상에서 필요하다면 그 둘의 특성을 혼합할 수 있도록 말이다. 그녀는 이 모든 과정을 상당히 효과적으로 이끌어 나갔다.

내면의 사람들을 활성화하다

코치_ 당신은 아주 중요한 걸음을 내딛었습니다. 좋은 엄마와 비즈니스 우먼과의 관계에서 당신은 훨씬 더 깨어 있는 자아를 계발해낸 셈입니다. 이제 당신은 그들에게 주도권을 뺏기지 않고도 그 둘의 존재를 인식할 수 있습니다. 당신은 깨어 있는 자아로서 존재하기 때입니다. 당신은 그 두 요소 사이에 서서 둘 중 누구를 선택할지 결정할 수 있습니다. 마치 연출가가 무대 위에서 어떤 배우를 세울지 결정할 수 있는 것처럼. 또 둘 중 하나가 주도적인 역할을 할 수 있도록 허용할 수도 있습니다. 일상에서는 이들 중 누군가 주도권을 쥐려고 할 때 저항하기가 쉽지 않지만, 시간이 갈수록 당신이 내적인 팀의 우두머리가 되면서 결정권을 쥐게 될 겁니다. 당신이 주도권을 쥘 수 있을 만큼 강해지면서 더 이상 무대가 배우들의 몫이 아닌 연출가의 영역이라는 게 확고해질 거예요. 이 과정은 당신의 외적인 리더십을 계발하는 데도 도움이 됩니다. 조직체를 이끌어갈 때, 직원 중 한 사람에게 무의식적으로 호의를 보인다든지 해서 다른 사람들이 상처를 입지 않도록 해야 합니다. 그들 모두를 마음에 두는 게 중요합니다. 직원들 각각의 특성을 염두에 두어야 한다는 말입니다. 그때 비로소 당신은 명확함과 확신을 가지고 누가 어느 일에 적합한지 결정할 수 있습니다.

우리는 M양이 자신의 목표에 닿을 때까지, 그리고 새로운 선택권을 손에 쥐고 운영할 수 있을 때까지 코칭 과정을 이끌어 최종 단계에 이르자 세션을 마무리 지었다.

내적인 팀의 우두머리를
길들이다

조직체적 해결책이 모든 문제의 열쇠는 아니다. 인간의 조직체는 끊임없이 변화한다. 그러므로 '모든 문제를 한꺼번에 해결할 수 있는' 만능열쇠 같은 것은 없다. 고대 그리스의 철학자 헤라클레이토스는 이렇게 말했다. "우리는 누구도 같은 물에 두 번 발을 담글 수 없다." 이 말은 우리가 소속되어 있는 외적 조직체(가족체, 사업체, 국가, 문화 등)는 물론 퍼스낼리티의 내적 조직체에도 그대로 해당된다. 우리가 삶의 흐름을 멈추게 할 수는 없지만, 끊임없는 물결의 연속이라는 일상의 어딘가에 고요한 지점이 있으리라는 확신을 가지고 많은 사람들이 연구를 계속해 오고 있다. 마치 주변의 소란에도 외부의 영향을 전혀 받지 않는 태풍의 눈처럼, 우리는 그 자리에서 분명하고 편안하게 상황을 있는 그대로 볼 수 있다. 그뿐 아니라 상황에 긍정적인 변화를 이끌어낼 수도 있다.

삶의 흐름, 그 바깥이 아닌 안에 머무르다

어떤 사람들은 명상이나 여타의 방법을 통해 눈앞에서 일어나는 상황을 중립적인 위치에서 관찰하고 통찰할 수 있다. 그러나 비즈니스와 관련한 조직체들의 경우 관찰과 통찰만으로는 충분하지가 않다. 반드시 행위가 수반되어야 한다. 그러기 위해서는 파노라마를 보는 듯한 시선을 접고 소용돌이와 거센 물살로 이루어진 일상의 흐름 속으로 뛰어들어야 한다. 그 순간 우리는 곧바로 반대 극의 힘과 만나게 된다. 이때 소용돌이의 바깥에서 관객으로 앉아 있을 때의 분명하던 시각은 물거품처럼 사라져버리고 만다. 내면의 목소리 중 하나는 이렇게 하라고 말하고, 다른 목소리는 그와 정반대되는 것을 선택하라고 말한다. 동료들은 A를 선택하라고 당신을 설득하고, 상사는 B를 선택하라고 요구한다. 당신의 고객은 C를 선택하는 게 뭐가 잘못된 것인지 의아해한다.

당신이 분명하게 인식하고 의식적으로 행동하기 위해서는 내면에 유연한 토대를 갖춘, 깨어 있는 의식이 필요하다. 행위를 할 준비가 되어 있는 강하고 깨어 있는 자아가 있어야 한다. 당신의 행위에 반발하는 다양한 내적·외적 요소들을 다루어 분명한 결정을 내릴 수 있어야 한다. 당신이 지배적인 퍼스낼리티와 그와 반대되는 퍼스낼리티의 영향에서 벗어날 수 있을 때 깨어 있는 '나' 역시 조금씩 계발될 수 있다.

모든 갈등은 깨어 있는 자아를 계발하고 성장시킨다

깨어 있는 자아란 어느 날 갑자기 나타나서 영원히 내 것이 될 수 있는 것이 아니다. 자동차 운전 기술처럼 한번 습득하면 평생 내 소유가 되는 것이 아니다. 오히려 지속적이고 의식적인 노력이 필요한 일종의 과정이다.

일상에서 어떤 상황과 만나면 당신은 내면에서 두 개의 상반되는 목소리를 듣게 된다. 깨어 있는 자아는 이 서로 다른 반대 극점에서 성장한다. 이 깨어 있는 의식의 모드가 작동하고 있는지 아닌지 어떻게 알 수 있는가? 당신은 A와 B라는 두 가지 선택권을 가지고 있기 때문에 과거에 누군가 어떤 요구를 하면 즉각 A 혹은 B라고 말하곤 했다. 예컨대 직원 한 명이 하루 휴가를 신청할 때, 곧바로 당신 안에 있는 '좋은 직장 상사' 퍼스낼리티가 그의 희망 사항을 들어주려고 한다. 하지만 그와 동시에 다른 의견을 내세우는 목소리가 들릴 수도 있다. 좀더 이기적인 목소리가 "들어주지 마! 그렇지 않으면 누구에게 그의 일을 맡겨야 할지 걱정해야 하잖아"라고 소리를 지른다.

하지만 당신이 자동적으로 '좋은 직장 상사' 나 '이기적인 직장 상사' 의 목소리를 따르지 않고 두 가지 목소리가 우려하는 바를 신중하게 검토해 볼 수 있을 때 그 상황을 주도하는 사람은 다름 아닌 좀더 깨어 있는 '나' 가 된다. 그때 비로소 당신은 이기적인 태도든 배려하는 태도든 어느 한쪽이 모든 상황의 문을 열 수 있는 만능열쇠가 아니라는 것을 알 수 있다. 그러므로 A는 좋은 것도 아니고 나쁜 것도 아니다. B 역시 좋은 것도 아니고 나쁜 것도 아니다. 중요한 것은 자동적으로 A나 B를 취하지 않고 당신이 그 순간의 선택권을 쥐고 있어야 한다는 것이다.

더 많이 깨어 있는 '나' 가 더 큰 가능성을 열어준다

실제 상황에서 어느 쪽을 취하든 당신은 양쪽에 모두 귀를 기울여야한다. 그런 다음 최종적인 결정은 바로 당신 자신이 내려야 한다. 과거에 당신은 선택받지 못한 내적인 비평가의 비판하는 소리("너는 남을 배려할 줄 모르는 이기주의자야!" "이런, 겁쟁이 같으니라고!" 등)를 들어야만 했다. 하지만 이제 당신은 자신과 하나가 되어 있다.

깨어 있는 자아는 결정을 내리기에 앞서 여러 자아들이 주장하는 긍정적인 의도를 인정하면서 동시에 그 둘을 이끌어갈 수 있다. 훌륭한 리더와 멤버들의 관계가 그렇듯이 말이다. 당신의 내적인 팀의 리더는 서로 다른 극점들 사이에 서 있다. 예컨대 이성의 목소리와 내면의 조력자가 가지고 있는 느낌 사이에 굳건히 자리를 잡고 서 있다.

이런 방식으로 당신이 그저 좋은 사람, 다정한 사람일 뿐만 아니라 감성적이고 현실적인 사람이라는 것을 알 수 있게 된다. 당신은 이 두 가지 성향을 모두 가지고 있고, 언제든 상황에 따라서 둘 중 하나를 꺼내서 적당히 사용할 수 있다. 선택권은 당신에게 있다. 당신은 과거에 생각했던 것처럼 자신이 감정에 흔들리는 사람이 아니라는 걸 알 수 있다. 오히려 감성적인 측면을 당신이 가지고 있는 자아의 한 부분으로 볼 뿐이다. 이 퍼스낼리티 부분과 관계 속에서 당신의 '나' 는 좀더 의식적으로 깨어 있게 된다. 그리고 이성의 목소리가 주장하는 내용의 앞뒤를 모두 살펴볼 수 있게 된다.

코치의 도움으로 당신은 자신의 퍼스낼리티에 대해 더 많은 내용을 알 수도 있다. 어쩌면 당신 안에도 근심걱정 없고 자유를 사랑하는 목소리가 한쪽 구석에 있을지 모른다. 감성적인 목소리가 완전히 지배권을 장악하는 바람에 좌절한 목소리도 있을 수 있다. 대개 그 목소리는 감성적인 퍼스낼리티가 계획한 프로젝트를 방해하려 들 때만 들린다. 깨어 있는 자아는 서둘러 한쪽을 취하기 전에, 현실적인 측면과 자유롭게 살고 싶은 측면이라는 상반되는 부분 사이에서 양쪽의 무게를 재본다. 과거에 지배적인 퍼스낼리티의 영향 아래에서 "이게 바로 나야. 나는 바뀔 수 없어"라고 믿었던 사람에게도 새로운 선택권이 주어질 수 있다. 과거에는 그랬을지 모르나 이제는 그 '나'가 진짜 '나'가 아님을 알기 때문이다.

퍼스낼리티를 계발한다고 해서 앞으로 모든 것을 평생 당신의 지배하에 둘 수 있다는 뜻은 아니다. 그보다는 책임 있는 방식으로 당신의 내적인 팀을 관리하게 된다는 뜻이다.

재난의 탑을 쌓을 것인가

당신을 굉장히 힘들게 하는 사람과 같은 사무실에서 일하고 있다고 해보자. 당신은 그가 건방지고 고상한 척한다고 생각한다. 그래서 그가 업무에 적합하지 않은 사람이라고 간주한다. 당신이 회의 시간에 발표를 할 때면 그가 여지없이 이유 없는 반대를 하고 나선다. 그는 자신의 행동이 얼마나 당신 신경을 거스르게 하는지 눈치조차 못 챈 것 같다.

만일 당신의 내적인 지배자가 이해와 협력, 친밀감을 추구하는 퍼스낼리티의 영향 아래 있다면 당신은 그 사람을 이해하기 위해 온갖 노력을 할 게 틀림없다. 커뮤니케이션 트레이닝에서 배운 내용을 기억하고 그의 말에 귀 기울이려고 애를 쓰면서 말이다. "Y씨, 당신은 나와 의견이 정반대군요."

하지만 그러한 방법이 별 효과가 있어 보이지는 않는다. 그래서 당신은 그에게 다정하지만 분명한 메시지를 보낸다. "Y씨, 당신은 벌써 세 번째 내 프레젠테이션을 방해했어요. 그런 행동이 상당히 언짢네요. 다음부터는 내가 발표를 끝낼 때까지 기다렸다가 질문을 해줬으면 좋겠어요."

그는 당신의 말을 알아들은 듯 보이지만 얼마 지나지 않아 다시 예전의 습관으로 되돌아가고 만다. 결국 당신 안에서는 천천히, 그러나 확실하게 재난의 탑이 높게 올라가고 있다. 그리고 당신 내면의 지배적인 퍼스낼리티에 맞선 성난 목소리가 분통을 터뜨리면서 전쟁을 위한 무장을 시작한다. "더 이상 참을 수가 없어. 내가 그 자식을 가만두지 않을 거야!" 지배적인 퍼스낼리티와 반대되는 퍼스낼리티가 더 이상 참지 못하고 소리를 지른다. "다시는 고개를 들어서 바닥도 못 보도록 그 녀석의 코를 납작하게 만들어버리고 말 거야!"

정면 대결을 원하는 퍼스낼리티가 문 밖으로 나오지 못하도록 지키기란 쉽지 않다. 어쩌면 이 부분을 가만히 붙잡아두는 것 자체가 어려울 수도 있다. 지금 그 순간에는 당신의 내면에 살고 있는 성난 사람이 다른 어떤 사람보다 강할 수 있다. 결국 당신은 자리에서 일어나 적을 향해 폭력적인 언어 공격을 가하기 시작한다. 사무실에 앉아 있던 사람들이 너무나 놀란 나머지 당신을 뚫어져라 쳐다본다. 이 모든 총알 세례의 표적인 Y만 빼고 말이다. 그는 냉정한 표정으로 앉아서 서류 뭉치를 넘기고 있다.

"다 끝나셨어요?" 짐짓 아무렇지도 않다는 표정으로 그가 말한다. "그러면 우리 이제 일이나 하죠? 지난번에 우리가 일정보다 뒤쳐져 있다고 했잖아요?"

내면에 존재하는 비평가의 목소리

이 사건이 있고 나자 또 다른 상황이 당신을 기다리고 있다. 바로 내면의 비평가와의 만남이다. "너는 대책 없는 패배자야." 내면에서 비평가가 투덜대기 시작한다. "너는 그 건방진 꼬마의 술수에 넘어간 거야. 네가 그런 식으로 감정을 분출하도록 그 녀석을 내버려뒀던 말이야. 그 일로 네 체면이 얼마나 구겨졌는지 생각해 봤어? 모두 어떤 표정으로 너를 쳐다봤는지 알기나 해? 너는 이제 회사에서 끝난 거나 마찬가지야. 하루라도 빨리 다른 일자리를 알아보는 게 나을 걸. 이제 누구도 네 말을 심각하게 여기지 않을 거야."

좀더 깨어 있는 자아와 함께 있었다면 그러한 일은 일어나지 않았을 것이다. 마지막 일격을 가한 내적인 적부터 따져보자. 내면의 비평가와 깨어 있는 '나'는 서로 주고받는 관계 안에 존재한다. 내면의 비평가가 90퍼센트의 공간을 차지하면 깨어 있는 자아는 겨우 10퍼센트 정도의 자리밖에 얻지 못한다. 만약 당신이 내면에 존재하는 여러 반대 세력과의 관계에서 깨어 있는 자아로 굳건히 서 있을 수 있다면, 각각의 퍼스낼리티의 의도를 알 수 있을 것이다. 그렇다면 당신은 이후에 내면의 비평가로부터 공격을 받지 않도록 행동하고 결정을 내릴 수 있다. 내면의 비평가의 반응을 통해서 당신이 얼마나 의식적으로 행동했는지 살펴볼 수 있다.

분명하게 볼 수 있을 때까지 기다린다

딜레마에 빠져 있을 때 제삼의 선택을 하려면 어떻게 해야 하는가? 우선 곧바로 행동에 돌입해서는 안 된다. 우선 시간을 벌기 위해서 질문을 던져볼 수 있다. 그래야 내면에 존재하는 다른 세력들이 의견을 펼칠 수 있는 시간을 벌 수 있다. 주의를 내면으로 향하고 안에서 들려오는 소리에 귀를 기울인다.

어쩌면 이 내면의 전쟁이 열기를 더해간다고 느낄 수도 있다. 냉정을 찾기 위해서 당신의 관심을 중립의 지점에 두는 게 좋다. 예컨대 당신이 앉은 의자에 닿아 있는 몸의 촉감에 관심을 모을 수도 있다. 일단 내면의 토론이 조용해지면 각각의 목소리가 중요하게 여기는 게 무엇인지 좀더 분명해질 것이다. 이제 당신은 두 개의 시각을 결합시키기 위한 첫걸음을 의도적으로 선택해야 한다. 뭔가 의미 있는 방식으로 말이다.

그러한 상황을 다루는 데 전문가의 도움이 필요하다면 코칭 세션을 받아보는 것도 좋다. 코칭 세션에서는 첫 번째 단계로 코치와 함께 개인 세션을 시도해 본다. 그 과정을 통해서 Y와의 관계를 넘어 회사 전체에서 문제를 다루어야 할지 어떨지 알 수 있다. 어쩌면 당신이나 Y, 둘 다 외적 조직체가 가진 증상을 보여주는 대리인들에 불과할 수도 있다. 만일 그렇다면 우리는 먼저 조직체적 해결책을 찾아봐야 한다. 그렇지 않은 경우에는 당신 자신의 내적 조직체를 다루는 작업부터 시작할 수도 있다.

코치와 함께 당신과 Y가 빠져 있는 부정적인 관계 패턴을 살펴본다. 계발 모형을 이용해서 Y는 가지고 있으나 당신에게는 빠져 있는 기술이 무엇인지 알 수 있다.

당신—혹은 당신의 지배적인 퍼스낼리티—은 당신 자신을 다정하고 이해심 많고 협력적인 사람으로 인식하는 반면, Y는 건방지고 고상한 척하는 사람이라고 생각한다. 다음 단계로 Y가 자신과 당신을 어떤 사람들이라고 묘사할지 스스로에게 물어본다. 그는 '건방지고' '고상한 척하는' 태도를 '자신감'으로 평가할 수도 있다. Y는 자신이 굉장히 중요한 사람이라고 여기기 때문에 자신의 가치를 높게 평가한다. 어쩌면 스스로를 강한 에고—긍정적인 의미에서—를 가진 사람이라고 여길 수도 있다. Y는 당신의 행위를 "다정하고 이해심 많으며 협력적"이라고 묘사하지는 않을 것이다. 그는 당신에게 "우유부단하고 매사를 대충대충 처리할 뿐만 아니라 패배자이며, 어쩌면 아는 게 별로 없는 사람"이라는 식의 부정적인 표현을 사용할 수도 있다.

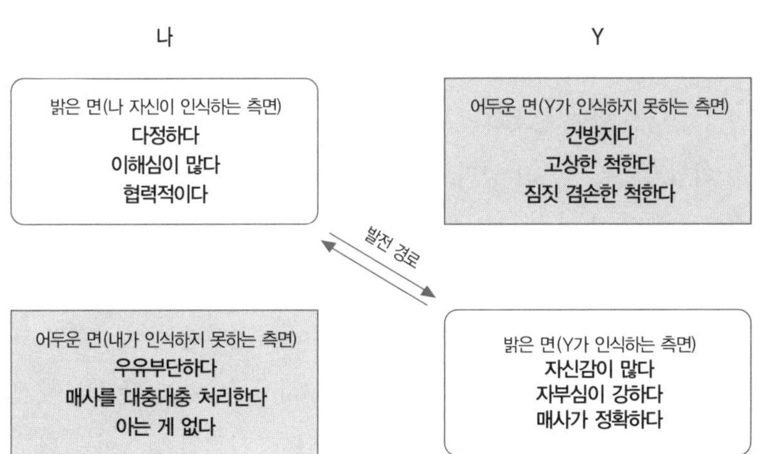

나와 Y의 밝은 면과 어두운 면

그런데 Y의 행동은 당신을 분노의 용광로로 돌변하게만 하는 게 아니라, 실은 당신을 위한 선물까지도 준비하고 있다. 그가 의도하지는 않았지만, 그의 존재를 통해서 당신은 자신감과 힘을 되찾을 수 있다.

마음을 열어둔다는 게 언제나 좋은 것은 아니다

내면의 목소리들과 대화하는 과정에서 코치는 당신이 내면의 지배적인 퍼스낼리티를 찾아내고 그 역할에 존중을 표할 수 있도록 이끌어 간다. 내면의 지배적인 퍼스낼리티는 특정한 필요에 의해 만들어진 연합군과 같다. 그렇기 때문에 내면의 어떤 퍼스낼리티보다 강할 수밖에 없다. 당신은 자신이 갖고 있는 문제를 반복하지 않기 위해서는 이 지배적인 퍼스낼리티의 도움을 받아야 한다. 지배적인 퍼스낼리티의 동의에 힘입어 당신은 좀더 강한 확신과 자신감을 가진 깨어 있는 자아를 향해 옮겨간다.

이제 당신은 두 개의 반대 극점 사이에 자리를 잡고 선다. 과거에 당신이 다른 사람들한테서 발견할 때마다 저항감을 드러냈던 퍼스낼리티와 당신 안에 존재하는 지배적인 퍼스낼리티, 이 둘을 이제 당신은 의식적으로 '나'의 공간으로 초대할 수 있다. 당신은 힘 있는 자아와 함께 점점 더 이해심과 자신감에 가득 차고 협력적인 사람이 되어간다.

여태까지 당신이 사적인 방식—개인적이고 친밀한 방식—으로 사람들에게 접근했다면, 이제는 범위를 넓혀서 '사적인 감정을 배제한' 방식으로도 사람들에게 접근할 수 있다. 사적인 방식이란 다른 사람들을 만날 때 늘 마음을 열어두고 상대방의 말에 귀를 기울이는 정감 있는 태도를 말한다. 상대방이 누구든지 말이다.

이런 '사적인' 측면은 상대방 역시 당신에게 다른 의도 없이 순수하게 마음을 열어줄 때만 가치가 있다. 하지만 Y와 같은 사람에게는 당신이 마음을 열어두는 것이 그의 마음까지 열게 하는 초대장이 되지 못한다. 오히려 당신을 둘러싼 약한 방어벽으로 보여 공격을 가하기도 한다. 그러한 공격은 방금 살펴본 것처럼 당신이 원치 않는 난폭한 퍼스낼리티를 겉으로 불러내는 상황으로 이어질 수 있다. 그러므로 '사적이고 정감 있는' 퍼스낼리티 쪽에 크게 의존하고 있는 사람은 반대 극에 해당하는 '사적인 감정을 배제한' 방식의 소통법을 익히는 것도 중요하다. 실질적이면서도 중립적인 접근으로 처음부터 경계선을 명확하게 그어놓고 시작하는 게 필요할 수 있다는 말이다.

만일 당신이 '사적인 감정을 배제한' 스타일이라면 이제는 '사적인' 교류법을 터득할 필요가 있다. 두 가지 기술을 모두 습득하고 있어야 의식적인 선택을 할 수 있고 적합한 방식으로 상대방에게 다가갈 수 있다.

깨어 있는 자아의 자리가 커질 때 당신은 샤워 꼭지 같은 조정 장치를 손에 쥘 수 있게 된다. 당신이 원하는 온도대로 찬물과 뜨거운 물을 골고루 섞을 수 있는 꼭지가 당신 손에 쥐어지게 된다는 뜻이다.

외적인 변화에 따른 내적인 변화

Y와 다시 대면하게 될 때는 수도꼭지를 찬물 쪽에 더 가깝게 틀어놓는 것이 좋다. 사적인 감정을 배제하고 거리를 유지한 채 사실에 입

각해서 그의 비판에 맞서야 한다. 그러면 Y는 얼마 안 가 당신을 자극하는 데 흥미를 잃고 말 것이다. 그가 쓰는 방법이 효과가 없기 때문에 더 이상 당신의 감정을 자극하려 들지 않게 된다. 당신이 무력감을 느끼고 상처를 받는다는 것은 곧 그의 의견이 타당함을 인정한다는 뜻이다. 그는 당연히 의기양양해질 수밖에 없다.

그의 펀치가 더 이상 아무런 영향도 미치지 못한다면, 다시 말해 자기 중심적인 그의 지배적인 내적 퍼스널리티가 당신을 공격하면서 아무런 성과도 얻지 못한다면, 다른 공격 대상을 찾게 될 것이다. 결국 당신의 문제는 해결된다. 그의 문제는 해결되지 않았지만, 그건 당신의 문제가 아니다.

훌륭한 자기 관리는 훌륭한 대인 관계로 이어진다

깨어 있는 자아의 계발은 약효가 영원히 지속되는 해결책이 아니다. 그러나 마우스를 한 번 클릭하는 찰나에 상황 전체가 변하지는 않더라도 어떤 것을 결정할 상황이나 갈등 상황에서 당신에게 무엇보다 큰 도움이 될 수 있다. 깨어 있는 자아를 계발하는 과정에서 당신은 문제를 바라보는 게 아니라 해결책을 바라보게 된다.

내적인 팀의 리더에게 협력하지 않는 퍼스널리티는 한 가지 목적만을 가지고 있다. 자신의 관점을 전면에 내세우고 싶어한다는 것이다. 그렇게 해서 자신들이 내세운 방식으로 임무를 완수해야 한다는 고집스러운 태도를 고수하려 든다. 다른 방식은 통용되지 않는다. 설사 상황이 정반대되는 대처 방법을 요구하더라도 말이다. 무조건 그들이 내세우는 해결책이어야만 한다.

비즈니스 안에서 발생하는 힘겨루기는 흔히 권력을 쟁취하고 싶어하는 다양한 퍼스낼리티들이 벌이는 내적인 싸움의 결과일 때가 많다. 직원들과의 갈등, 상사와의 갈등은 우리가 추방시킨 내면의 퍼스낼리티들이 누구누구인지 보여준다. 이 부분들은 외부의 사건에 대한 저항감이나 압박감 혹은 괴롭힘의 형태로 나타난다.

모든 초점을 해결책에 맞추는 태도는 내적 조직체뿐 아니라 외적 조직체 안에서 전체의 필요성과 개인의 필요성이 모두 중요시되는, 올바른 질서를 찾는 데 도움이 된다. 그러기 위해서 내적인 팀의 리더는 전체를 모두 볼 수 있도록 구체적이고 실질적인 의식을 계발해야 한다. 이 구체적이고 실질적인 의식은 지구촌으로 상징되는 외부 세계만이 아니라 우리의 내적인 세계에서 더 나은 균형점을 찾는 데 도움이 된다. 위에서와 같이 아래에서도!

6

조직체적 노하우 활용하기

조직체 점검표를 통해 조직체적으로 가상 중요한 원칙들과

문제 영역들이 무엇인지, 당신의 회사 안의 조직체적으로 긍정적인 구조와

그렇지 않은 구조가 어떤 것들이 있는지 살펴볼 수 있다.

Organization
Constellations

조직체의 가장 중요한
원칙들과 문제 영역

이 책에 기술된 방법이나 과정은 간단하고 실질적이면서 또한 효과적이다. 그렇다고 해서 설명서만 있으면 혼자서도 해볼 수 있는 프로그램은 아니다. 조직체적 해결책을 찾기 위해서는 자격을 갖춘 컨설턴트나 당신이 속한 조직체 바깥의 코치 도움이 필요하다.

그렇지만 당신이 속한 회사에 조직체적으로 영향을 받고 있는 문제들이 어떤 것들이 있는지 살펴볼 수는 있다. 어쩌면 이 책을 읽으면서 이미 당신의 회사 안에 조직체적으로 긍정적인 구조와 그렇지 않은 구조가 어떤 것들이 있는지 생각해 보았을지도 모른다. 이번 장에서는 조직체적으로 가장 중요한 원칙들과 문제 영역들이 무엇인지 요약해 보았다.

아래에 제시하는 점검표를 보고 만약 업무 시스템에 어떤 문제가 발견된다면, 당신은 그 문제 해결에 적합한 도구를 찾을 수 있을 것이다. 크게 잘못된 문제가 아니라면 굳이 외부의 도움 없이 당신 혼자서도 바로잡을 수 있다. 예컨대 팀에 새로 들어온 멤버가 주도권을 잡으려 한다거나 오래 근무해 온 사람들을 가르치려 든다고 해보자. 그럴 경우 그 문제를 해결하기 위해서 조직 세우기를 할 필요까지는 없다. 이 경우는 "먼저 온 사람이 나중에 온 사람보다 우선이다"라는 법칙이 파괴된 상황이므로 새로 들어온 멤버에게 개인적으로 이 원칙을 설명하는 것으로 충분하다. 그에게 맨 뒷자리에 머물러줄 때 팀과 융화하기가 훨씬 쉽다고 덧붙일 수도 있다. "당신이 가장 뒷자리에서 의문을 던지거나 이야기를 듣는다면, 그리고 당신이 가진 지식을 나눈다면, 사람들은 당신 말에 귀를 기울이게 될 것"이라고 말해주는 것이다.

문제되는 범위가 더 클 경우에는 외부의 도움을 받는 것이 좋다. 우선 가장 가까운 곳, 당신이 속해 있는 환경 안에서 도움을 받는다. 동료나 직원 혹은 상사에게 아래의 점검표를 보여주고, 조직체적 원칙들을 설명해 준다. 그리고 조직체적 원칙들이 회사 안에서 제대로 지켜지고 있는지 논의해 본다. 기본 원칙들을 위배했는지 묻고 어떤 해결책이 있을지 의논한다. 그리고 이 상황과 관련해 조직 세우기 작업을 시도해 보고 싶은지 묻고 함께 결정을 내릴 수 있다.

전문가의 도움

만약 조직 세우기 세션을 받는 쪽으로 결정했다면, 전문가의 지도 아래 세션을 진행해야 한다. 전문가의 도움 없이 섣불리 시도했다가 더 많은 혼돈을 일으킨 경우를 우리는 많이 보아왔다.

이제, 점검표에 적혀 있는 질문들에 답해보자. '아니요' 라는 답이 많을수록 조직체적 얽힘 관계에 놓여 있을 가능성이 크다. 더 분명하게 알고 싶다면 조직 세우기 세션을 해보는 것이 좋다.

조직체 점검표

현재 회사의 모습

● 회사의 재정 상황에 대해서 직원들이 알고 있는가?

● 회사의 목표(어떤 생산품/서비스)가 분명한가? 회사에 몸담고 있는 사람들 모두가 이 목표를 알고 있는가?

● 회사가 위기에 부딪쳤을 때 그 사실이 공개적으로 논의되는가?

● 실수가 허용되는가?

● 잦은 해고나 높은 이직률을 보인 적이 있었는가? 이전 직원들에 대한 평가가 긍정적인가?

● 직원들의 성과나 공로가 제대로 인정받는가?

● 직원들은 고객들에게 존경심을 가지고 있는가?

주기와 받기 사이의 균형

● 직원들은 회사를 위해 헌신하고 있는가?

● 회사가 어려운 상황에 놓였을 때 직원들은 더 많이 더 오래 일을 하는가?

● 직원들은 급여 정도가 타당하다고 생각하는가?

● 직원들은 상급자가 자신들의 노고를 인정하고 있다고 생각하는가?

● 직원들은 자신들에게 주어지는 책임을 흔쾌히 받아들이고 있는가?

● 부서나 팀별로 작업량이 공평하게 분배되고 있는가?

● 경영진은 직원들의 요구에 충분한 관심을 보여주고 있는가?

- 상급자들은 업무 지시를 분명하게 하는가?

- 평가 회의에서 경영진과 직원 양측이 회의를 공정하게 받아들이는가?

- 경영자들은 회사를 위해서 개인적 위험을 감수하는가?

- 사주나 지배 주주들은 회사에 대해 의무감을 느끼는가?

- 사주나 지배 주주들은 직원들의 인정과 존경을 받고 있는가?

- 이윤의 일부가 회사에 재투자되고 있는가?

- 직원들은 고객을 파트너로 여기고 있는가?

- 가격과 고객 서비스가 소비자들을 만족시킬 만한가?

소속의 권리

- 직원들이 회사의 창업자에 대해 알고 있는가? 창업자가 제대로 인정받고 있는가?

- 직원들이 회사의 역사에 대해 알고 있는가?

- 회사 발전에 기여한 이전 직원들의 노고가 여전히 인정받고 있는가?

- 경영자나 동료들은 어떤 평가를 받고 있는가? 직원들이 그들에 대해 말을 할 때 존경심을 가지고 있는가?

- 상대적으로 취약한 사람이나 부서가 회사 내에서 동일한 소속의 권리를 가지고 있는가?

- 사주들, 지배 주주들, 이사들, 최고 경영진은 소속감을 느끼고 있는가? 직원들은 회사에 대해 소속감을 가지고 있는가?

- 회사가 어려운 상황에 처할 때 직원들이나 경영진은 회사를 위해 헌신할 수 있는가?

먼저 온 사람이 나중에 온 사람보다 우선이다

- 회사가 설립된 지 20년 이상 된 경우: 회사가 전통을 가지고 있는가? 회사의 전통이 유지되고 있는가?

- 장기 근속한 직원들의 노고가 존중받고 있는가? (예컨대 기념일에 표창을 받는다거나 사내 매체에 언급되는 방식 등으로)
- 장기 근속한 직원들의 경험이 회사 내에서 특정한 지위를 인정받고 있는가?
- 경영진이나 직원 중에 나중에 조직에 들어온 사람이 먼저 조직에 몸담고 있던 사람들의 경험을 충분히 활용하고 있는가?
- 오래된 방식이나 과거의 생산품이 여전히 인정받고 있는가?
- 장기 근속한 직원들과 경영진이 혁신과 변화, 구조 조정이 있을 때 건설적이고 협력적으로 일을 해나가는가?

관리자들의 리더십 및 업무의 적합성 여부와 관련된 질문

- 각 부서의 상급자들은 하급 직원들을 이끄는 데 필요한 리더십에 대해 제대로 이해하고 있는가?
- 각 부서의 상급자들은 하급 직원들에게 권위를 인정받고 있는가? 또 하급 직원들의 존경을 받고 있는가?
- 경영진의 결정이 직원들에게 충분한 동의를 얻고 있는가?
- 회사의 리더들은 회사에 대한 자신의 책임감에 대해서 충분히 인식하고 있는가?
- 회사의 리더들은 공통적인 목표를 성취하기 위해서 눈에 보이는 노력을 하고 있는가?
- 회사의 리더들은 회사 바깥에서 회사와 회사의 생산품을 대변하는가?
- 회사 리더들의 공적인 의견이 직원들에게 제대로 받아들여지는가? 직원들은 그들을 믿을 만한 사람들로 여기는가?
- 회사의 리더들은 자신을 회사와 직원들에게 봉사하는 사람들로 여기는가?
- 직원들은 회사와 생산품, 관리자들에 대해서 긍정적으로 말하는가?
- 유능한 관리자는 상대적으로 능력이 떨어지는 직원들에게 존중을 받고 있는가?
- 팀의 경우 팀 리더들과 구성원들의 책임이 분명하게 구분되어 있는가?

· Barnett, M., *The Arrow of Man* (Zurich: CEC, 1991).

· Bateson, G., *Mind and Nature: A Necessary Unity* (Creskill, NJ: Hampton Press, 2002).

· Bohm, D., *Wholeness and the Implicate Order* (London/ Boston: Routledge & Kegan Paul, 1980).

· Boszormenyi-Nagy, I., *G. Spark, Invisible Loyalties. Reciprocity in Inter-generational Family Therapy* (Levittown, PA: Brunner/Mazel, 1984).

· Goleman, D., *Emotional Intelligence* (New York: Bantam, 1996).

· Habermas, J., *The Theory of Communicative Action* (Boston: Beacon, 1984).

· Heidegger, M., *Being and Time* (New York: Harper & Row, 1962).

· Hellinger, B., *To the Heart of the Matter* (Heidelberg: Carl-Auer, 2003).

· Hellinger, B., H. Beaumont, G. Weber, *Love's Hidden Symmetry. What Makes Love Work in Relationships* (Phoenix, AZ: Zeig & Tucker, 1998).

· Hellinger, B, G. ten Hoevel, *Acknowledging What is* (Phoenix, AZ: Zeig & Tucker, 2001).

· Husserl, E., *Ideas* (New York: Macmillan, 1931).

· Jantsch, E., *Evolution and Consciousness* (Reading, MA: Addison-Wesley, 1976).

· Laing, R., *The Politics of Experience* (London: Tavistock, 1965).

· Laszlo, E., *Introduction to Systems Philosophy* (New York: Gordon Breach, 1972).

· Maturana, H.R., F.J. Varela, *The Tree of Knowledge: The Biological Roots of Human Understanding* (Boston: Shambhala, 1987).

· Pearce, J.C., *Evolution's End* (San Francisco: Harper, 1992).

· Senior, B., *Organizational Change* (Harlow: Prentice Hall, 2001).

· Sheldrake, R., *A New Science of Life* (Los Angeles: Tarcher, 1981).

· Sheldrake, R., *The Sense of Being Stared at: And Other Unexplained Powers of the Human Mind* (New York: Arrow, 2004).

· Stone, H., S. Stone, *Embracing Ourselves* (San Francisco: New World Library, 1987).

· Stone, H., S. Stone, *Embracing Each Other* (Novato, CA: Nataraj, 1989).

· Stone, H., S. Stone, *Partnering* (Novato, CA: Nataraj, 2000).

· Schwartz, R.C., *Internal Family Systems Therapy* (New York: Guilford, 1995).

· Waldrop, M., Complexity: *The Emerging Science at the Edge of Order and Chaos* (New York: Touchstone, 1993).

· Watzlawick, P., *Invented Reality: How Do We Know What We Believe We Know?* (New York: Norton, 1984).

· Wilber, K., *Sex, Ecology, Spirituality* (Boston: Shambhala, 1995).

샨티 회원제도 안내

샨티는 사람과 사람, 사람과 자연, 사람과 신과의 관계 회복에 보탬이 되는 책을 내고자 합니다. 몸과 마음과 영혼이 건강해질 수 있는 책을 내고자 합니다. 만드는 사람과 읽는 사람이 직접 만나고 소통하고 나누기 위해 회원제도를 두었습니다. 책의 내용이 글자에서 머무는 것이 아니라 우리의 삶으로 젖어들 수 있도록 함께 고민하고 실험하고자 합니다. 여러분들이 나누어주시는 선한 에너지를 바탕으로 몸과 마음과 영혼에 밥이 되는 책을 만들고, 즐거움과 행복, 치유와 성장을 돕는 자리를 만들어 더 많은 사람들과 고루 나누겠습니다.

샨티의 회원이 되시면……

샨티 회원에는 잎새·줄기·뿌리(개인/기업)회원이 있습니다. 잎새회원은 회비 10만 원으로 샨티의 책 10권을, 줄기회원은 회비 30만 원으로 샨티의 책 33권을, 뿌리회원은 개인 100만 원, 기업/단체는 200만 원으로 샨티 책 100권을 드립니다. 그 외에도,

— 추가로 샨티의 책을 구입할 경우 20~30%의 할인 혜택을 드립니다.

— 신간 안내 및 각종 행사와 유익한 정보를 담은 〈샨티 소식〉을 보내드립니다.

— 샨티가 주최하거나 주관·후원·협찬하는 행사에 초대하고 할인 혜택도 드립니다.

— 회원증을 발급해 드립니다.

— 뿌리회원의 경우, 샨티에서 발행하는 모든 책에 개인 이름 또는 회사 로고가 들어갑니다.

— 모든 회원은 아래에 소개된 샨티의 친구 회사에서 프로그램 및 물건을 이용 또는 구입하실 때 할인 혜택을 받을 수 있습니다.

· 오늘 행복하고 내일 부자되는 '포도에셋' 재무설계 상담료 20% 할인
  (정상가: 개인 10만 원, 부부 15만 원) http://www.phodo.com
· 대안교육잡지 격월간 《민들레》 정기 구독료 20% 할인
  (35,000원→28,000원) http://www.mindle.org
· 부부가 정성으로 농사지은 설아다원의 깨끗하고 맛있는 유기농 녹차 구입시 10% 할인
  http://www.seola.kr
· 문성희의 평화가 깃든 밥상 요리강좌 수강료 10% 할인
  들뫼자연음식연구소 010-2210-9956, sudhamoon@gmail.com

* 친구 회사는 앞으로 계속해서 늘려나갈 예정입니다.

* 회원제도에 대한 더 자세한 사항은 샨티 블로그 http://blog.naver.com/shantibooks를
  참조하십시오.